学前教育家文库

卢乐珍文集

凤凰出版传媒集团
江蘇教育出版社
JIANGSU EDUCATION PUBLISHING HOUSE

目　录

下卷　家庭教育

总 序

我国学前教育理论与实践的研究，始于20世纪初期的南京高等师范学校（南京师范大学的前身）。从南京高等师范学校到南京师范大学，在将近一百年的时间中，经过几代学前教育学人绵延不断的探索、传承、弘扬和发展，成就与积累了极为丰硕的学术成果，形成了我国学前教育学术宝库中一份十分珍贵的财富。为了使后继者得以在前人已有成就的基础上继续前进，为学前教育学术发展搭建一个历史平台，南京师范大学学前教育专业与江苏教育出版社决定联手出版《学前教育家文库》。

早在20世纪20年代，时任南京高等师范学校教务主任的陶行知先生创建了教育科，并任首届主任，就在这里开始了近代中国学前教育的奠基工作。陈鹤琴先生在这里开始了儿童心理、家庭教育、幼稚教育的研究与教学工作，创办了我国第一个幼教实验中心——南京鼓楼幼稚园；陶行知和陈鹤琴的学生张宗麟先生首先自愿成为陈鹤琴研究幼教的合作伙伴，在鼓楼幼稚园进行了课程、设备、故事、读法等项研究，后又成为陶行知在南京郊区开辟农村幼教基地的得力助手，陈鹤琴也曾被晓庄乡村试验学校聘为幼稚师范院院长。他们的论著如：《儿童心理之研究》《家庭教育》《幼稚教育概论》《幼稚园的演变史》《幼稚教育论文集》（一、二两册）等书，在幼教界影响深远。他们是中国化、大众化、科学化幼教道路的开拓者和领路人。他们作为先行者的实践业绩和理论建树，其影响一直延伸至今。

新中国建立后，经1952年院系调整，由南京大学、金陵大学、上海震旦大学、广东岭南大学等相关系科组合，在南京师范大学建立了当时全国惟一的幼儿教育系，陈鹤琴先生被国务院任命为南京师范学院的首任院长。陈鹤琴在幼教系亲自教授儿童心理学、教育史等课程，还设置了儿童教育研究室和儿童教玩具研究室及玩具工厂，开创了教学、研究、生产三结合的体制，并建立了南师附属幼儿园——附属幼儿师范学校——幼儿教育系的三级完整的幼教体系。在陈鹤琴先生的带领下，南师幼教系的老师们还分别深入各种类型幼儿园进行各科教学、玩教具、游戏、设备、营养、混龄教育等项研究，与幼儿园建立了鱼水关系。陈鹤琴所倡导的热爱儿童、热爱幼教的奉献精神，中西融通、不断探索的创新精神，理论和实际紧密结合的务实精神，深深地影响着一代又一代的南师学前教育学人，这种奉献、创新、务实的精神已蔚然成风，逐步形成为南京师范大学幼教人的传统风格。

改革开放后，南京师范大学学前教育专业进入了历史性突破的新时期。20世纪70年代末，为促进全国幼教事业的复兴，南京师范大学学前教育专业肩负起筹备全国幼教研究会的重任，在南京召开了成立大会和第一届学术年会；80年代初，南京师范大学学前教育专业首批执行教育部和联合国儿童基金会幼教师资培养的合作项目；80年代末，承办了我国第一次幼教国际会议；90年代初，被国务院学位委员会批准设立了我国首个幼儿教育学科博士点；本世纪初，被教育部确定为首个国家级学前教育重点学科。南京师范大学学前教育专业已成为当代我国学前教育领域中的先导和中坚。

近三十年来，南京师大学前教育专业以不断拓展理论视野和深入幼教实践来提高队伍素质、完善课程建设为根本方针。在教学方面：努力加强学前教育学、儿童心理学、儿童教育哲学等基础理论课，逐步增设了学前教育史、学前教育研究方法、学前课程论、儿童游戏论等科目，将幼儿园各科教学法改造成学科教育学。20 世纪 80 年代中期承担了多项全国高校“七五”规划教材编写项目，由人民教育出版社出版了《学前教育学》及《学前教育学参考资料》，《中国学前教育史》及《中国学前教育史资料选》《学前儿童发展与教育科学研究方法》《学前儿童语言教育》《学前儿童音乐教育》《学前儿童美术教育》《幼儿科学教育》《学前儿童数学教育》《儿童营养学》等教材，填补了高师学前教育专业课教材的空白。在硕士和博士学位点的建设方面，设有学前教育基本理论、学前教育课程论、学前审美教育、学前科学教育、学前语言教育、学前道德启蒙、幼儿社会性发展、学前健康教育等专业方向。在科学研究方面：20 世纪 80 年代初，率先进行幼儿园综合教育的研究，由此拉开全国幼儿园课程改革的序幕；承担了全国教育科学“七五”规划重点项目“农村幼儿教育研究”，“八五”规划重点项目“学前儿童艺术综合教育”、“幼儿道德启蒙教育”，“九五”规划重点项目“我国幼儿园课程体系的研究”、“学前儿童审美教育”、“幼儿园师幼互动的研究”等。此外，本专业教师还在健康、语言、社会、科学、数学、音乐、美术、游戏等教育研究领域自主开展研究。所有研究不但为本学科的发展奠定了坚实的基础，也在全国产生了较好的影响。出版了《农村学前一年综合教育课程设计》《学前儿童艺术综合教育》《幼儿道德启蒙的理论与实践》《师幼互动行为研究》《幼儿审美教育学》《儿童教育新论》《儿童精神哲学》《幼儿园课程指导丛书》《幼儿园课程实施指导丛书》《幼儿园课程研究论文集萃》《托儿综合教育课程》等书。近年来，还重视与国内外同行的合作研究，多次举办国际、国内学术研讨会，在刊物上开展学术思想争鸣。总之，南京师范大学学前教育学人的研究覆盖了学前儿童的生理与心理、正常儿童与特殊儿童、托儿所与幼儿园、教学与游戏、分科教学与综合教学、城市与农村、正规与非正规保教形式，涉及幼儿教育系统工程的方方面面。她们的研究成果不仅有利于自身教育质量的提高、师资队伍的专业成长，也促进了全国幼教界教育改革的步伐，为建设有中国特色的幼教事业作出了重要贡献。

这次出版的《学前教育家文库》共 11 卷，包括：陶行知、陈鹤琴、方观容、黄人颂、赵寄石、汪爱丽、卢乐珍、屠美如、王志明、张慧和、唐淑 11 位教授、专家的个人专卷。用以彰显他们的开拓创新和求真务实精神，供人们分享他们的丰硕成果，以期薪火传承，发扬光大！在这里我深深祝愿本文库的出版将促进我国学前教育学术更加繁荣、事业更加兴旺！

鲁　洁

2005 年 10 月

自　序

幼儿和幼儿教育，是我快乐的源泉、工作的动力。它是怎样进入我的生命历程的呢？屈指算来，这个难解难分的幼教情缘，延绵起伏已经有半个多世纪。然而，它的开端却是那么意外。

——满怀无奈，我身不由己跨入幼教行列

1948 年，正值我国第三次国内革命战争末期，国统区物价飞涨，民不聊生。我高中毕业，魂牵梦绕地期盼着进入名牌大学深造。一天晚上，父亲找我谈话，大意是当前家境困难，只能供哥哥继续学习。我是女孩子，找个工作就好了，反正迟早是要出嫁的。父亲的话犹如当头一棒，我听了只知道哭，一直哭到筋疲力尽。我出生于书香门第，祖父是前清举人，父亲曾留学日本、美国，是著名的建筑师、大学教授，可却无力供我读大学。那是怎样的岁月呀！就在我痛苦无望的时候，班主任陈老师找上门来，告诉我附中可以保送我上金陵女子文理学院，全班只有一个名额，学杂费全免。因为我个子矮，胆子小，怕我读中文系或外文系，将来教高中，会被学生欺负，便给我报了社会工作系儿童福利专业。父亲听了欣然同意，我心里其实并不高兴，但有书读总比没书读好，于是答应下来，想先进了校门再说吧。就这样，我开始了从事幼教事业的征程。大学一年级，为了有机会转入我喜爱的系科，我除了在图书馆勤工俭学外，还拼命读书，别人读 17 个学分，我读 22 个。可战争的炮火打碎了我的转系梦。

1949 年春天，南京解放，革命的春风吹进了校园。学校开设新民主主义论、社会发展史、政治经济学等课程。生动活泼的政治学习，帮助大家认清国内外形势，控诉帝国主义对华侵略的历史，揭露美帝国主义妄图扼杀新中国的图谋。课余的读书会组织学习和讨论《保卫列宁格勒》《钢铁是怎样炼成的》《卓娅和舒拉的故事》《我的大学》《古丽娅的道路》等名著。全校师生员工热烈响应"进军大西南，解放全中国"的号召，掀起了参军参干热潮。同学们还要求校方与美帝教会脱离关系，改为公立，并拒绝宗教课。学校党、团组织对大学生加强了世界观、人生观的教育。从这时起，我开始逐步懂得为人民服务的含义，深入思考"人活着究竟为了什么"的问题，决心要像张思德和奥斯特洛夫斯基那样生活、工作和献身。就这样，我的心逐渐转向现实，引向了儿童。

——抢救生命，我全身心地融入幼教事业

建国初期，由法国教会主办的圣心孤儿院发生了烫死柳贝贝、饿死李弟弟等事件，激起全国人民的公愤。为了抢救孩子们的生命，我们一批金陵女大学生，在南京市民政局夏局长的带领下，进驻圣心孤儿院。在那里，我亲眼目睹后院里挖掘出的用报纸、破布包裹着的 400 多具婴幼儿尸骨，我亲手搂抱起那些表情呆滞、动作迟缓的婴幼儿。有的孩子已经 3、4 岁，但不会走、不会说，更不会笑。5 岁以上到 12 岁的大孩子，就负担起菜园劳动和大楼的清洁工作，抬和自己差不多高的木桶，干超过自己体力的劳动。我最初被分配到婴幼儿组。自以为是学过一些幼儿保健、儿童心理学、教育原理和社会学基本理论的我，面对这些身体极度瘦弱、反应淡漠、生长迟缓，甚至失去抗病能力和求生欲望的孩子却束手无策。在这场为200多个婴幼儿争夺生命的斗争中，我真正领悟了爱对于生命的深刻意义和对于教育的重要价值。孩子们最缺乏的不仅是药品和食物，更需要亲切的搂抱，温柔的语言和快乐的微笑，身体的抚摸接触，目光的频繁交流。要延续他们的生命就要使他们对这个世界产生信任和依恋感，对生活燃起希望。给我印象最深刻的孩子之一是蔼宝。她也许只有1岁多，满脸皱纹，神情憔悴而冷漠，手脚没有反应。她身患多种疾病：皮肤病、肺病、佝偻病、中耳炎、严重营养不良的贫血症等等，由于过去的保育人员喂奶时匆忙插放奶瓶，没有恰当地放入口中，奶汁经常流到脑后，导致后脑部皮肤溃烂直到骨头。她常痛得无力地嘤嘤哭叫。但是，在我分工的6个不同年龄、困难较多的孩子中，她是进步较快、天资较聪明的一个。我天天去看她、抱她、逗她，对她念儿歌、微笑和游戏。10多天后，她居然认识了我，一看见我就面露微笑，牙牙欲语，病况大为好转，我开心极了。可正在这时，发生了大孩子组的10多个孩子突然在黑夜里集体跑到教堂去的事件，据调查是外国嬷嬷恐吓、煽动孩子：听共产党话，不做礼拜，将来要下地狱所致。因此，我被调到大孩子组，安抚那些6岁至10岁的大孩子，和他们讲故事、做游戏、教文化，协助领导了解孩子们的思想状况、写汇报等等。几天后，当我抽空再去看望蔼宝时，她的床位却空了。保育员说蔼宝因为突发肺炎被转送去医院，可能活不成了，还提起她天天望着门口、等待我来的情景，我心痛欲裂，为自己没能早些前来而内疚、自责。从那一刻起，我的生活方向真正地转变了。我痛下决心要为千千万万个蔼宝奋斗一辈子。我懂得了人活着为了什么的真正答案——尽自己一份责任，为了幼儿，发挥自己平凡的生命应有的力量。因为孩子是世界上最可宝贵的，而教育，特别是对于生命旅程刚开始的孩子的教育，有它特殊的价值。处于生命的萌芽期，孩子是那么脆弱和需要关怀，可塑性又特别大，孕育着无限的希望和潜能。我开始真诚地爱孩子，不管他是美是丑，是灵是笨，是健康还是生病，是喜欢我还是讨厌我，我都对他们的生命和成长有着不可推卸的义务和责任。

——毕业分配，我与江苏幼教事业共历时代浪潮

1952 年 7 月，我从金陵大学毕业，分配到苏南行署文教处初教科工作。同年底，随机关回到南京。1953 年 1 月 1 日，江苏省人民政府成立，我成了省教育厅的一名幼教干部、视导员。当时，江苏全省的独立幼稚园很少，以私立或教会小学附设幼儿班为主，农村还有不少半年级班教识字，也教唱游。幼教事业的分布，比较集中在沪宁沿线的大、中城市和苏南经济富裕地区的城镇。多数幼稚园、班价格贵，时间短，工农子女只能望而却步。以南京鼓楼幼儿园为例，1948 年度在园幼儿 102 人，出身于官僚、资本家的 57 人，高级公司职员、大学教师 16 人，自由职业者 18 人，其他 11 人。唯一的劳动人民子女只有赵梅英 1 人，其父是陈鹤琴先生家的佣工，免费入园。但其母反映："梅英虽然进去了，但先生、同学都看不起她，嫌她吃的、穿的不像话，我们实在不好意思呆下去了，只好退学。”建省以后，继承解放区保教传统的全托制的苏南、苏北机关保育院和华东军区所属部队幼儿园也陆续迁到南京。他们的口号是“培育革命后代无上光荣”，“对孩子负责就是对革命事业负责”。全省幼教工作者学习教育部1952年颁发的《幼儿园暂行规程草案》，明确了“向工农开门，为生产服务”的办园方针。省政府一方面接管教会办园，整顿半年级班；另一方面，有计划有步骤地创设教育部门办幼儿园、班，逐步配备合格师资，起示范辅导作用。同时，要求各地执行规程精神，对幼儿进行初步的全面发展教养工作，实施整日制，以保证“幼儿的身心在入小学前获得健全的发育和减轻母亲对幼儿的负担，以便母亲有时间参加政治生活、生产劳动、文化教育活动”的双重任务的实现。从1953年到1955年，经济战线是以建设公有制经济为基础，实行工商业的社会主义改造。当时处于起步阶段的江苏幼教事业中，教育部门和国家机关、部队、企事业办的幼教机构约占70%左右，私办和民办幼教机构只占30%。1956年以后，随着生产的恢复发展，妇女就业人数的剧增，在“公民办并举，两条腿走路”，“全面规划，加强领导，多快好省地发展幼教事业”办学方针的指导下，各级各类幼儿园如雨后春笋般迅速发展，到第一个五年计划结束的1957年，江苏全省入园幼儿数由4万人增至7万人。

在江苏省教育厅工作期间，作为视导员和幼教组组长，我承担的主要任务是：① 制订和实施全省幼教事业发展规划，协助领导及其他处室了解事业发展的基本动态，发现问题，及时汇报，以便研究对策。② 主持和编写幼儿园教材、教学参考资料和有关经验等。1956 年和 1959 年，我两次参与省教育厅组织编写的幼儿园语言、常识、音乐、游戏等各种教材和《大办幼儿园的经验》等教辅用书；并与南京师范学院幼教系合作编写《农村幼儿园工作人员手册》《幼儿园工作小丛书》（共 8 册）；与省妇联合作编写《大力发展民办幼儿园、托儿所》等书籍；我个人撰写了《农业生产合作社怎样办幼儿园》《怎样向幼儿进行共产主义道德教育》等小册子，均由江苏人民出版社出版。③ 定期深入基层，组织业务视导和现场观摩，总结交流经验，建立和健全教研网络，以公办带民办，以中心带一般，不断提高幼教师资水平。④ 配合党和国家的中心运动下乡工作或到基层蹲点。我曾参加过扫盲、普及义务教育等工作和社教运动，在重点中学教育改革实验时，又到南京市七中、南师附中蹲点。在这段风云变幻的岁月中，给我印象特别深刻的是亲历了全省幼教事业的两次动荡起伏。

第一次动荡，发生在 1958 年开始的大跃进和人民公社化运动中。在农业生产"大兵团作战"和"共产风"、"平调风"的影响下，城乡幼儿园以惊人的速度蓬勃兴起。我亲自参与操作过所谓"2 角 8 分钱办一所幼儿园"的速成经验——房屋由社队指派，桌椅床柜由家长自带，教师由群众推荐，幼儿分片集中。1958 年，全省入园幼儿数迅猛剧增到 130.76 万。但好景不长，三年自然灾害和国民经济暂时困难时期接踵而至，随着公共食堂解散、平调物品归还，新发展的幼儿园纷纷下马。1965 年，经过调整巩固，全省在园幼儿数只剩 15.49

万。回顾那一段夜以继日动员群众、组织教师、推广浮夸经验的日子，我深切感受到经济发展和文化教育事业之间的血肉关系，没有坚实的经济基础支撑的教育事业，只能是昙花一现。

第二次动荡，发生在1966年开始的十年"文革"时期。由于林彪、"四人帮"的破坏，幼儿园被诬蔑为"修正主义的苗圃"。幼教工作者的成绩被全盘否定，有些优秀保教工作者被戴上"福利主义"、"老保骨干"等帽子，受到残酷批斗。大量园、所解散，房屋被挤占，设备被破坏，图书玩具被损毁，幼儿师范学校和幼师进修机构全部停办，幼教事业遭到严重摧残。只有少数有群众威望或当地军政支持的幼儿园、班被保留。在那里，幼儿在园也是开展与其身心发展水平不符的学工、学农、学军活动，读报纸、背语录、搞大批判、跳忠字舞。教育厅里非工农成分的干部，从"五七"干校下放农村。1969年冬到1972年夏，我经历了3年多艰苦的社员生涯，接着又在师范学校当了3年英语教师。十年浩劫，使我深切感受到稳定和谐的宏观政治环境是教育事业赖以生存发展的保证。一旦政治路线发生严重错误，教育、科学和文化事业，就难免遭殃。即使在正确路线指引下，也必须从实际出发，准确把握时代特点，科学规划、全面执行党的教育方针政策，否则，违反规律，脱离群众，错误决策，中国幼教事业就难以健康发展。

回首往事，我国社会主义的幼教事业走过的道路是很不平坦的，成绩的取得来之不易。目前，工作中尽管还存在不少困难和问题，今后仍可能有曲折起伏，但历史发展的总趋势是奔腾向前的。在党和政府的正确领导下，具有中国特色的幼教事业迟早会逐步走向完善和成熟，让人们在品尝苦果中反思、提高。

——十年沧桑，我重返幼教战线

“文革”以后，我于 1975 年回到江苏省教育厅。厅领导安排我在江苏省幼儿师范筹备组工作，并要求我们学习“朝阳农学院”的经验，“拎着篮子”开门办学。这段时间，我主要与南京师范学院教育系合作创建如东县幼教培训基地，同时奔走在市、县之间，搞些小型幼儿教师培训班。

高校恢复招生，1978 年 1 月，我被调到南京师范学院教育系工作。在这神圣的高校殿堂里，面对专业停滞、重新起步的艰难局面，我在新的岗位上开始了新的征程和探索。作为南京师范大学的教员、副教授、教授和学前教育教研室主任，我坚持站在幼儿教育、家庭教育的教学和科研的第一线。我曾给本科生讲授《专业入门》《学前教育学》《幼儿德育》《家庭教育学》和《幼教行政》等课程；给硕士生、博士生讲授《学前教育基本理论》《幼儿社会性发展》《家庭中的儿童》等课程，曾获校优秀教学奖。我爱学生，更期望以自己热爱孩子、热爱专业的切身体验感染学生。由于初进幼教专业的新生容易受所谓“高级保姆”论的影响和干扰，自以为低人一等，缺乏自觉学习的动力。对此，只有通过热情生动的教学和科研实践，深入揭示儿童早期发展的奥秘和价值，才能使他们真正产生对幼儿潜能的感悟和萌发亲密的情感交流，才会不怕日常平凡琐碎的辛劳，无视错误的社会舆论的蔑视歪曲，树立全心全意服务幼教事业的专业思想。我先后分工指导了10多名硕士生和新中国第一位幼教博士生，为我国第一个幼教博士点的建设作出了应有的贡献。

在认真搞好教学的同时，我始终坚持科研活动不停步，使两者相辅相成、紧密地联系在一起。科研需要理论的指导，既能联系实际，又可发现问题，认识规律，激发学习的激情和动力，进而推进教学，深化教学，实现理论与实践的结合，使学生群体与教师群体在科研活动中共同提高。这些年来，我先后主持全国教育科学"八五"、"九五"规划教育部重点科研课题"当前我国幼儿道德启蒙教育的研究"、"幼儿园教学、游戏活动中的师幼互动的研究"和多项省级、校级科研项目。对幼儿爱祖国教育，小班幼儿德育模式，幼儿品德心理结构，当前我国幼儿道德行为现状，促进幼儿社会性能力发展，培养幼儿活泼开朗性格，幼儿独立性，中、大班幼儿的自信心以及诚实、勇敢的教育，幼儿认识自我和认识他人的教育，幼儿情感教育，幼儿游戏，幼儿园识字和汉语拼音教学，独生幼儿与非独生幼儿的对比研究，家长教养态度及其对幼儿发展的影响，家规的过去与现在，家长的赏罚心理，离婚家庭、隔代家庭、不同经济地区的农村家庭等等，都进行过调查或实验研究，取得了一定的成果。有些论著，由于紧跟时代步伐，符合群众需要，引起全社会关注，产生了较大的反响。如1980年3月8日，《中国青年报》在全国性报刊中率先发表了我撰写的《和青年家长谈谈对独生子女的教育》一文，接着《人民教育》《中国妇女报》《新华日报》《南京日报》《群众》《江苏青年》《人口理论与实践》等报刊都发表了我写的关于独生子女教育的文章，从不同侧面宣传党和国家的政策，阐述独生子女的教育问题。1981年2月23日《光明日报》刊登了我写的长篇文章——《怎样教育独生幼儿》,《中国日报》(国外版)作了摘登。后来,美国《纽约时报》在评述中国计划生育政策的一篇专稿中也加以引用。这篇专稿,新华通讯社编印的《参考消息》第8806期作了转载。1994年9月,江苏美术出版社出版了一套少儿行为规范教育丛书——《童规》,这是对少年儿童进行养成教育的好教材。1995年7月,我应邀参加了当代少年儿童德育现状和《童规》教育研讨会,并从教育学的角度写了文章,在上海《文汇报》发表,《人民日报》(海外版)也作了转载。多年来的科研实践,进一步扩展与加深了我对幼儿德育的认识。品德素质是个体在一定的社会环境中的态度体系与行为方式的综合产物,它的落脚点就是适应规则世界和与人相处的日常行为表现。联系几十年的积累,使我豁然开朗。从社会需要看,德育是铸造民族灵魂的工作;从个体成长看,社会性需求是人的天性和本能,是进行德育的内在动因,也是个性形成的基础。中国幼儿教育的历史和现状表明,我半个多世纪以来为之奋斗的幼儿品德行为的研究,是有价值的,影响是深远的。奥斯特洛夫斯基说:"人最宝贵的是生命,生命给予我们只有一次,人的生命应当这样度过:当他回首往事的时候,不会因为虚度年华而懊悔,也不会因为碌碌无为而羞愧。"

党的十一届三中全会以来,我主持或参加编写、翻译出版高校教材、辞书、专著、译著如《农村幼儿教育工作指南》《学前教育学》《幼儿教育学》《教育辞典》《教育大辞典》《幼儿教育百科辞典》《中国教育年鉴》(1949~1984)《21世纪小小百科》社会卷《幼儿道德启蒙的理论与实践》《优生与优育》《幼儿园教育活动》《走进童心》《幼儿教师实用手册》《美国幼儿教育的理论与实践》《智能的阶梯——儿童发展的新皮亚杰理论》《生成课程》《幼儿英语歌曲和音乐游戏》等30多部；在省、市级以上报刊发表文章200多篇。有多项论著获省、部级奖。《幼儿识字教学实验研究》(与黄人颂合作)一文，1985年获江苏省哲学社会科学优秀成果三等奖；《父母教养态度的形成因素》一文，1986年获南京市哲学社会科学优秀成果奖；参与编写的我国出版的第一本高等师范院校幼教教材《学前教育学》一书，1991年获江苏省哲学社会科学优秀成果二等奖；专著《农村幼儿教育工作指南》一书，1991年获中国第三届“日月花杯”优秀图书奖；《江苏不同经济地区家庭教育状况的比较研究》一文，1994年获中国家庭教育学会优秀论文一等奖；《中华传统文化与当代中、日两国家庭文化对比》一文，1997年获中国家庭教育学会优秀论文二等奖；主编的《幼儿道德启蒙的理论与实践》一书，2005年获中国教育学会奖一等奖；与刘晓东合作主编的《学前教育学》一书，2005年获江苏省哲学社会科学优秀成果三等奖。

我曾参加过一些与学前教育、家庭教育有关的国际会议、学术研究活动，受益匪浅。1987年，我受联合国儿童基金会派遣，赴美国伊里诺大学访学、交流和考察。1988年，我和林凤藻教授邀请美国康涅狄克州立大学琼·帕特森教授来宁，在南京市进行了为期一年的幼儿社会性能力发展的研究。在此期间，我与汪爱丽等合作翻译琼·帕特森教授所著《美国幼儿教育的理论和实践》一书，该书是美国高校教科书，也是美国幼教工作者协会推荐的全美25本幼教必读业务书之一。1989年4月，我受中国学前教育研究会委派，去日本大阪参加世界学前教育组织（OMEP）举办的亚洲学前教育相互理解与未来发展研讨会，在大会上宣读了《提高独生幼儿同伴交往能力》（英文）的论文，引起了与会代表的广泛兴趣和好评。泰国、新加坡的部分华裔代表和台湾的观察员还主动前来和我作进一步的探讨。1989年10月，我邀请台湾圣经学院幼教系代理主任蔡叶伟和夫人来南京师范大学，参加中国南京幼儿教育国际研讨会。以后，蔡叶伟夫妇又多次来大陆参观访问，进行学术交流。1991年12月，蔡叶伟先生编辑出版50余万字的《中国大陆幼教论文选集》，我应邀为该书作序。这是台湾出版的第一本新中国幼教学术论文集，它客观地反映了1980年至1990年大陆幼教的理论研究和教学实践。1992年3月，我邀请台湾蒙台梭利专家余芸湘女士来南京师范大学，给蒙台梭利教育理论与实践讲习会讲课一周。这次活动，使与会人员学习了蒙氏教育理论，观摩了蒙氏教具的操作，促进了海峡两岸幼教工作者的学术交流。

20多年来，我还兼任中国儿童发展中心专家委员会委员、名誉委员，中国家庭教育学会理事，全国家庭教育讲师团成员，江苏省幼儿教育研究会理事长、顾问，江苏省家庭研究会副会长、名誉会长，江苏省妇女儿童活动中心顾问，南京市家庭教育研究会顾问等职，在学会建设、科普宣传和社会公益活动等方面都作出了一定努力。在担任江苏省幼教研究会理事长期间，除组织年会、观摩交流外，还把工作重点放在培训教师和积极倡导科研活动上，我们曾与各市分会联手合作，进行了幼儿教师儿童观、教育观和好教师形象的调查研讨，以及幼儿园教育活动、幼儿游戏等的专题研讨，推动全省幼教工作者领悟教育观念与教育行为的密切关系，认识到幼儿是学习的主体，活动是幼儿心理发展的基础和源泉，以动态的视角看待师幼关系和教学过程，从而跟上全国幼教改革的步伐。我担任江苏省家庭教育研究会副会长近20年，与教育界、医学界的有关专家一道探讨家庭教育的热点、难点问题，调查不同经济地区的农村家庭教育现状，举办年会，评选优秀论文，开展节假日家长咨询活动，共同创办江苏省广播家长学校、电视家长学校，编辑出版家庭教育丛书，参与“万家优教巡回讲师团”到全省各地讲学，与南京市鼓楼区等法院合作举办“家庭婚姻学校”，阐述离婚家庭对孩子心理的影响和正确抚慰、教育子女的重要性等问题，为不同类型家庭提供帮助，对提高城乡家长素质，改善家教现状做了不少工作。1985年3月和1995年12月，被南京市和江苏省哲学社会科学联合会评为学会积极分子，颁发荣誉证书。1992年1月，被江苏省教育学会评为江苏省教育系统先进工作者。1996年9月，被中华全国妇女联合会、国家教育委员会授予全国家庭教育工作园丁奖；2001年12月，被中华全国妇女联合会、教育部授予“全国家庭教育工作园丁”的荣誉称号。1999年5月和2004年12月，两次被江苏省妇联和省教委、省教育厅评为江苏省家庭教育先进工作者、先进个人。

1995年8月，我从工作岗位上退了下来，因工作需要，仍返聘承担硕士生、博士生的部分教学工作，参与屠美如教授主持的生态式融合教育课程在城乡的实验研究，分工编写大、中、小班《幼儿社会画册》的春、夏、秋、冬用书。同时，应邀担任鲁洁教授主编的小学一、二年级《品德与生活》课本和教师用书的顾问。2002年起，在我参与指导的最后一名硕士生毕业后，我的主要精力转移到主编江苏省幼儿园综合活动课程丛书的工作中。在江苏省中小学教学研究室的支持下，幼儿园综合活动课程丛书编写组以教育部颁发的《幼儿园教育指导纲要（试行）》为依据，努力开展专题培训和研讨活动，选定不同类型幼儿园实验点，建立网站，不断听取各方意见，修改完善综合活动课程丛书。这套丛书面世以后，受到广大幼教工作者的好评。据不完全统计，2005年度，它在江苏全省的发行量已达近百万册。

社会在发展，时代在前进。建设中国特色的社会主义幼教事业，任重道远。摆在我们面前的艰巨任务仍然是要从本国的实际出发，认真研究幼儿教育面临的新情况、新问题，积极探索解决问题的新经验、新策略。幼儿教育，是一块广阔浩瀚而又充满生机活力的领域，需要千千万万个热爱幼儿、热爱幼教事业的同志前赴后继地去尝试、去探究、去开拓创新，体验创业的艰辛和收获的愉快。只要我们始终和战斗在第一线的幼教工作者在一起，永远和可爱的孩子们在一起，就能永葆童心，永远快乐，就能使幼教激情常驻，幼教情缘永存！

卢乐珍

2006年4月

上卷

学前教育

对幼儿要进行文明礼貌教育

在社会中，人与人交往，需有一定的行为规范，并以语言和动作表现出来。如对别人表示谦恭尊重和对自己要求适当的行为节制，这就是文明礼貌。文明礼貌是一个人思想修养和道德品质的表现，也是民族悠久文化传统和良好社会风尚的反映。因此，许多国家都把文明礼貌的教育看作是国民素质教育的头等大事，是社会生活的润滑剂。人人都讲文明礼貌，人民的生活就健康、愉快，社会秩序就有保障，国家建设也就能顺利地进行。

幼儿时期是奠定人的性格雏型的时期，也是进行文明礼貌教育的良好时机。从三岁起，幼儿的社会交往逐渐增加，对好与坏、美与丑的概念开始有所形成。他们的可塑性大，模仿力强，同情、体贴、公正、羞愧等复杂情感正在逐步发展。在正确合理的教育下，到了五岁左右，就能具备一定的抑制自己愿望、约束自己行动的能力，并能对自己和别人的行为作出初步的评价。这一切都为进行文明礼貌教育准备了必要的条件。

然而，有些成人认为礼貌就是表现虚伪客套的行为，而孩子应当率真而行；还有的则把文明礼貌当作是细微末节的生活小事，重视不够，教育不经常，又不一致，以致不少幼儿没有能养成良好的文明礼貌习惯。现在是到了应当大声疾呼的时候了。在我们社会主义国家里，工人、农民、知识分子有着共同的利益、共同的理想和共同的道德，人与人之间的关系应当建立在平等、互助、友爱的基础上。我们提倡文明礼貌，是为了发扬中华传统文化和优良道德，克服利己主义思想和不文明行为，避免漠视文明礼貌、破坏公共秩序给社会带来的恶劣后果 。十年浩劫已经从反面证明了这一点。有些青少年从小缺乏文明礼貌教育，思想上分不清美与丑、文明与野蛮、高尚与卑下，满口秽语，举止粗野，横冲直撞，破坏公共财产，严重危害了安定团结的政治局面。全国正在开展的“五讲”、“四美”活动，把文明礼貌放到了首位。这是有利于培养革命后代的一项重大措施，完全符合千百万家长和教育工作者的殷切期望。

对幼儿进行文明礼貌教育，是一项艰巨而又细致的工作，它贯穿于幼儿一天生活的各个方面，不是一两次作业所能奏效的。文明礼貌教育不能孤立地进行，它与整个德育，与形成幼儿的意志、性格，与培养健康的体魄、发达的智力都有着密切的联系。其内容大体可分为三方面：

一、养成使用礼貌用语的习惯。如在要求别人帮助时，用“请”；接受帮助以后，说“谢谢”；当别人表示谢意时，说“别客气”、“很高兴为您服务”；干扰或碰撞了别人，就主动表示歉意说：“对不起”、“请原谅”；当别人道歉时回答“没关系”、“不要紧”。早上与人见面时，说“您早”；平时见面，说“您好”；告别时，说“再见”，等等。

二、培养对周围人们的正确态度，掌握不同场合的文明行为规则。如小朋友之间友好团结，谦让互助，不打架吵骂，不争抢玩具，不叫绰号，不欺侮弱小；尊重周围成人特别是父母、亲属、师长、邻居等的劳动，关心、体贴和尽力帮助他们；能主动向成人称呼行礼；说话用“您”；进屋前先敲门；来客人会让座；别人说话时，注意听，不插嘴；成人工作、休息时，轻轻走，不打扰；不经允许不动别人的东西；主动为老弱病残者引路、让座，乐于帮别人做事等。

三、懂得遵守社会秩序、爱护公共财物的必要性。如保持周围环境的整洁，无论何时都不随地吐痰，不乱扔纸屑、果皮；在公共场所，遵守纪律，不涂抹墙壁，不弄脏桌椅，不采摘花木，排队不插挡，出门不拥挤；在马路上不奔跑嬉戏，遵守交通规则；在图书馆或宿舍里保持安静，不吵嚷喧闹等等。

幼儿的认识水平与动作能力不但与学龄儿童迥然不同，就是在三岁到六岁之间也有明显的差异，要从他们的年龄特点和生活实际出发，由易到难、由具体到抽象，系统地安排教育内容，逐步提高行为要求，才能取得良好的效果。“文明礼貌”这个词组的含意是十分抽象的，三四岁的幼儿很难完全理解。他们只是从模仿使用一句一句的文明礼貌用语中，慢慢地获得文明礼貌的感性经验，逐步地体会“文明礼貌”的意义。教育者在教文明礼貌用语时，不但要告诉幼儿语言应当怎样，姿势应当怎样，还要告诉幼儿心里应是怎样想的。如教小班幼儿早晨见面时要说：“你早！”可以请大班儿童或用一个美丽的娃娃作示范：“这是小明，小明早晨看到爸爸、妈妈很高兴，他大声地说：‘爸爸早！妈妈早！’看到老师，他笑眯眯地说：‘老师早！’看到小朋友，他拍拍肩说：‘××早！’现在看，小明是怎么样说的？小明走到老师跟前说：‘老师早！’他脸上笑眯眯的，眼睛看着老师，他心里在想：‘我看到老师真高兴呀，老师看见我也一定很高兴的。’”接着让小明对每个幼儿说早，每个幼儿也向小明说早。从一开始就应当使幼儿知道一面叫早一面跑开，不管别人是否真正听见，不是有礼貌的行为。又如在教“你玩过了，我再玩”、“我们两个一起玩”等文明礼貌用语时，可以做“让玩具”的表演游戏。教师边说边把新玩具送给一个儿童，这个儿童又边说边把玩具送给别的儿童，依次地说和把玩具送来送去，这样，既练习了礼貌用语，又体会到共同游戏的乐趣。以后当有人争夺玩具时，教师就可以提醒幼儿重说这句话，并表扬主动这样做的孩子。

在示范、解释和练习文明礼貌行为的同时，更为重要的是激发幼儿亲切的情感萌芽，发展幼儿与周围人们之间的友爱关系。人们往往把两三岁的孩子看作是自我中心主义者，因为他们生活经验有限，对他人的需要不容易觉察和体会，对自己的需要又表现得十分强烈和迫切。有的幼儿在自己家庭中更是全家成人注意的中心，享受着种种优先权，只要别人照顾他们，从不懂得怎样去关心别人。他们根本不会换位思维，想不到要去注意别人的需要与苦恼，不善于在共同活动的过程中，和别人商量和协调动作，也不知道自己的某些行为会带给别人什么后果。常常可以看到：有的幼儿想要什么玩具，不会请求就粗鲁地从别人手中抢过来；有的幼儿撞倒了别人，不会道歉，还在继续奔跑;有的幼儿明明看见地上散落的玩具,却漠不关心地说:“这不是我丢的!”然而,通过良好的教育,这些现象都是可以改变的。文明礼貌就其本质而言,在于肯定每一个人的价值,尊重每一个人的利益,它必须建立在人与人之间相互友好、同情与尊重的思想基础之上。文明礼貌用语不是单纯的礼节客套,因为它表示着对别人的真挚的关怀与热情。教师应当利用一切机会,培养幼儿的同情心、责任心。小宝哭了,教师马上关切地问:“小宝为什么哭呀?”邀请某个儿童一起去慰抚哭泣的小宝,一起为小宝拍灰,抹泪。小红病了(非传染病),教师请住在他家附近的小朋友一起去探望她,或者向家长询问后,回来向全班报告,使大家都关心小红。当小红病愈来园时,还要让她深刻感受到大家温暖亲切的欢迎。随着幼儿语言能力的发展,要进一步提高他们表达思想和了解别人要求的本领,学会用语言向人请求而不争夺,学会想到别人的需要而不是只顾自己。在教学中可充分利用图片《让座》《一枝钢笔》,故事《受伤的小青蛙》《离队的小雁》,歌曲《拉拉勾》《表情歌》《小花猫你别吵》等多年来行之有效的教材。在观察社会环境时,也要引导幼儿注意人们在食堂、粮站、商店、公共汽车及马路上互相帮助的行为。幼儿的游戏对巩固文明礼貌行为有着特殊重要的意义。因为人必须在相互交往中才会表现出文明礼貌行为,要在不同的现实情境中反复练习和巩固良好的行为准则。也可以让幼儿在角色游戏中正确地表现这种行为准则。如在游戏中担任民警、列车员的儿童自然要扶老携幼,学会怎样请求,怎样判断是非,怎样接受别人建议等,经常注意在生活和游戏中加以引导训练,使良好的文明礼貌行为得到巩固。中、大班幼儿还可以通过值日生工作、“大班带小班”、参与园地和社区劳动等活动,发展幼儿同情、友爱的感情和集体荣誉感。

文明礼貌教育,应当在幼儿脑海中留下生动鲜明的形象记忆。枯燥重复的说教或片面的处罚训斥不能引起幼儿兴趣和注意。只有针对幼儿思维的特点,让幼儿通过正面和反面的形象对比,看到不良行为所造成的不愉快后果,才能使幼儿更快地理解和掌握行为规则,也乐意照着去做。例如唱歌曲《李小多分果果》,启发幼儿的分享谦让精神；讲故事《爱说话的八哥鸟》，说明随便插嘴的害处；教师配合录像、幻灯、贴绒等直观教具，运用生动的语言，使幼儿对李小多和八哥鸟有了深刻的印象。这样，每当分饼干糕点，看见有的完整、有的破碎时；吃苹果、番茄，看到有的大、有的小时，教师只要问："谁愿意学习李小多呢？"许多只小手就会高高举起，大家争拿碎的、小的，还觉得愉快、自豪。每当上课有人插嘴时，只要说："我们班上有没有八哥鸟呀？"幼儿就会急忙捂上小嘴，谁也不愿做讨厌的八哥鸟。有时，教师针对本班儿童中不符合文明礼貌的行为，绘成好、坏两种行为的图片，让幼儿对比哪个好，哪个不好。如排队和插挡，乱扔纸屑果皮、随地吐痰和打扫环境卫生，欺侮小弟妹和帮助小弟妹等。经过集体的评讲、讨论，更能加深印象，增强幼儿分辨是非的能力。

文明礼貌教育，应当力求幼儿养成牢固的行为习惯。所谓习惯，就是在一定的刺激作用下，形成的一种自然定型的动作体系。这些自然表现的礼貌语言和动作不需要别人的提醒，不需要付出特别注意和努力就能不假思索地稳定地表现出来，不仅行动自如，而且感到愉快。"习惯成自然"就是这个意思。幼年养成的习惯能裨益终身，但习惯的树立有赖于反复的实践。首先，对从三岁到六岁的幼儿要分年龄段提出不同难度的行为要求，不懈地坚持要求，耐心地督促检查，不断地练习强化。在幼儿理解文明礼貌行为以后，经常采取提醒、表扬促进发展的方法，推动幼儿自觉地去巩固这些行为。教师和家长可以采用多种形式表扬幼儿的文明行为，如唱《学习雷锋顶刮刮》的歌曲，谁的行为好，就唱谁的名字；或把幼儿中的好行为绘画成图，记录下来，一两周更新一次；或把当天的好行为编成故事，讲给儿童听，让大家猜猜故事讲的是谁；采用多种多样的鼓励方式，巩固各个幼儿的进步等等；使经常性的鼓励、肯定，激发幼儿积极向上、争做好孩子的强烈愿望，但也要防止运用不当，产生一切为了成人奖励表扬的副作用。鼓励、表扬的面要宽，尽量注意到平时退缩、孤独或守纪稍有进步的儿童，保护每一个儿童的自信心、积极性。其次，要做到各方面的教育要求严格而一致形成合力，幼儿园要求的，在家庭、在社区也要做到。目前，在文明礼貌教育中比较普遍的问题是,“学得快,忘得快,只看本班老师在不在”。不少幼儿只知道向本班老师问候、致谢、告别,对别班的老师,对保育员、小朋友以及自己的家长、邻居就不注意讲礼貌。老师问小朋友:“还要不要添饭?”幼儿回答:“谢谢老师,我吃饱了。”保育员问小朋友:“是不是要添饭?”幼儿就点点头或摇摇头。对本班老师家访,幼儿会主动上前称呼、让座;邻居来访,却躲在门后喊绰号。这一方面反映出幼儿的文明礼貌行为尚不巩固,只知道某某老师叫他这样做,只对某某老师有礼貌;另一方面,也由于保育员、邻居、家长对幼儿要求不严格,对不礼貌的行为常常视若无睹,一笑了之。假若周围的人们一致地向幼儿提醒文明礼貌行为,他们就能较快地养成良好的行为习惯。

在幼儿集体中,永远存在着个性特点、年龄大小和体能强弱的差别,在文明礼貌行为方面也是如此。有的儿童热情大方,有的孤独冷漠;有的儿童随和,有的逞强;有的儿童不能很好地控制自己,经常违反集体的规则,推倒别人的积木而自己哈哈大笑;有的儿童自私,执拗,爱生气,易啼哭,需要特殊的照顾;也有的儿童胆小,退缩,喜欢独自活动;还有的儿童在教师面前表现得聪明能干,彬彬有礼,背着教师却对同伴态度粗暴,欺侮弱小,或者回到家里,对家长没有礼貌,一不顺心就大喊大叫,躺地打滚,无理取闹,把父母叫做“我家老头老太”等等。因此,对不同的儿童要深入了解他们的个性爱好、家庭关系和生活条件,分析他们产生这样或那样行为的原因,耐心细致地做好个别教育工作,与家长密切配合,把文明礼貌教育与培养幼儿的性格、品德结合起来。

在教育工作中,教师的表率作用永远是最重要的一环。教师应当亲切、耐心、诚恳而公正,处处做文明礼貌的典范。教师对幼儿的满腔热爱是做好教育工作的强大精神力量;教师对家长的亲切交谈,耐心帮助是改善家庭教育、提高全面教育质量的根本途径。

家长也是幼儿学习的榜样。有的家长热情、诚恳,有的家长正直、勤劳,他们的子女也常留下这些优秀品质的烙印。有的家长当邻居生病时，主动去照看；邻居来借东西时，让幼儿送去，并注意礼貌；平时做工作抢挑重担，晒衣服、收衣服经常关心到别人。但也有的家长缺乏基本的文明礼貌修养，当教师批评幼儿的不礼貌行为时，他们的孩子会理直气壮地回答：“我爸爸也这样说的！”“我妈妈就是这样做的！”这就摆在教师面前一个难题，既要维护家长的威信又要提高幼儿辨别是非的能力。儿童对于教师的态度是非常敏感的，发现教师尊重和关心他的父母，他就容易和教师亲近，也会模仿教师去尊重关心父母；发现教师背后指责他的父母，就会和教师疏远，并学习这种不文明礼貌的行为。因此，幼儿教育机构要向家长做文明礼貌教育的宣传工作，请有经验的家长介绍他们是如何对儿童进行文明礼貌教育的，努力引起广大家长对这方面的重视。教师要尊重家长并能坦率地和家长交流教育幼儿中遇到的困难问题，让家长自觉地提高对自身行为的要求。

总之，如果我们能使幼儿从小打下良好的文明礼貌行为的基础，那么，小学、中学就能比较容易地继续我们所开始的工作，培养出更多的不但健康聪明而且心灵美好的未来一代。

本文发表于《教育研究》1981年第7期

培养幼儿活泼开朗的性格

《幼儿园教育纲要》(试行草案)规定：在思想品德教育方面，要培养幼儿具有“活泼开朗的性格”。这一新任务的提出，对幼儿来说具有深远的意义。它有利于幼儿整个身心的健康成长，有利于幼儿自我概念和社会性的发展。因此，古今中外的许多教育家都重视幼儿的性格培养，把幼儿期看作是“良好性格的奠基期”，是“培养塑造性格的最有利的时机”。

从《纲要》试行两年来的情况看，有些幼儿教师对培养性格已经引起了重视，并作了一些初步的探索和实践，取得了一些宝贵的经验。但是，对于活泼开朗的性格的含义，大家的认识还很不一致，有些教师尚心存困惑，不知从何入手，有畏难情绪。所以，搞清楚什么是活泼开朗的性格，怎样培养幼儿活泼开朗的性格，至今还是摆在广大幼教工作者面前的一个重要课题。

一

什么是活泼开朗的性格？目前在幼教界众说纷纭，尚无统一的定论。一般说，性格是指个人对待客观现实的态度体系和与之相应的习惯化了的行为方式中所表现出来的比较稳定的心理特征。它在一定程度上反映出一个人的品德和意志，反映出情绪的稳定性、对社会生活的适应性以及社会行为的倾向性。所谓活泼，应当体现出主体高度的主动性、积极性和适度的独立性、创造性。活泼的性格应当包含活泼的思想、活泼的兴趣和活泼的精神，表现出思维活跃，兴趣多样，勇于探索，敢于通过自身的活动去发现和获得新的信息。所谓开朗，应当体现出主体经常的愉快乐观的心情，愿意与人交往，愿意接受集体规范的约束。开朗的性格应当包括情绪的开朗，社会交往中的开朗，以及遇到挫折和失败时仍然能够保持自信乐观的态度。它表现出主体一定的自信心、自尊感和自制力，有较强的社会适应性。活泼开朗的性格是性格诸特征中的一个重要组成部分，是人们心理健康的标志。它是思想品德教育日积月累的成果的反映，是幼儿园进行系统的全面发展教育的综合产物。

正确识别一个儿童是否活泼开朗，是培养活泼开朗性格的前提。性格活泼开朗的儿童一般具有哪些特征呢？

一、在日常生活中，他们常常流露出天真愉快的情绪，面上笑眯眯，走路蹦蹦跳，动作轻快，说话清晰，声调流畅。有时会轻声哼着歌曲，有时会友好地抚抱同伴，有时开怀地欢笑，较少哭泣、沉默、退缩、拘谨的表现。他们能较快地适应新环境，表示出有充分的安全感和自信心，在吃饭、穿衣、午睡、大小便等生活习惯方面，他们喜欢自助，没有咬衣角、吮指、遗尿、口吃和其他怪癖行为。

二、在小伙伴之间，他们热情，大方，喜欢主动帮助别人，能同情别人的痛苦。发生争吵后也能较快地分清是非，谦让和恢复友谊，吃了亏不耿耿于怀。因此，他们常受到小伙伴的欢迎，而不是被人拒绝、讨厌，感到孤立。

三、在游戏和劳动中，他们能提出自己的主张，会努力想办法去完成一定的要求，而不是东游西荡，一事无成，也不会轻易地转换目标，满足于模仿别人的动作。

四、在学习上，他们有旺盛的好奇心，注意力比较集中，遇到困难不恐惧、不哭泣，在集体面前能大胆地回答问题。

五、在对待教师和成人的态度上，他们一般亲切而自然，愿意说出自己的喜怒哀乐，对周围成人抱基本信任的态度，又敢于离开成人，在独立活动中寻找欢乐。他们不会过分渴望成人注意，抓住成人就紧紧不放，或者惧怕教师。他们在服从成人的要求，遵守集体规则方面也显得比较明理和稳定。

掌握活泼开朗儿童的基本特征，有利于我们在观察对比中发现哪些儿童存在不活泼或不开朗的性格倾向，以便有针对性地影响和改进他们的性格。

二

为什么有的幼儿性格活泼开朗，有的幼儿性格不活泼或不开朗呢？原因是多方面的，主要影响因素是：

一、体质和智力的强弱。一般来说，身体强壮很少生病，动作或智力发展较好，经常受到成人好评的儿童，容易形成活泼开朗的性格。反之，体弱多病，动作发展迟缓或智力发展在兄弟姐妹中较弱的儿童或经常受成人批评、指责的儿童，往往不活泼和不开朗。

二、外貌的美丑或身体有缺陷。成人有意无意的比较、父母的焦虑，常常造成某些有兔唇、面上青痣、跛足或口吃、遗尿等缺陷的儿童不活泼或不开朗。

三、气质的差异。气质是由人们高级神经活动过程的强度、平衡性和灵活性的不同特点所决定的。三四岁的幼儿缺乏控制掩饰自己气质的能力，因而气质的表现比成人鲜明而自然。一般来说，多血质、粘液质的孩子能适应集体生活，性格表现容易活泼开朗；胆汁质的孩子活泼、热情，不善于自制，与别人纠纷多，遵守纪律差，常常不够开朗；抑郁质的孩子敏感而胆怯，经不起挫折和困难，常常不够活泼，他们往往需要更多的启发与帮助。

四、父母教养态度的不同。近两年来，我们对中国家庭的调查发现，父母能尊重和满足子女的合理需要，对子女亲切爱护又有一定行为要求，教育方法上坚持正面诱导为主的家庭中，儿童的性格容易活泼开朗；父母对子女粗暴专制、歧视冷淡，或者过分溺爱迁就，教育方法上惩罚多、打骂多、放任自流多的，培养出来的儿童往往不活泼、不开朗。

五、家庭关系和家属文化道德修养的优劣。家庭关系温暖和谐，父母重视文化学习与品德培养、谈吐文雅、行为端正的，其孩子多半性格活泼开朗；而家庭关系紧张、经常吵闹，或者家庭破裂、夫妇离婚、分居，以及父母和亲属有犯罪前科、品德不正、趣味低级，常酗酒、赌博，有不良嗜好，不能以身作则等情况的，往往会影响孩子性格的不活泼、不开朗。

六、师生关系亲密融洽的程度。教师对待每个孩子的态度和期望也直接影响着儿童活泼开朗性格的形成。一般说，老师热爱孩子，教态民主，对于有些体质差、智力发展落后、长得不惹人喜爱以及已经养成一些坏脾气、坏习惯的孩子，不仅不嫌弃、不歧视，而且能以更大的热情和耐心去亲近儿童，信任与鼓励他们的进步，则班上大多数的儿童容易活泼开朗，主动性积极性能够充分发挥。反之，在老师对儿童有偏爱、不公正，教态粗暴专制，禁令多，指责多，幼儿很少有自由选择活动机会的班上，师生关系常常不够融洽，儿童也往往不活泼，不开朗。幼儿园环境宽敞、玩具设备丰富多样，老师经常开展适合幼儿年龄特点的、有教育意义的活动，则孩子容易活泼开朗。幼儿园环境狭小拥挤、潮湿阴暗，玩具设备贫乏破旧，过早进行小学式"上课"，很少开展多样性的活泼有趣的游戏，幼儿在经常枯坐、等待，不会独立游戏的条件下，多半不活泼，不开朗。

以上情况说明，要培养幼儿活泼开朗的性格，达到《纲要》的要求，并不是一件容易的事。它需要广大幼教工作者以满腔的热情，坚韧的毅力，运用灵活的教育机智，千方百计地克服阻碍幼儿活泼开朗性格形成的种种消极因素，努力完成党和国家托付给我们的这一艰巨任务。

三

怎样培养幼儿活泼开朗的性格？从现有的经验来看，以下几个方面的工作是不能忽视的：

首先，要深入了解每个幼儿的性格特点。我们要学会观察幼儿的情绪和需要，观察幼儿与人交往过程中的习惯性的行为方式，观察幼儿在遇到困难与挫折时的自我意识的表现，要善于分析影响幼儿性格形成的诸因素，透过表面现象去掌握幼儿性格的形成过程，并且以客观冷静的态度来对待幼儿的不良性格，努力改变德育工作中一般化、简单化的做法。为了从根本上去解决问题，还要有针对性地制订出个别儿童的教育方案，配合家庭有目的有步骤地开展活动，定期地检查教育效果。

其次，要保护幼儿的自尊感和自信心。德育的过程是一个内外因素相互作用的过程，外部的教育影响必须通过幼儿的自身调节即心理的内部矛盾运动才能起作用，而且要以心理的内部矛盾作为发展的动力。每个幼儿都有得到尊重的心理需要，都期望和相信自己是被人重视与热爱的，这一正当的精神需要的满足是他们奋发向上、积极进取的力量源泉。幼儿的自尊感和自信心的最初奠定是在家庭之中，因此，家长和教师要共同保护幼儿自我意识的正常发展，不用过分的称赞、虚假的赞扬去刺激幼儿的自尊感，也不以苛求的态度，时常议论、讥笑幼儿的缺点，去损伤幼儿的自信心。成人要支持幼儿稚弱的自尊感和自信心，主要是帮助幼儿经过自己的努力去获得成功的体验。当幼儿有了明确目标并经过努力获得成功时，家长和教师应及时给予肯定和鼓励。只有这种真实的活动体验，才能促进幼儿体力和智力的发展。自我努力和成功的机会越多，那种满足感、充实感就越会成为幼儿自尊和自信的可靠基础。但是，成人必须正确地深思熟虑地运用评价的语言。幼儿不会自我评价，他们常常依靠父母或教师的判断来认识自己，尤其是来自不同社会环境的幼儿，各人的发展速度有显著的不同。当幼儿遇到困难或失败时，成人的期望和评价常常会造成截然不同的教育效果。成人若对幼儿采取信任和鼓励的态度，就会使孩子感到温暖和有信心，进步就会显著。其实，每个幼儿都有自己的长处和不足，要支持能力弱的幼儿看到自己的长处，而不是只看到自己能力的局限。

第三，培养幼儿的自主性和自制力。自主性和自制力都是意志的表现，我们培养幼儿活泼开朗的性格，既要让幼儿有按自己的意愿活动的机会，又要使幼儿明确一定的纪律和规则有利于自己开展活动，能够自觉地约束行动。掌握得好，两者可以相互补充、相互促进，幼儿的活泼开朗性格和意志力就得到健全的发展。

幼儿认识事物离不开自身的活动，只有通过亲历亲为对外界事物充分的观察、操作、感知和思考，幼儿才能积累其感性经验，发展其认知结构。然而，有些幼儿园集体活动过多，个别活动少；禁止压制过多，自由选择少；教师动手动嘴过多，幼儿自己动手动脑很少，甚至有的老师不喜欢自主性强的孩子，偏爱呆坐不动、老实听话的孩子，有的幼儿园单纯以"守纪律"为好孩子的标准。在这样的气氛中，幼儿的主动创造精神容易受到扼杀，行为压抑，缺乏活泼开朗的性格。要把主动性和自制力结合起来培养，关键在于逐步提高幼儿自己判断是非和解决问题的能力。对中、大班幼儿，凡是他们自己能干的事要让他们自己轮流去干；对容易发生的一些品德、纪律问题的情景，应让幼儿自己考虑分析和表演解决问题的办法。例如别人踩了我的鞋，怎么办？我不小心碰倒了别人的积木，怎么办？两个人同时想玩一样新玩具，怎么办？通过有计划有目的的教育活动，锻炼幼儿的自主性和自制力。把管理秩序的主动权交给孩子们，让孩子们自己讨论和建立必要的规则，真正理解要遵守规则的道理。孩子们判断是非、解决问题的能力逐渐增强了，纠纷和告状的现象就会日益减少。

第四，创造丰富多彩的环境和开展多样化的游戏活动。活泼开朗的性格是在活动和交往中形成的，又是通过活动和交往而表现出来的。幼教工作者要提供能激励儿童活动和交往的物质环境，并利用各种途径，特别是音乐、美工、体育活动及文学语言表演等形象生动的教育手段，启发幼儿活动的主动性、积极性，使幼儿的生活充满乐趣和活泼生动的体力、智力活动，让幼儿在现实的社会关系中，发展社会交往技能，掌握道德行为的准则，培养愉快的心情和开朗的胸怀。

当然，在培养活泼开朗性格的过程中，我们会遇到种种困难，但是我们所作的努力一定会在孩子的成长中得到补偿。由于幼儿的性格正处在形成之中，他们接受影响比其他年龄儿童要容易得多，有效得多。我们在南京师大五台山幼儿园小班连续三年的跟踪调查充分证明了这一论断。在小班 33 个幼儿中，1982 年的了解，性格活泼开朗的 12 人，占 37%；不活泼的 8 人，占 24%；不开朗的 10 人，占 30%；既不活泼又不开朗的 3 人，占 9%。经过两年的教育影响，性格活泼开朗的儿童增加到 16 人，占 49%；不活泼的 7 人，占 21%；不开朗的 9 人，占

27%;既不活泼又不开朗的还有1人,占3%。俄国教育家乌申斯基认为:"人的性格多是在人生的最初几年内形成的,而且在这最初几年内所形成的东西是很牢固的,它要成为人的第二本性。"我们在幼儿期所塑造的性格,将为广大幼儿将来长大成人,进入社会,适应社会,打下良好的心理基础。

本文发表于《南京师范大学学报》增刊《教育论文集》,1984年版

幼儿园爱祖国教育的实验研究

一、幼儿园爱祖国教育的历史回顾和现状分析

重视爱国主义教育是中华民族的优良传统。建国初期，特别是在抗美援朝、保家卫国运动期间，志愿军的英勇战绩时刻激动着教师和幼儿的心弦，幼儿教师中热爱人民战士，仇恨侵略者，关心祖国命运，为新中国献身的氛围十分浓烈。大班幼儿和幼儿教师一起做慰问袋、写慰问信，邀请志愿军战士到幼儿园联欢，孩子们从心底里发出对人民志愿军的热爱，把自己省下的糖果纷纷塞进志愿军叔叔的口袋里，为志愿军叔叔作慰问表演。当问起孩子，“你最爱什么人?”除了爸爸、妈妈以外，孩子们异口同声的回答是“最可爱的人是志愿军叔叔!”“我最爱我们的新中国。”当时，幼儿园在爱祖国教育方面曾积累了一些宝贵的经验。

60 年代以后，通过“学雷锋”活动，幼儿园对幼儿日常行为品德的培养有所加强，爱护公物、拾金不昧、互助友爱的行为蔚然成风。但在“左”倾错误思潮的影响下，发生了不适当地强调阶级和阶级斗争的倾向。“文革”期间，不考虑幼儿的理解和接受能力，在幼儿园中大搞成人化、口号化的大批判，思想品德教育与爱祖国教育都被削弱和架空，流于形式，不讲实效。

粉碎“四人帮”以后，在总结正反两方面经验的基础上，重视从幼儿实际出发，注意培养幼儿的品德素质和文明行为习惯，取得了较好的教育效果。然而对爱祖国教育一时尚存在许多模糊认识。例如有的幼儿教师认为:“幼儿这么小，懂得什么国家，又要唱高调了。”有的满足于灌输说教式的教育，大讲爱国英雄人物的故事，从岳飞、文天祥到祖冲之、李时珍，从抗日战将到老山反击战英雄，幼儿听了都搞不清究竟谁做了些什么。但是，随着改革开放政策的实施，国际交往日益频繁，在社会

上、家庭中，盲目崇洋的风气和民族自卑心理有所滋长，在部分教师和幼儿身上也自觉或不自觉地反映出来。因此，对幼儿进行爱祖国教育问题显得更为紧迫、很有必要。探索爱祖国教育的规律，搞好幼儿园爱祖国教育，已经成为广大幼教工作者共同关注的一个重要课题。

二、幼儿园爱祖国教育的要求

对于幼儿来说，爱祖国教育应当达到怎样的深度和广度才算完成了教育任务呢？这一问题曾经引起很大的争论和分歧。为了从宏观上了解幼儿园爱祖国教育与小学、中学、大学爱国主义教育的区别与内在联系，以便按照受教育者的身心发展水平和接受教育的可能性，从低到高，循序渐进地进行，保证教育的系统性、连续性和一致性，促进爱国主义品德的最终形成，我们在南京市先后对部分幼儿园和小学、初中的学生进行调查，了解他们对国家、首都、国旗、领袖、民族和家乡的道德认识。经过长期的调查和实践，使我们对幼儿园爱祖国教育的具体要求得到了以下几点启示。

第一，幼儿园爱祖国教育的要求在于培养幼儿对家乡、对祖国强烈的感情倾向。爱国主义是由历史形成的包含着丰富的理性智慧的一种比较复杂、深刻、高尚的情感。在幼儿期，由于具体形象思维占优势，抽象逻辑思维尚处于萌芽阶段，幼儿往往只对通过感性体验掌握的东西才能理解得比较深刻。而祖国、民族、首都这些概念，相对来说，是比较抽象的知识，是离开他们生活经验较远的事物。有人曾经怀疑幼儿是否有能力正确地理解与接受有关祖国的道德认识。然而，调查资料证实，由于信息传播工具的普及和推广，家乡和祖国的形象可以通过丰富多彩的事实和图像材料经常呈现在幼儿面前，使大班幼儿萌发对家乡和祖国的最初的爱慕之情和主动了解的兴趣。对大班幼儿测查的成绩，有的还略高于一年级小学生。尤其是幼儿情感的发展受外界情景的影响和支配特别大，在有计划有目的的爱祖国教育影响下，利用幼儿情感容易受暗示、被感染的特点，使他们不够明确和稳定的情感在反复加深体验的情景中逐步稳定和鲜明起来，形成幼儿明确而强烈的态度倾向是完全做得到的。

我们认为，幼儿园的爱祖国教育是受幼儿发展水平和认知规律制约的，它只能是最初步的爱国主义的启蒙教育。其基本要求在于对家乡和亲人的依恋感，对所能理解的祖国成就的朦胧的自豪感，对本民族文化传统的亲切感。通过爱祖国教育，应当培养每个大班幼儿都具有这样的积极的情感倾向。心理科学告诉我们，人对外界事物的反映，从来不是像照镜子那样简单的反映。在人的头脑中先前形成的感受、经验、观点、动机、需要必然会影响以后的认识。幼年时期对家乡的依恋，对祖国的自豪，对本民族文化的亲切喜爱的情感，必将形成一种心理上的定势，这种牢固、深刻的痕迹会成为幼儿长大时学习祖国广博文化的强大动力之一，成为以后建立爱国主义品德的基础，成为幼儿个性结构中的一个组成部分。

第二，幼儿园爱祖国教育应当以小班、中班为准备，以大班为重点。爱的情感需要是从低到高逐步发展起来的。从小班（三岁）就可以开始爱的情感的教育。培养幼儿热爱父母，知道父母的劳动及其对社会的贡献；培养幼儿热爱老师、同伴和幼儿园的其他工作人员，知道他们与自己幸福生活的关系。在这样的熏陶下，幼儿自发的个人的情感就会逐步扩展为富有社会意义的情感。虽然，这一切还没有和“祖国”的形象发生直接的联系，但是这种爱正是爱祖国情感的基础和准备，愿意为亲人的愉快、为集体的欢乐而付出一切努力，作一些微小的牺牲和让步，就是爱祖国行动的前奏。苏联著名教育家苏霍姆林斯基在总结巴甫雷什十年一贯制学校的办学经验时，曾经提出，每一个学生（包括学前班和一年级）一进校门，全体教师应当首先关心的一件事就是他跟父母、亲人之间的精神联系怎么样？儿童在家庭里的道德发展是否正常？苏霍姆林斯基经过多年的观察，发现那些完全不懂得关心别人的孩子，根本不懂得真正的人类的爱，他们往往成为难以教育的学生，成为冷酷自私的人。因此，他断言，一个孩子如果连自己的父母也不爱，连自己身边的小同伴也不愿帮助，是根本不可能爱家乡、爱人民、爱祖国的。他心里没有对亲人的忠诚，也不可能忠诚于事业、忠诚于祖国和崇高的理想。一旦祖国需要他们作出牺牲时，也很难舍己为公、视死如归。我们的实践也证明，爱父母、爱同伴这些教育要求容易懂、容易做，虽然未曾与祖国的形象直接联系，也不可能自发地达到爱祖国的境地，但是，它是爱祖国教育不可缺少的基础工作，是培养爱的情感的组成部分。

第三，爱国主义教育是一个由低级到高级逐步深化和升华的过程。幼儿时期不仅是爱国主义教育的启蒙时期，也是塑造道德品质的最佳时期，是日常行为习惯和性格雏型打基础的时期，因此，幼儿园的爱祖国教育不能孤立地进行。从现有经验看，幼儿园和小学低年级的爱祖国教育可以和日常行为品德教育、集体主义教育紧密结合；到了小学中、高年级和初中，爱祖国教育可以和学习目的性教育、社会主义教育相联系；到了高中、大学，爱国主义教育又可以和人生观教育、共产主义理想教育密切结合。这是一个长时间的、不断深化和升华的教育过程。实践证明，只有在家庭、学校、社会的共同努力下，经过系统的熏陶和感染，才能使青少年最终树立起对祖国的强烈的自豪感、义务感和责任感，培养起坚定不移的爱国之情、忧国之心和报国之志。

三、幼儿园大班爱祖国教育的主要内容

按照教育部颁发的《幼儿园教育纲要》(试行草案)的规定，我们在实践中把大班爱祖国教育的主要内容归纳为“家乡美、祖国好、民族亲”九个字。

(一) 家乡美

认识家乡的自然景象、著名建筑或名胜古迹，通过经常性的活动，加深幼儿热爱家乡的情感体验。

(二) 祖国好

1. 尊敬和爱护国旗，能识别国旗、国歌和国徽，知道这些都是国家的象征，知道我国的全称是中华人民共和国，知道自己是中国人，应当热爱中国。

2. 通过“五一”、“六一”、“十一”等节日的庆祝活动，初步知道自己的幸福生活与祖国建设的关系。

3. 认识首都北京，知道北京有天安门广场、人民英雄纪念碑、故宫等著名建筑和世界闻名的长城。

4. 知道台湾是我国的领土。

5. 知道一些有关国家领袖、革命前辈和英雄模范人物为国为民的故事，敬爱他们，学习他们的优秀品质。

6. 知道一些幼儿能够理解的我国的伟大成就，如体育健儿获得世界冠军、卫星上天、建造长江大桥等等。

(三) 民族亲

1. 知道自己是什么民族(包括汉族)，熟悉本民族特有的节日如清明、端午、中秋、重阳、春节、元宵节等，组织幼儿参加祭扫烈士墓、看龙舟赛、包粽子、做月饼、赏花灯等活动。

2. 从本地实际情况出发，简要介绍我国的主要的少数民族如藏族、蒙古族、朝鲜族、维吾尔族、回族、满族等。知道他们的服饰特点、生活劳动习惯，学习一些少数民族的歌舞，培养幼儿尊重和关爱少数民族。

3. 欣赏和喜爱本地出产的民间工艺品和特产，如无锡泥人、南京云锦、苏州刺绣、扬州剪纸、常熟花边、宜兴陶器等，并通过绘画、剪贴等美工活动给予充分反映。

4. 在教学和游戏中，增加富有民族特色的各项活动，如唱戏剧、念急口令、背古诗、画国画、演奏民族乐器、唱民歌、玩民间游戏等等。

爱祖国教育的内容是丰富多彩的，可以通过幼儿园的各种教育手段有机地进行，但是渗透爱祖国课题的方法、比重不能强求一律，就是同样的教育内容也会因为教育设计的差别而产生不同的效果。例如前一时期许多幼儿园都进行了“抢救大熊猫”的教育。有的教师强调美丽的大熊猫是我国的国宝，它是全世界罕见而我国独有的珍贵动物；通过各国小朋友欢迎大熊猫的图片、录像，激发幼儿热爱大熊猫的感情，再讲四川箭竹开花的自然灾害，让幼儿体会到抢救和关心大熊猫是全国人民的共同责任，感到自己能节约几分或几角钱帮助抢救大熊猫的生命就是为祖国出力。然而有的教师只强调大熊猫美丽、活泼、可爱，在自然灾害中面临着饿死的危险，我们应当救救大熊猫，幼儿出于对动物的同情与爱护，也会积极捐款。但是，这与“祖国”一点也没有联系，爱祖国教育并没有恰当地渗透进去。由此可见，教育内容和教育要求两者之间，既有联系，又有区别。教育内容的确定，并不等于教育要求的实现。

四、爱祖国教育应当注意的几个问题

在实验研究过程中，我们注意了以下一些问题。

（一）进行爱祖国教育，应当由近及远

“祖国”的概念是抽象的，但是幼儿生活在祖国怀抱之中，每日每时都接触到祖国的自然、社会、语言、文字以及富于民族传统色彩的各种事物和现象。幼儿对于祖国的爱正是从这些最初的生活印象引起的，是从朦胧的自发的喜爱之情开始的，从不明确到明确，从点滴零星的印象归纳为伟大祖国的形象。教师越是善于利用周围环境中幼儿容易接触到的事物，和“祖国”的形象联结起来，效果就越好。因此，无论在空间距离上还是在时间距离上都要强调由近及远的原则。如在热爱家乡的教育中，先从幼儿园附近的田野、河流、房舍、街道、车站、码头、公园、商场和土特产品，逐步引导幼儿认识家乡的名山大川、名胜古迹、主要建筑等，再有计划地扩大幼儿的视野，进一步利用电视、录像中幼儿所能理解的生动鲜明的祖国建设成就，让幼儿从亲身见闻中真正感受到家乡的可爱，祖国的伟大。

（二）进行爱祖国教育，应当触及情感

爱祖国教育包括传授一定的知识，但不能仅限于传授知识，从形成态度倾向而言，主要的并不在于知识的多寡，而在于感受的深度。经验表明，情感比知识具有更强的稳定性和持久性。以幼儿认识国旗的教育为例，成功的关键常常不在于讲多少知识，而在于如何组织触及情感的过程。一般来说，幼儿对于生疏或不感兴趣的事物，常持视而不见、与己无关的态度，随着认识的深入才缩短了心理的距离，只有获得了较多的感性认识以后，才能产生联想，引起兴趣，只有积累了丰富的愉快的经验以后，才能激发爱慕的向往、强烈的喜爱和生动的回忆。我们感到，幼儿的情感具有易感性，最能影响幼儿情感的途径有三种：一是鲜明的形象、生动的语言构成的具体人物榜样的感染力，能引起共鸣和相应的情感。二是情境，情感总是在一定的情境中产生的。情境中的各种因素会对幼儿情感起综合的诱发作用，因此，有意识地创设相应的情境，可以强化某种情感。三是活动，幼儿亲身的实践活动是萌发情感的温床。正如毛泽东同志所说："爱是观念的东西，是客观实践的产物。"一定的活动体验是情感变化的依据。我们在培养幼儿热爱国旗的教育中，采取了以榜样为主和以情境为主的不同的教育方案，借以加深幼儿对国旗的认识和尊重国旗的情感。

北京东路小学幼儿园每周一举行升旗礼，以加强对幼儿的情境教育。在国歌的乐曲声中，担任升旗手与手持乐器的护旗手幼儿步入场中绕旗杆一周，升旗手拉动线绳使国旗冉冉升起，各班幼儿列队肃立，心中孕育着尊敬国旗和羡慕升旗手的情感。除了具体认识国旗的外形特征，学习有关的诗歌、歌曲外，还用毛主席升起第一面国旗时的录像情境，体会"中国人民从此站起来了"的庄严宣告，开展"为国旗增光辉"的活动，根据小组的进步情况给各组的国旗添上金色的光芒。

五台山幼儿园地处五台山体育馆右侧，为了加强榜样教育，介绍了天安门前守卫国旗的国旗班解放军叔叔的好人好事，与国旗班叔叔通信，互送贺年卡，观看和朗读叔叔寄来的信件、照片、贺年卡，听《绣红旗》的歌曲和江姐在狱中机智勇敢地带领战友绣出五星红旗的故事，又看国际比赛场上国旗升起的录像和照片，教育幼儿要像国旗班叔叔和江姐那样珍惜和爱护国旗，要像体育健儿那样为国旗争光。

在教育过程中，这两个幼儿园幼儿的反映情况如下列表一、表二、表三。

表一　北京东路小学幼儿园大二班 31 人在游戏时听到国歌后的反映

外观动作表现			有反应的 27 名幼儿谈当时心中想到什么					
暂停手中活动但不能持久	表情欢乐随音乐节奏而动作或哼唱	无反应	想到中华人民共和国；中华民族光荣	想到革命烈士的鲜血	想到升旗和当升旗手	想到要向国旗敬礼，要站好	想到毛主席和解放军打仗，向敌人开火	没想什么
8	19	4	7	4	4	2	2	8

表二　五台山幼儿园大一班 24 名幼儿对为什么给国旗班叔叔送贺年卡的反映

触及情感的人数	他们保卫祖国	他们心灵美	叔叔工作得好	我爱叔叔，他们每天升旗很辛苦，送贺年卡表示一点心意	其余人数	老师叫我做的	过年了	他们给我送礼物	也会们的	不知道
14	2	1	2	9	10	2	1	2		5

表三　五台山幼儿园大一班 24 名幼儿收到国旗班叔叔来信的反映

触及情感的人数	解放军叔叔好，保卫祖国，保卫五星红旗	解放军叔叔善良，他们是好人，我喜欢他们	解放军叔叔常常做好事，很爱小朋友	解放军叔叔关心我们，给我们写信、送照片、贺年卡	其余人数	我给叔叔寄了礼物	不知道
19	2	2	4	11	5	2	3

以上三表表明，同一班级在同样的教育活动中，各个幼儿触及情感的深度和认识的层次是不同的。即使经过教育，每个班级都还有一部分幼儿无动于衷。这一事实说明，过去我们在教育工作中只注意教育的内容、方法，而很少注意教育所取得的成效和产生的影响，很少考查教育给予幼儿的具体感受是什么，而这些正是我们现在改革幼儿园爱祖国教育所需要认真研究和解决的问题。

在实验中，我们还让两个班的幼儿都在美工课上画“小强看见了什么”的情节画。讲述的内容是：小强和爸爸、大伯等一起出海打鱼，突然遇到了暴风雨，船被风浪打坏，漏水了。眼看船快要沉下去的时候，远处传来了马达声，一艘军舰越驶越近。小强和渔民们顿时欢呼起来，高兴得流下眼泪，连声地说：“我们得救了！我们得救了！”问幼儿：小强看见了什么？为什么这么高兴？是什么样的军舰来了？请小朋友用画来表达，在绘画后还进行了谈话，多数幼儿能说出“小强看见的是中国国旗、中国军舰来了”。其中 4 个小朋友能绘声绘色、富有表情地讲述，似乎自己就是小强。只有 2 个小朋友不能用语言说出小强高兴的理由，但能指出他画中的红旗代表着国旗，表示小强看见的是中国军舰。

可见情境和榜样对幼儿的感染力都很强。这两个班的幼儿对“国旗代表国家”的认识有了提高，热爱国旗的情感有了增强。而情境教育给予幼儿身历其境的体验比人物榜样的感染印象更深刻、更牢固。要培养孩子的爱国情感，教师首先要具有热爱祖国，为振兴中华而奋斗的高度责任感和强烈的自豪感。只有这样，才能精心地设计情境，选择榜样，才能以自己的情感来感染幼儿。

（三）进行爱祖国教育，要充分发挥艺术手段的作用

在增强民族意识的教育中，我们感到艺术手段如色彩、旋律、动作节奏、优美的语言、生动的形象，具有特别强烈的吸引力和感染力。为了重视发挥艺术手段的作用，我们增加了反映民族特色的国画、染纸、泥塑等，让幼儿欣赏富有民族色彩的各种工艺品，运用锣鼓、木鱼等民族乐器和民间乐曲等进行教育。幼儿对艺术活动特别喜爱，容易引起注意和兴趣，容易理解和接受，而且大班幼儿也具有一定的欣赏和评价能力。我们在五台山幼儿园大一班进行过六节国画教学，期末检查，24 个幼儿中，有 12 人都强烈地喜爱国画，喜欢用毛笔作画，并能说出理由：“因为这是中国画，好看。”“我们是中国人，长大了我也要当个国画家。”大班幼儿从最初的一般好奇心和自发的兴趣出发，渐渐地认识到瓷碗、摺扇、彩灯、笔筒等都是我们中国人所特有的，中秋、端午等节日和民族的许多传统是我们中国人一代代传下来的。“我是中国人”的意识在无数次的活动中日益巩固和加强。对我国人民和别国人民的区别也逐渐分明。这种潜移默化的感染，虽然很粗浅、简单，但却能成为长大以后学习祖国历史、地理、自然知识，建立理性认识时的感情基础。

我们感到，过去在教育中存在的一个缺点是只注意各学科本身的

系统性，不注意几门学科之间存在的内在联系。有时分科如分家。常识课介绍藏族的生活、服饰、劳动特点，而音乐课教的是蒙古舞蹈，硬把有关的内容截然分开，使教育的力量分散了，冲淡了，影响了教育效果。如许多幼儿会跳新疆舞、藏族舞，也能讲出舞蹈的名称，但就是说不出是哪个少数民族的舞蹈以及他们的生活习俗，这种现象很普遍。在实验中，我们就加强了各个学科、各种活动之间的有机联系，充分运用艺术手段来强化印象。五台山幼儿园大二班在进行热爱蒙古族的教育中，把全班分成实验组和对比组。实验组，除在常识课认识少数民族的名称、生活习惯、服饰与劳动特点外，还在音乐课上增加草原上牛羊群和蒙古包的背景图片，边教蒙古舞，边用语言提示幼儿思考蒙古族小朋友在干什么。在对比组，常识课与音乐课互不联系，各教各的，教舞蹈时，只讲蒙古族舞的名称和每节动作的注意事项。同样是教三遍舞蹈，两个组的儿童都在同样的时间内学会了舞蹈，但在认识蒙古族人民的生活、服饰、劳动特点方面，实验组的教育效果要好得多。这说明了艺术手段和多渠道感知在爱祖国教育中的重要作用。

（四）进行爱祖国教育，要通过幼儿自身的活动

活动是幼儿获得知识经验的重要途径，也是调动幼儿学习积极性的催化剂。幼儿爱祖国思想感情的发展，需要伴随着他自身的活动。爱祖国教育的过程是师生共同参加的双向活动的过程，幼儿既是教育的对象，又是学习的主体。没有幼儿自己的积极活动，单靠教师说教，就不可能达到预期的目的。教师对每个教育课题除周密考虑自己怎么教之外，更重要的是要周密地组织安排幼儿可以亲身参加的活动和可以启发幼儿思考的问题。例如，在培养幼儿热爱民族工艺品的教育中，华水幼儿园动员幼儿一起收集了各种扇子——檀香扇、纸摺扇、绢扇、团扇等，各种瓶子——笔瓶、方瓷瓶、圆花瓶、椰雕瓶等等，让幼儿观赏，并在扇形、瓶形的彩纸上，让幼儿装饰美丽的图形。在热爱家乡的教育中，让幼儿用大型积木搭长江大桥、雨花台、玄武湖，并由孩子们自行组织进行参观，解说。在国庆活动中，让幼儿剪贴代表祖国的各种图片，如天安门、五星红旗、国徽、人民大会堂、长城等等，每人装

订一个小本子收集有关祖国的图像，还举行以“我爱祖国”为主题的表演朗诵会。

组织幼儿亲身参加的活动是形成内心体验的关键。为了准确把握每次活动的质量，我们注意了“一精、二实、三活”。“精”是少而精，活动次数不要太多，严格从教育目的出发，不图表面上的热闹，每次活动 20 至 30 分钟，内容有一定的深度，要给幼儿留下内心较深的痕迹。“实”是一切从实际出发，要考虑幼儿的思想实际，照顾幼儿的能力水平，不搞过高过难或幼儿不感兴趣的活动，不把幼儿领向“鹦鹉学舌”的歧途。“活”是生动活泼，运用多种手段，通过多种渠道开展活动，力求使幼儿思维活跃，有吸引力，兴趣犹浓，适可而止。下次再来总要增加一些新鲜的内容。通过动手、动脑、动眼、动口，从不同的角度丰富幼儿的认识，强化幼儿的感情，让各种信息互相补充，形成深刻的印象。美国华盛顿儿童博物馆墙上有一幅醒目的格言：“我听见了就忘记了，我看见了就记住了，我做了就理解了。”这给我们提供了一个启示：教师应当少讲，儿童应当多做。在一定意义上说，这应当是幼儿园进行爱祖国教育的一个重要原则。

(五) 进行爱祖国教育，要与家长密切配合

家庭对幼儿的爱祖国教育有着不可低估的作用。没有家长的配合，教育目的就难以实现。因此，实验工作一开始，我们就分班召开家长会，宣传实验的目的，说明工作的计划、步骤和方法，广泛征求家长的意见。我们还建立家庭联系本，了解在每次教育活动后幼儿的反映，或向家长汇报，或倾听家长意见，交流收获，研究改进措施。由于加强了家长工作，实验开展就比较顺利。

在实验过程中，家长大多主动对幼儿加强思想教育，经常协助我们检查教育效果。我们印发给家长的爱祖国的歌曲、儿歌教材，差不多每个孩子都能流畅地背诵，如“我爱家乡南京美”、“栖霞山”、“玄武湖”、“长江大桥”、“我爱”、“五星红旗我们爱你”等。有的家长帮助收集工艺品，有的还提问儿童：“国徽是什么样的?”“国旗是什么样的?”“国歌会唱吗?”并把孩子的回答一一记录下来。许多家长还言传身

教，做榜样。每次教育活动以后，家长都协助我们了解儿童的反映和教育效果。如王佩小朋友的爸爸在联系本上写道："王佩参观长江大桥回来后的反响不强烈，只是讲述了一下参观过程和老师对大桥的介绍，不过她记得长江大桥是我国工程师、工人自己造的最大的一座桥，比武汉大桥好。"有时幼儿回到家中还提出了不少问题，家长及时地告诉教师，这有利于爱祖国教育的不断改进和深化。例如，刘××小朋友回家对父亲说："我知道雨花石上的红颜色，不是烈士鲜血染红的。因为我拾到一块有红色的石头。工作人员说那里没有杀过人。"家长随即转告老师。老师就对幼儿进行了"象征"含义的解释。之后，刘××又对父亲说，"南京雨花台上埋葬有无数烈士，烈士的流血牺牲才赢得了新中国的胜利。因此，可以象征性地说，是烈士的鲜血染红了国旗，染红了祖国每一寸土地。"

总之，幼儿园爱祖国教育时刻受到社会和家庭多方面因素的影响，不可能用固定的程式和方法来进行。在实验研究过程中，我们还注意联系幼儿遇到的实际问题，因人因地制宜、有的放矢地选择恰当的题材；紧紧依靠教师的共产主义思想觉悟和教学中的积极性、创造性、灵活性，努力探索最佳方案，争取最优效果。我们在实践中也遇到了不少难题，有些问题还没有很好解决，尚需在今后的工作中实践、比较、再实践、再比较，寻找正确答案，掌握客观规律。

本文发表于《教育研究》1986 年第 6 期

别把评比当作紧箍咒

编者按：在幼儿中开展评比活动究竟好不好？卢乐珍同志的文章提出了一些否定的意见，这种勇于探索的精神是值得学习的。希望广大家长、教养员以及幼儿教育工作者积极来稿，各抒己见，共同探讨。

在幼儿园里，常常可以看到墙上贴着“看谁进步快”之类的评比图表，常常可以听到这样的话语：“小明，你还不快点吃，今天你想不想得红星?”

“军军，快坐好。我们下午要评比谁守纪律呢!”

“莉莉这几天表现很不好。她抢别人的玩具，还推人，不讲理。小朋友，你们说这样的人能得小红花吗?”

这就是某些老师用“评比”来激励小朋友的情况。近年来，评比的方法在幼儿园中越用越广。起先是大班搞，现在连中班、小班都搞了。过去是一个阶段评比一次，现在有的是每周评，甚至每天评。评比活动成了有些教师管束、限制幼儿行动的紧箍咒和法宝。

评比究竟是不是对幼儿进行品德教育的好办法呢？我认为应该慎思慎用。

就以上面所说三个小朋友为例，它只能揭示问题，并不能解决问题，更不能真正促进幼儿思想品德的健康发展。

小明吃饭慢的原因，是多方面的，可能是过去的饮食习惯不好，喜欢把食物含在嘴里很久才咽下去；可能是拿匙的姿态不对，饭粒撒在桌子上多，送进嘴里少；也可能是小明今天身体不舒服、情绪不愉快，影响了食欲。

习惯用评比法的老师，不去分析幼儿吃饭慢的真实原因，而是迷信红星的威力，以致教育工作反而粗糙简单，耽误了幼儿的进步。他们没有把力气花在纠正幼儿饮食习惯、拿匙姿势和了解幼儿健康与情绪状况等方面，因而也不可能从根本上解决小明吃饭慢的问题。

军军没有坐正，老师用评比作为诱饵促使他自我约束，这也是很不可靠的。如果军军出于求知的欲望而力求坐好，以便早点开始更有意义的学习活动，这是一种爱学习的内在动机，它对发展自制力是有益的。然而现在教师只要求他为了红星而坐好，为了比赛而坐好，这仅仅是一种比较低级的外在动机。特别是如果军军觉得自己即使坐好得红星的希望也不大，或者他已经对“评比活动”产生了一定程度的抵触情绪，那么，教师的话还会引起相反的效果——他会在心里想：“我偏不坐好。”

至于莉莉，我们都知道，四岁的幼儿还不善于与集体生活中的同伴交往，而游戏中的相互协作与谦让，是需要有一个学习的过程的，加上这个年龄神经系统兴奋强于抑制，因而较易发生争夺玩具的纠纷。教师的责任在于利用适当时机，丰富幼儿的社会经验，教给幼儿如何用语言请求和协商代替抢夺的动作，通过示范和解释以强化正确的做法。如果等到评比的时候才去算总账，那时莉莉和别的小朋友对此情景早已遗忘。教师的批评徒然加重莉莉内心的羞愧和引起别的小朋友对莉莉的指责，使莉莉疏远教师和同伴，增加了莉莉适应集体生活的困难。

评比活动的危害，更严重的是影响幼儿的心理健康。

一、刺激幼儿自我意识的畸形发展。班上一部分幼儿总是能得到教师的好评，以致产生了自我优越感和骄傲自满的心理。同时，有的胜利者害怕下次评比的失败，于是谨小慎微，察言观色，尽量讨好教师，甚至形成当着教师一套表现、背着教师另搞一套的行为方式。另一部分幼儿则老是受到批评，他们在评比活动中经常失败，他们往往按成人的评价低估自己的能力，从而灰心丧气，认为自己总不如别人，自信心和自尊心都受到严重伤害。有的个性好强不愿受压抑的幼儿则忿忿不平，采取对抗的行动。有个孩子气恼地告诉我说：“我坐得好的时候，老师看不见，我一动，老师就看见了。别人做错的事，也来怪我。我才不希罕那个红花呢！”

二、压抑孩子的情绪，增加痛苦和紧张，不利于培养活泼开朗的性格。有个三岁多的孩子几次夜晚哭醒，惊叫：“我得不到红星了，我又说了一句错话了。”有的幼儿因为儿童节没有评到大红花而大哭大闹，苦苦哀求说：“老师，我改，我改，你给我红花。”还把教师发给每个小朋友的礼物新铅笔扔在地上。有的家长之间也互相较量，怪孩子“为什么楼下明明得了红花，你没有。简直给我丢脸！”个别家长来接孩子时，第一件事就是看评比表，有红星，在回家路上就买巧克力给孩子吃；没有红星，当场就打骂。有一次，一个孩子没有评到红星，急得大哭，说：“我爸爸要杀掉我的！我爸爸要杀掉我的！”每次评比活动以后，总有些孩子闷闷不乐，食欲下降，睡眠不安或者故意捣蛋。

三、片面鼓励幼儿之间的相互竞争，容易引起嫉妒不满，增加争吵，不利于同伴间社会性情感的健康发展。评比活动使儿童觉得只有得到“第一”，表现得“最好”和“打败”了别人，才能赢得教师的称赞和注意。在日常生活和游戏中常会流露出这种竞争的情绪和语言：“我比你好！”“你是笨猪，你比得过我吗？”有时几个孩子围在评比栏前，指指点点：“你只有三颗红星，我有七颗。你太差劲啦！”这就更加重了自制力不强或智力较差儿童的精神负担，越紧张越容易失败，无形中增加了儿童间的怨恨和磨擦，影响了团结友爱。

评比活动之所以不同于一般的比赛和表扬、鼓励，是因为家长和教师都把它看作是对孩子的总的评价和判断。但是，每个孩子有着不同的遗传禀赋，来自不同的环境，受到不同的启蒙教育，他们各人具有不同的长处和短处，在有些问题上是没有可比性的。在起跑线各不一样的情况下，要评论优劣，这是何等的不公正呀！好孩子的标准又没有统一的尺度，有的教师偏重纪律，有的偏重听话，有的偏重智力……有人喜欢活泼热情的，有人喜欢能歌善舞的……这不仅是不能比，而且是不宜比。特别是属于胆汁质的孩子活泼好动、爱插嘴、会惹人，容易过于兴奋和鲁莽地行事，老师常常认为他们是故意不守纪律、难于管教的对象，却看不到他们热情大方、勇敢敏捷、精力充沛的长处。孩子们不同的气质很大程度上受遗传和环境双重因素的影响，在良好的教育条件下是可塑的，但是，需要长期而细致的工作，不可能靠强制和评比迅速见效。我们只有首先按照每个孩子的本来面目去热爱他、接受他，才能促使他在原有基础上不断得到进步和成功。假若要比的话，最好让他和自己的过去比。应当指出幼儿与成人不同，与少年也不一样。他们的自我观念还未充分发展，自我评价的能力很弱，带有很强的他律性。他们的高级神经系统尚未发展成熟，自制力尚在形成的过程之中，他们经受不住过分强烈的情绪刺激，因而对评比压力往往心理准备不足。更何况即使是中小学生的评比，也要慎重考虑怎样做法对他们健康成长的帮助最大，即使是有一定自我评价和自主能力的成人也很难学会正确地对待评比活动呢。

为了充分发挥每个孩子的潜在能力，为了保护每个孩子的自信心和自尊心的正常发展，让我们在幼儿教育工作中认真反思自己的人才观、价值观，慎用评比活动，千万别把评比当作紧箍咒。

本文发表于《为了孩子》1982 年第 11 期

树立正确的儿童观

正确认识和对待儿童，树立正确的儿童观，是更新幼儿教师的教育思想，进行教育改革的重要条件。去年，我们在省内对 620 名公办和民办的幼儿教师做了一次不记名的问卷调查，了解他们的儿童观。根据调查结果，我们认为需要着重解决以下四个认识问题。

一、树立新时代儿童的正确形象

幼儿教师应当明确 21 世纪建设人才的规格和与之相适应的新时代儿童的形象。只有这样，才能把当前教育工作的现实问题和社会发展趋向联系起来。现在的幼儿，在 21 世纪不仅会面临世界技术革命的挑战，而且还得面临极其复杂的政治形势，因此，我们应当把幼儿培养成体、智、德、美全面发展的，具有热爱社会主义祖国感情倾向的，具有旺盛的求知欲、敏锐的观察力和独立创新精神的一代新人。在这次调查中，幼儿教师在回答把幼儿培养成什么样的人时，多数人提到《幼儿园教育纲要》要求的体、智、德、美全面发展，少数人提到“兴趣广泛、智力活跃”，“求知欲强，富有想像力和创造力”，“能独立思考，敢于发表自己的见解”。然而，在接触到现实问题时，城市教师中 30％左右，农村教师中 46％左右仍然觉得安静、服从、听话的孩子，即使智力发展一般，也比智力灵活而不听话的孩子可爱。这说明，几千年来的封建社会传统的儿童观，至今仍有一定的影响，安静听话还是一部分教师心目中好孩子的标准。因此，每一位教师都应当从振兴中华、实现四化的战略目标高度来更新儿童观，在头脑中树立新时代儿童的正确形象。

二、尊重儿童

尊重儿童是树立正确的儿童观的重要组成部分。尊重儿童主要包括四层意思：(1) 尊重儿童的人格、权利和合理的需要。因为儿童是人，他们来到世上，就是国家、社会的平等的成员。(2) 尊重儿童的年龄特点。儿童的身体、思想、认识、情感和能力都与成人不同。作为成人必须正视他们的年龄差异；接纳其发展过程的逐步成熟、逐步完善；宽容他们在学习中的失误和经验贫乏。(3) 尊重儿童的个性。儿童由于遗传素质的差异，所受教育和社会环境影响的不同，有着各自的气质、性格和能力特点。(4) 尊重儿童的积极因素。儿童生活在现实社会中，必然受到正反两个方面的影响，因而每个儿童都有其积极因素。但是，如果没有正确的教育，就也有可能会发展消极的因素。因此教师要针对每个孩子的不同个性特点，尊重其积极因素，了解其消极因素，因势利导，因材施教，使每个儿童都得到最佳的发展。

概括地说，就是既要尊重儿童，又要教育儿童。夸美纽斯说过："只有受过一种合适的教育之后，人才能成为一个人。"人完全是教育的结果，而教育儿童，又是要以尊重儿童为前提的。在调查中，半数的教师感到"对班上有些孩子就是爱不起来"。这说明，尊重儿童、热爱儿童、信任儿童的观念还没有在全体教师中牢固确立。因为这样，工作简单化、表面化、缺少方法就是难免的了。

三、发挥每个孩子的潜能

由于先天素质和环境的差异，孩子们的能力也不相同。有些教师对按年龄班进行教育存在误解，以为面向全体就是要多集体活动，使全班幼儿享受同样的教育，因而采用的是一刀切、一律化的教育方法。其实，在进行集体教学的过程中，始终不能离开个别教育。教师要相信每个儿童都有其发展潜能，应当根据他们的长处和兴趣爱好，从他们原有的起点出发，鼓励和启发儿童的潜能，使他们能得到最优化的发展。不仅对智力超常，或在音、体、美方面有特殊才能的儿童要给以个别辅导，使他们的优异素质得到充分发展；对于智力发展迟缓的儿童，或已经形成不良习惯的儿童，更需要有针对性地对他们进行亲切耐心的个别指导。但是，84％的被调查的教师认为，要使每个儿童都达到《纲要》的基本要求是不可能的；68％的教师认为，上课要先提问聪明的儿童效果才好；40%以上的教师认为，面向全体很难做到，进行个别教育根本没有时间。确实，不少幼儿园，由于孩子超额，室内外场地、设备有限，师资缺乏，游戏难以开展，个别教育没有时间。所以，领导部门要在人员、物资等方面给予保证。同时也要告诫幼儿教师，应当防止教育中人为的促成两极分化；聪明的孩子受到的关注越多，发展更快；而迟缓的孩子越受冷漠，自卑心理越强，发展更迟缓。

四、让儿童成为学习的主体

儿童是学习的主人，教师作为教育过程的组织者和执行者，是为帮助儿童有效地学习服务的。儿童的学习受其内部动机支配，无论是智力或体力活动，都离不开他本身的兴趣与需要。从一定意义上说，每个儿童主动地积极地参与学习是教育成功的关键。教师的主导作用应当就是根据教育目的、儿童年龄特点和接受能力提出要求，并使这些要求转化为儿童自觉的需要，激发儿童的学习愿望，在活动中给每个儿童以必要的指导与帮助，并让儿童体验到成功的愉悦，树立自信心。但是，长期以来，人们对教师的主导作用片面理解，轻视作为学习主体的儿童。教师提示、规定过多，儿童的思维和创造活动就受到限制；强调儿童的幼稚、无能，儿童能做的事也不让他们去做，甚至在自由活动和游戏时间，教师也处处导演和控制，儿童的许多自我决策、自我协调、自我控制和自由交往的锻炼机会就被剥夺。随着教育改革的深入，这种状态正在不断改善。但是，在调查中，仍有30%以上的教师担心"让孩子自由选择活动，就会不遵守纪律"。刚开始增加自由选择活动，是会出现一些矛盾和问题，但是，我们不能因噎废食。内容丰富、形式多样的自由选择活动，可以让每个儿童更多地接触大自然和社会，获得更多的信息，增长独立思考和决策的才干。

树立正确的儿童观，是提高教育质量、深入进行幼教改革的需要。每一位教师，都应根据"教育要面向现代化，面向世界，面向未来"的要求正视这个问题。

本文发表于江苏《幼儿教育》1987年第3期

大班幼儿自信心的培养与教育

自信心是一个人对自身力量的认识和充分估计。它是自我意识的重要组成部分。幼儿期的自我意识正处于从生理的自我向社会的自我过渡的时期。原来一切以生理需要为基础,仅仅停留于对自己的躯体、衣着、家庭关系和自己所有物的自我意识,逐步扩展与转化为对自己的主张、力量、地位、责任、义务等的自我意识,即按社会要求为依据的自我意识;这个时期的自我体验仍带有强烈的自我中心期的痕迹,以为世界是为"我"而存在的,总是以自己主观的想法来解释外界现象。这个时期的自我评价的特点,一是他律性,二是表面性,三是片面性。正因为这样,幼儿对于自己力量的认识和自己可能达到的成就估价就不免零星、肤浅、不稳定,完全从属于成人的评价,实际上是他们心目中权威人物的评语的翻版。因此,五六岁幼儿所表现出来的信心不足,只能看作是尚未充分形成自信心,不能武断地认为是自卑感,因为从自我认识发展史的整体上来说,幼儿期自我意识虽已萌发,但尚处于朦胧阶段。在这生命早期,及早观察与发现幼儿自信心形成的趋向,注意正确的引导、培植和塑造,防止骄傲、固执与退缩、自卑等消极性格的发展及外界不良影响的侵袭,并通过有目的有计划的教育影响,把自信心的发展引向健康积极的方向,具有重要的现实意义,可以得到事半功倍的效果。

培养孩子相信自己力量的心理品质,对其一生的发展都有极大的影响。一个人如果缺乏自信,看不到自己的能力,认为自己干什么都不行，总是不如别人，成就愿望较低，就会消极被动，实际能够完成的任务也会半途而废。久而久之，这样的心理定势，定会阻碍身心的健康发展。世界著名的科学家居里夫人早就向青年科学家指出："我们应该有恒心，尤其要有自信心。"美国斯坦福大学特尔门教授（Terman）长达 50 年的研究结果表明，那些做事实在又有自信心的人，就是将来最有可能在工作中有所创造、有所贡献的人才。自信心往往是一个人走向成功的起步。正因为自信，才会确立远大的志向，才会产生工作的动力，才会坚持不懈地辛勤耕耘，才能使他们的个性、才能、智慧爆发出惊人的力量。这是一系列连锁式的动态结构，而锁链的第一环就是自信心。

南京师范大学幼儿自信心科研小组，于 1985 年秋到 1986 年夏，在南京市鼓楼幼儿园大二班对大班幼儿自信心的培养和发展进行了调查、探索和实验研究。

我们的工作大体分三步进行。第一步，调查全班幼儿自信心的现状；第二步，分析研究影响幼儿自信心形成的诸因素；第三步，采取有效的教育措施，培养和发展幼儿的自信心。

在一年的实验研究中，我们在以下三个方面初步摸索了一些带有规律性的东西。

一、自信心强弱不同的幼儿在集体中的行为表现

在游戏、上课和体育、美工、计算等自选活动中，自信心较强幼儿的表现一般具有以下几个特点：

1. 情绪愉快，行动积极，比较活泼。

2. 喜欢合作游戏。深信自己会玩，别的小朋友也喜欢和自己一起玩，能专心致志地去达到目的。

3. 在各项活动中，积极提出建议，并坚持自己的主张，有分歧时能据理力争，参与活动一般都善始善终。结束时，能说出自己做过哪些事，或初步提出活动中需要改进的地方。

4. 上课发言积极，有自己的见解。

5. 注意力比较集中，思维活跃，表现出较高的学习兴趣和自发的探索精神。

6. 自选活动中常要求较难的任务，理由是“这样练，本领大”；“我有信心能完成”；“我快上小学了，大孩子应当做难一点的”；“我都会，像这样的事我做过”。

自信心较弱的幼儿表现有以下几个特点：

1. 情绪不太稳定，有时沉闷、冷淡，有时活泼愉快。

2. 喜欢独自游戏，参加合作游戏时，不愿当领导者。对别的小朋友是否喜欢和自己一起玩，没把握。

3. 极少提出意见或建议，对别人粗暴干预自己的活动，从不坚持。有分歧争论时，较易退缩、让步、放弃主见。喜欢顺从与模仿别人。在作业或游戏中途，有时会旁观和闲逛，忘却目标。结束时，说不清自己做过哪些事，也不愿作评价。

4. 上课很少举手，发言不积极，有时重复别人的回答。遇到较复杂的任务，思维停滞，不想努力，急于求助他人。

5. 注意力有时涣散，惧怕尝试新任务。常常会说：“我不会。”“老师，怎么弄呀?”“我学不好。”有时因看了别人的答案，跟从别人，把自己正确的答案改错了。缺乏主动精神和创造的勇气。

6. 对个别科目特别感兴趣或特别害怕，如有的幼儿怕纸工，有的怕计算。

7. 在自选活动中，总是挑选最容易的任务，理由是：“我能做这个，那个不能。”“它容易，我喜欢做这个。”“我小。”“我不行。”有的答非所问，说：“窄沟跳起来轻松。”“我喜欢这个，上面有条红线，那个不好看。”

以上情况表明，在任何幼儿班中，幼儿自信心的强弱都存在明显的差异，教师的责任就是要注意发现这种客观存在的差异，及时发现自信心较弱的幼儿并给予必要的个别教育和帮助，使每个幼儿的个性都能得到健康的发展。(见表一)

表一　全班幼儿自信心得分情况分表

	幼儿自选活动记录										成人观察记录						
得分 人数 / 自信心表现	人数	体育活动			纸工作业			计算作业			游戏表现			上课表现			总分	平均分
		难	中	易	难	中	易	难	中	易	强	中	弱	强	中	弱		
较强	9	4	3	2	7	0	2	8	1	0	5	3	1	7	2	0	116	12.88
中等	14	1	8	5	5	5	4	2	6	6	4	6	4	5	8	1	137	9.78
较弱	9	1	6	2	0	2	7	0	4	5	0	5	4	0	2	7	66	7.33
合计	32	6	17	9	12	7	13	10	11	11	9	14	9	12	12	8	319	9.66

注：平均分在 12～15 分者为自信心较强幼儿，总分在 9～11 分者为自信心中等幼儿，总分在 6～8 分者为自信心较弱幼儿。

二、影响幼儿自信心形成的诸因素

从自信心较强和自信心不足的 18 个幼儿的个案调查和分析、研究来看，我们认为以下因素影响较大。

（一）温暖、和谐、愉快的家庭环境和自立、自主精神的早期培养是形成自信心的前提

大班幼儿一般是五六岁的孩子。然而，自我意识的萌发在一岁左右已经开始，从能分辨自身和他人起，在繁琐、平凡的日常生活中，在与他人相互交往、谈话的经历中，儿童的自我意识逐步成长。家庭环境温暖、和谐、愉快，儿童的基本需要能够得到满足，亲子关系亲密协调，就为自我意识的健康成长准备了良好的条件。父母和直接照料儿童生活的其他亲人注意培养二岁幼儿的独立生活能力，及时放手，让他们练习走路、拿物、洗手、吃饭、穿衣、入厕，独立地去完成简单的委托事务，愉快地与别的孩子接触；并机智地从三四岁起就给予幼儿在一定范围内作自我决策和选择的权利，善于倾听他们的意见，尊重他们的合理要求，信任与检查他们管理自己的衣物、实行自己决定的能力，无

数次实践就会促进幼儿的自主、自立精神，锻炼幼儿的体力、智力和社交应变能力。这样的孩子，往往能够相信自己的力量，自我评价就高，自信心就强。

我们调查了自信心较强的9名幼儿的家庭，发现他们的家庭关系和睦，对子女亲切、信任、尊重，并能注意培养幼儿多方面的兴趣才能。同时，家长对子女有一定的行为要求，比较明确合理，往往是说服引导多，惩罚打骂少。他们对子女各方面的发展比较满意，经常鼓励与表扬幼儿的进步。这就促进了幼儿自信心的发展。

9名自信心较弱的幼儿，主要来自四种不利于自信心发展的家庭环境。

一是过分保护的家庭。这些家长总是溺爱、娇惯，过多的干预儿童的活动，包办代替，助长了幼儿的依赖心理；饭来张口，衣来伸手，懒惰成习，遇事退缩，束缚了幼儿自信心的形成。

二是期望过高的家庭；这些家长感叹自己消逝了的青春与才华，只能把成才的期望寄托在子女身上。他们总是偏重智育，千方百计从难从严地灌输知识，教识字，作算术，学琴练画，加班加点。节假日也不放松，加上方法简单，态度粗暴，动辄责怪孩子笨，愤恨孩子懒，成人的要求往往超越孩子的实际水平，压制和失败过多，损害了幼儿自信心的形成。

三是放任不管的家庭。这些家长或者忙于自己的事业和经济活动，或者认为孩子还小不必操心，他们只看重孩子的衣食冷暖和物质上的需求，忽视幼儿精神上的需要和意志性格的培养。他们放任孩子，没有行为要求，生活散漫，学习习惯较差，以致幼儿注意力涣散，缺乏自制能力和上进心，影响了自信心的健康发展。

四是父母离婚分居或争吵打闹即将破裂的家庭。生活在这种家庭里的孩子，在物质、情感和智力刺激上都得不到满足，缺乏安全感，压抑了自信心的发展。（见表二）

表二　幼儿自信心与家庭基本情况

幼儿自信心程度	家长人数	父母文化水平			家庭教养态度					家长期望			备注
		大学	高中	初中、中技	民主	溺爱	专制	放任	相互矛盾	高	中	低	
自信心较强	18	7	6	5	6		1		2	8	1		后两项按户计算
自信心中等	28	3	13	12	9	2		3		6	6	2	
自信心较弱	17	3	7	7		2	2	4	1	5	1	3	
合　计	63	13	26	24	15	4	3	7	3	19	8	5	

（二）幼儿自身的发展水平和取得成功的体验是建立自信心的基础

每个幼儿由于其遗传素质与环境、教育交互作用的结果不同，具有不同的性格、容貌、体质、智力、生活习惯和兴趣特长，使幼儿之间产生了明显的个性差异，这些个性在家庭中是日积月累地自然形成的，往往不会引起父母的特别关心，进入幼儿园这一集体生活环境中，却要受到集体成员的重新考查、比较、评价，引起不同的态度反应。教师教养态度亲切而民主，考查比较全面，对儿童比较宽容信任，幼儿适应起来就比较容易、顺利。教师的教养态度严厉而专制，考查比较片面，对儿童急躁粗暴，会增加某些幼儿适应集体生活的困难，特别是有生理缺陷的幼儿，体力、智力较弱的幼儿，独立生活或自制能力较差的幼儿，他们在集体中自我估价低，容易退缩、孤立及受到成人和同伴的轻视和拒绝。在集体活动中儿童经历的事情是多种多样的，但是获得成功体验的机会却是不平衡的。有些幼儿在集体活动中经常能得到自我选择和决策的权利，克服困难，实现目的，获得成功的喜悦，幼儿的自信心就强；反之，经常得到的是成人的指责，感受挫折和失败，幼儿就怀疑自己的力量，自我肯定少，自信心减弱。如果成人不及时给予肯定和支持，发展自信心是很困难的。我们调查统计了全班幼儿的年龄、身体发育状况、按照《纲要》要求的学习成绩、与同伴的关系、家长文化水平、家庭期望程度等各方面的情况，分别与幼儿自信心得分相对比，找出其相关系数。

表三　　幼儿各方面条件与自信心得分的相关系数

年　龄	同伴关系	学习成绩	身　高	体　重	家庭期望	家长文化水平
0.662	0.542	0.516	0.115	0.129	0.478	0.269

注：年龄往往标志着发育成熟的程度，在集体中同班幼儿年龄相差将近一岁，因而年龄较大的幼儿容易取得成功的体验。

（三）积极的评价与反馈是发展自信心的重要教育手段

幼儿自我意识的特点之一就是他律性。年龄越小的儿童受成人评价的影响越大。特别是在幼儿心目中有威信的成人与小同伴，他们的语言有着极其深刻的影响。几乎可以说，儿童是通过别人的眼睛来认识自己的，有些积极和消极的评价对幼儿的志向、情感、行为起着持久深刻的作用。我们曾经问过一个幼儿："你知道自己有什么长处？有什么优点？"他说："我没有长处，也没有优点。"当我们感到惊奇时，幼儿沮丧地加了一句，"我尽挨老师批评。"这说明教师只有批评，没有肯定，使幼儿感到自己一无是处。有个自信心较弱的幼儿上课从不举手，问她"为什么你不能试试看呢？"她说："我不行。我笨。妈妈说我天生脑袋小，所以比表哥笨。"邻居小朋友在旁边补充说："她是笨猪。她爸爸老骂她笨猪。"她则自己说："我总是答不完全的。老师说，我只能答对一点点。"

积极的评价和反馈包括爱抚、鼓励、点头微笑、语言夸奖、图片表彰，给予特权与委托重任，或送给红星、图片等礼物。恰如其分地给幼儿良好行为以积极的评价与反馈，不但能使幼儿体验到快乐和满足，提高幼儿在集体中的地位，激起继续上进的愿望，也会增进幼儿的成功感。

消极的评价和反馈，包括厉声叫嚷、没有根据的批评、孤立隔离、粗暴的语言、讽刺挖苦、侮辱幼儿自尊心的言行以及变相体罚等，都会产生极其不良的后果。

教师和家长对自信心较弱幼儿点滴的进步，及时给予积极评价，不但会使幼儿看到自己的力量，感到快乐和满足，激起上进的愿望，同时也会增进成人与儿童之间相互亲近与理解的情感，增强教育的感化力量。但是，成人必须学会使用积极评价的教育艺术，做到：(1) 公正合理的评价。评价应该因地制宜，因人而异。不同性格、不同智力水平的幼儿可以有不同的评价标准和不同的表达方式，防止滥用表扬而失去效应。(2) 提倡纵向的比，即从幼儿原有的基础出发把今天的幼儿与过去的幼儿比；减少横向的比，即与同班、同龄的其他幼儿比，脱离实际的要求划一、无准备的竞赛等。要鼓励幼儿各按自己的步伐前进，而且不断看到自己的进步与成绩。(3) 要多侧面的比。成人要以多侧面的价值观来要求幼儿，避免把积极评价仅限于狭小的范围和界限之中，如有的教师只注重知识、智力；有的只注意纪律、听话；还有的只重视吃饭好不好，忽视孩子其他方面的优越表现，并不予肯定的反馈，以致幼儿潜在的优点被埋没，获得成功的机会减少。(4) 实事求是与恰如其分。虚假的吹捧表扬，过多的物质刺激，往往有害无益。对经过一定努力取得的成果，应给予恰当的积极评价，并提出下一步要求。特别要慎用消极的评价。自我意识常在整体上调节和控制人的行动，虽然，在生活中，每个人都免不了遭到失败和挫折，但面对失败和挫折，自信心强的幼儿往往把失败看作是偶然的、客观的原因造成的，他们比较冷静，能查找原因，保持信心，继续努力去实现目标；自信心弱的幼儿则往往把失败看作是必然的，是自我的"无能"造成的，他们容易放弃努力，丢掉或改变目标。

此外，环境的突然改变也会暂时影响幼儿的自信心。班上有4名插班生，2名自信心较弱。这一方面由于在新环境中其他儿童对他们有一个认识与接纳的过程，在人际关系测查中，2人均为孤立儿，同时原有的教育基础和班上其他儿童间的差距，也增加了他们的失败感。

三、增强幼儿自信心的教育措施

在实验研究的过程中，我们所采取的教育措施，包括集体教育和个别教育两个方面。

（一）集体教育。目的是：（1）使全班幼儿都能看到自己的优点和进步，同时，也尊重别人的优点和进步。（2）在日常生活和游戏中，鼓励幼儿通过自己的努力达到一定的目标，锻炼自主、自立精神。（3）使全班幼儿树立做三好小学生的强烈愿望，增强进取精神。

做法是：一个学期的教育内容分六个课题。每个课题都有明确的教育目的、教材和教育活动的方式方法，保证每周都有一些有益于自信心形成的活动。例如：

在语言活动中，讲《谁的本领大》的故事，使幼儿知道长颈鹿和猴子各有长处，并知道自己有长处，别人也有长处，要看到别人的长处，互相帮助。我们让自信心弱的幼儿多谈自己的长处，自信心强的幼儿多谈别人的长处。

在音乐活动中，教歌曲《我有一双灵巧的手》，幼儿自编歌词称赞自己灵巧的手会干些什么，每个幼儿回家和父母讨论、编好歌词后，来园唱给老师和同伴听，歌词充分表达自己的进步，有利于增强自信心。

在活动室外，请每个幼儿照料自己种的一株花草以及本班花坛，每天晨间给花浇水，让孩子讲他所照料的花的变化，有时，他们情不自禁地喊："老师，快来闻闻，我这棵月季花多像酸梅粉的味！"整个冬天，每个幼儿都用小盆、小碗养白菜头、萝卜花，看谁的白菜、萝卜长得大、长得好。活动室墙上的整幅壁画全由教师引导幼儿自己画和贴。美工和结构游戏中的优秀作品经常陈列在架上，使幼儿在各种活动中都能体验到成功的愉快。

我们还在幼儿中开展"小问号"活动，让每个幼儿把要提的问题和找到的答案画在自己制作的小本子上，然后老师再在他的图画上记上他口述的文字，每个孩子的积极性都调动起来了，人人都有机会不断感受到自己的能力和成功的快乐。

（二）个别教育。目的是：（1）使自信心较弱的幼儿，相信自己有力量做得更好。(2) 通过教学游戏，有针对性地弥补他们的不足，丰富他们的经验和技能，促进他们智力、体力的发展。(3) 通过游戏、个别交往和积极评价，提高他们在集体中的地位，改善他们与同伴的关系。

对自信心较弱幼儿个别教育的做法：

一是爱。教师要热爱幼儿，善于体察幼儿的特点、志向、需要和微小的变化。不仅要关心他们的冷暖饥渴等生理需要，及时的作出反应，而且要满足他们的心理要求，给予亲切、和蔼、积极的支持，从而加深师生之间情感的交融，使教师的期望较容易地为幼儿所理解和接受。

二是找。寻找自信心较弱幼儿身上的发光点，使幼儿认识自己的长处，相信自己的力量。根据加登纳的"多元智能"理论，人的能力资质有着多个侧面，所有的侧面都优越的人是没有的。优越面较多的人容易形成自信心，优越面有限的人，只要在某个领域中保持着坚定的自信，并以此作为心灵的支柱而得到补偿，也能保持奋斗的勇气，不会完全丧失自信心，让劣等感埋没自己全部的聪明才智。我们对 9 名自信心较弱的幼儿逐个分析优缺点，发现有两人在舞蹈、体操方面动作优美、准确，就经常请他们在集体场合领操、领舞；有两人在插塑游戏中构思新颖，有创造性；一人计算反应迅速、准确；一人绘画有明显的进步；两人热爱劳动，做事认真负责；还有一人一时找不出特长，就调查他最感兴趣的活动，从这方面给予支持鼓励。我们从幼儿擅长的活动入手，注意寻找他们的进步和成绩，常使幼儿得到积极的评价。

三是帮。自信心的建立主要靠幼儿自身的努力，要多给幼儿独立活动和动手、动脑、动口的机会。自信心较弱的 9 名幼儿中有 6 名经常上课不举手，这一方面是由于他们自愧不如别人，害怕和人比较和过去遭遇失败较多，另一方面也由于上课时间短，积极性高的幼儿多，他们常被忽视，得不到发言机会，自认为举手也没有用。练习机会越少，自信心越差，也越退缩，长此以往，更不敢发言，也不想尝试了。我们尽量分组上课，扩大活动面，课前鼓励自信心弱的幼儿多举手发言，肯定他们的勇敢和进步。同时改进教学，注意选择形象生动的内容，采取灵活多样的方式，让幼儿勇于实践，在丰富多彩的活动中训练能力，在多练中获得较多的成功体验，以有利于自信心的提高。我们分别不同对象，对幼儿实际存在的某一方面知识和能力的缺陷，也不放松个别指导和帮助，并提供材料，动员家长给予辅导，使他们较快地突破自己的薄弱环节，赶上全班。

四是促。促进幼儿的成就动机，提高幼儿的自信心。我们曾进行过两次实验活动调查成就动机对幼儿自信心的影响。我们感到，在一定程度上，成就动机能使幼儿激发出比平时更顽强的努力，取得更大的成功。虽然短暂偶然的成就动机不能根本改变幼儿的自信心，但是多次重复的成功体验必然会影响和促进幼儿自信心的形成。

第一个实验是体育运动——提包走 20 米距离。我们用三只大小、重量不同的黑皮包(5 斤、4 斤半、3 斤半)开展运动性游戏。第一次主题是“送货下乡”、第二次主题是“慰问老山作战的解放军叔叔”，都由幼儿自选一包，送到目的地。由于第二次游戏前，教师生动热情地讲述了老山自卫反击战的英雄故事，激起了幼儿对敌人的仇恨和对解放军叔叔的强烈的爱，知道了他们生活的艰苦和需要水、食物、弹药。面对同样的活动内容、同样的距离而幼儿的目的变了，行动变了，在选包时，有的幼儿说：“解放军叔叔很辛苦，他们在打敌人。”“解放军叔叔保卫祖国，我要多送点东西去给他们。”“老山上有这么多解放军叔叔，我要拎大包，多送点东西，不然不够用的。”因此，第二次活动中承担困难任务的人数显然比第一次增加。最后一次，我们要求所有没有提过大包的幼儿都来作个尝试，其他幼儿为他们加油、鼓掌，使所有幼儿都得到了成功的体验。

第二个实验是智力活动——用 3 张计算练习作业纸。教师事先说明 1 号卷子中 15 题全部是过去练习过的；2 号卷子中 15 题有 3 题是未做过的；3 号卷子中 15 题有 5 题是未做过的。幼儿愿意做哪种卷子就拿去做。第一次作业前没有作任何动员；第二次是在入小学教育后进行的，更换了计算题内容。作业前，教师用优秀小学生不怕困难努力学习的榜样鼓励 幼儿。两次作业都没有不及格的成绩。但选择

1 号卷的人数减少了，选择 3 号卷的人数在动员之后有明显的增加。这也说明幼儿的自信心尚不稳定，有较大的可塑性，容易受具体情境的影响，受个人情感变化和成人语言的激励。加上第一次实践的经验使他们逐渐敢于尝试，并相信自己的力量能够完成。

五是引。把增进自信心的教育引导到日常行为和入小学的准备活动中去。大班幼儿一般都向往做小学生和少先队员。我们通过幼儿熟悉的本班同伴的姐姐（中队长）的榜样，请她来园介绍学习体会，展出她整洁的作业本，激发幼儿做优秀小学生的强烈愿望，启发幼儿的成就动机。

六是联。密切联系家长，同心协力地教育好幼儿。我们利用节假日逐户进行家访，“三八”节举行“做合格妈妈”的家长报告会，请家长来园参加半日观摩活动，召开班级家长座谈会，交流教育经验。平时经常通过面谈和便条，请家长协助工作和交流幼儿的表现情况等。通过这一系列的家长工作，我们努力改变家长的教养态度，提倡正确的教育方法。有位小朋友的父亲是个球队教练，他带着竞争的心理培养自己的孩子，强灌硬逼，加班加点，希望孩子成才，经过两次家访，教师介绍他看《早期教育与天才》、《怎样开发幼儿的智力》等书，建议他尊重和信任孩子，家庭作业量要适当，不要操之过急。他又来幼儿园观看教师上语言、计算课。他说：“幼儿园的启发式教学比我的强硬教法效果好，我对幼儿的特点不了解，要求过高了！”我们对期望过高的家长总是推荐书籍，引导方法，提供建议；对保护过多的家长则指出危害，改变态度，配合训练。江××小朋友动作慢、胆子小，到中班时吃饭还要喂。一次他对妈妈讲：“我长大了要学骑自行车。”他母亲说：“骑车要跌跤，会跌破头的。”他忙回答说：“那我不学了，我学不会。”经过家访和多次谈话，他母亲认识到自己对孩子自信心的教育得赶快补上。经过一年来的配合教育，江××在智力和体力上都有所进步。在唱《我有一双灵巧的手》的课上，他自己改编歌词唱道：“我有一双能干的手，样样事情学着做，会拍球呀会画画，会擦椅子会写字，我是爱劳动的好孩子，长大做个有用的人。”

通过期末考查,9 名自信心较弱的儿童的自信心和学习成绩都有显著的进步。

培养幼儿自信心的实验研究,历时一年,时间较短,只是初次尝试,但是我们感到收获大,有体会。当然,在工作中也还存在计划不周、教育不细、总结粗糙等问题,我们愿意在今后的实践中进一步探索和实践。

本文发表于《学前教育研究》1988 年第 2 期

幼儿游戏的调查与思考

1988年11月到1989年7月，江苏省幼教研究会在苏州、无锡、常州、徐州、连云港、盐城六个城市进行了一次幼儿游戏、玩具的调查，调查对象既有公办重点幼儿园，也有市镇的厂办、民办幼儿园，还有乡村中心幼儿园和小学附设学前班等。调查时间限制在一周内，被调查的幼儿男女各半，调查结果及分析如下。

一、幼儿教师对游戏的认识

大多数教师认识到游戏在幼儿教育中的特殊地位和作用，能说出“游戏是幼儿教育的基础，是幼儿园最基本的活动”。不少教师确实感到游戏是最有效的教育手段，游戏不仅是玩耍和休息，也是幼儿最自然、最生动活泼的学习和工作形式。但是，也有一些教师感到游戏难捉摸，难领导。他们对游戏的定义感到困惑，觉得过分强调游戏是幼儿自发自愿的活动，游戏内容应由幼儿自己选择决定，是行不通的。他们担心这样做会失去教师的主导作用，达不到教育的要求。有的教师说：“离开了老师，幼儿什么游戏也玩不起来。”因此，出现了两个极端现象：一部分教师放不开手，他们忙碌地为游戏定主题、派角色、想情节，过多的干预与导演，影响了幼儿主动性和积极性的充分发挥，抑制了幼儿想像、创造的愿望。还有一部分教师忽视游戏作用，随意占用游戏时间，既不启发引导幼儿讨论游戏，也不提供任何建议或游戏材料，让游戏处于冷漠、自流状态。

我们认为，游戏是对幼儿进行全面发展教育的重要形式，当前开展游戏的关键问题在于解决教师和幼儿的主客体关系。教师要以最少的干预来最大限度地满足幼儿游戏的愿望；用同伴的角色参与游戏;放手让幼儿自己决策和建构游戏;支持幼儿自己制作和充实游戏材料。既要避免过多地导演和硬性规定游戏的现象,又要防止放任自流,毫无玩具材料和启发引导的做法。

二、课外游戏

1. 游戏时间。根据六市对 51 个幼儿班的调查,每天平均自由游戏时间 124 分钟,从小班到大班游戏时间呈减少趋势(见表一)。

表一　各年龄班一周课外游戏时间分配　　单位:分钟

年龄	班数	晨间游戏时间	课后游戏时间	下午游戏时间	全天游戏时间	其中各班不平衡状态			
						最多时间	班数	最少时间	班数
3~4 岁	7	40′	43′	81′	164′	200′~180′	2	70′~90′	3
4~5 岁	13	36′	35′	48′	119′	200′~170′	2	80′	2
5~6 岁	12	38′	36′	53′	127′	200′~170′	2	80′~90′	2
6~7 岁	19	33′	28′	50′	111′	180′~170′	1	70′~90′	6

按常规,一般幼儿早晨 7 时半入园,下午 5 时半离园,在园时间约 9~10 小时。除去上课时间约 1 小时多,点心、午餐和午睡时间约 2~3 小时,幼儿平均可以自由支配的时间为 5~6 小时。统计表明,每天平均游戏时间约为 2 小时,仅占整天活动时间的 30~40%。游戏开展较好的幼儿班游戏时间在 3 小时半以上,这类幼儿班占调查总数的 14%;游戏开展较差的幼儿班游戏时间在 1 小时半左右,这类幼儿班占调查总数的 25%。

2. 游戏内容。从 51 个幼儿班开展的不同类型的游戏来看,参加体育游戏的人次为最多,这符合"幼儿每日户外体育活动时间不得少于 1 小时"的规定;其次是建筑、结构游戏,音乐游戏和桌面操作游戏;再次是角色游戏;开展较少的是玩沙、玩水和做做玩玩游戏,表演游戏和智力游戏(见表二)。

表二 不同类型游戏的开展情况 单位：人次

年龄	体育游戏	建构筑游结戏	音乐游戏	桌作面游操戏	角色游戏	表演游戏	智力游戏	玩水沙游玩戏	其他（做做玩玩和折叠游戏、玩大型运动器械等）
3～4岁	80	34	38	22	22	17	12	15	14
4～5岁	59	23	28	25	24	14	9	10	6
5～6岁	86	43	33	26	40	13	14	27	5
6～7岁	175	53	51	65	40	25	22	20	33
总计	400	153	150	148	126	69	57	72	58
百分比	32.4%	12.4%	12.2%	12%	10.2%	5.6%	4.6%	5.8%	4.6%

但是，在调查幼儿对游戏的选择意向时，我们却得到了不同的答案（见表三）。

表三 幼儿最希望玩的游戏 单位：人次

年龄班	角色游戏	体育游戏	建构筑游结戏	音乐游戏	表演游戏	智力游戏	玩沙玩水和做做玩玩游戏
3～4岁	66	67	73	50	49	29	60
4～5岁	116	90	93	62	42	60	53
5～6岁	108	83	100	62	40	51	51
6～7岁	166	157	128	123	112	62	96
总计	456	397	394	297	243	202	260
百分比	20%	17.6%	17.6%	13.2%	10.8%	9%	11.6%

由表可知，3～4 岁幼儿对游戏的选择依次为建筑结构游戏、体育游戏、角色游戏、玩沙玩水和做做玩玩游戏、音乐游戏；4～5 岁为角色游戏、建筑结构游戏、体育游戏、音乐游戏、智力游戏；5～6 岁为角色游戏、建筑结构游戏、体育游戏、音乐游戏、智力游戏和玩沙游戏、做做玩玩游戏；6～7 岁为角色游戏、体育游戏、建筑结构游戏、音乐游戏、表演游戏。

调查情况还表明，男孩较喜欢体育游戏、建筑结构游戏和智力游戏；女孩较喜欢角色游戏、表演游戏和音乐游戏。

把幼儿选择游戏的意向和实际游戏的人次作比较，可以看出有10%的幼儿想玩角色游戏，有 5%的幼儿想玩建筑结构游戏、音乐游戏、表演游戏而不能如愿，有 15%的幼儿不想玩体育游戏，有 10%的幼儿不想玩桌面操作游戏而不得不玩，也就是说，在自由游戏时间仍存在一定程度的“玩也得玩，不玩也得玩”的硬性卡压现象。

3. 游戏计划的安排。教师对游戏的组织往往是集体活动多，统一安排多，分组活动少，幼儿自选少。个别能力较弱的幼儿在游戏时间中的活动频率很低。以晨间活动为例，51 个幼儿班中，开展较好的公办园、机关园，活动内容丰富多样，集体活动与分散活动有机结合，动与静相互搭配，户内外轮流进行。这样的幼儿班有 7 个，占调查总数的 14%。有 13 个班虽注意了动与静的调节，但仍然以内容单一的集体活动为主。例如，在晨间活动 60 分钟中，有的班规定跳圈 30 分钟，桌面游戏 30 分钟；或快跑 30 分钟，积木 30 分钟；或玩皮球 30 分钟，看图书 30 分钟等。这样的幼儿班占 25%。还有 31 个班每天早晨只进行一种集体活动，其中 18 个班规定只有体育活动，没有桌面游戏；10 个班规定只有桌面游戏，没有体育活动；3 个班规定每周 2 天体育活动，4 天桌面游戏，这样的幼儿班占 61%。

再以 5～7 岁幼儿的下午活动为例，在 60 至 90 分钟游戏时间内，既有集体性的游戏活动又有幼儿分散自选活动的只有 5 个班，占调查总数(31 个班)的 16%；有两种以上的集体性活动的有 11 个班，占 37%；仅从事同一种集体性活动的有 14 个班，占 46%(见表四)。

表四 一周课外游戏安排

	周一下午	周二下午	周三下午	周四下午	周五下午	周六下午
一个中心小学学前班	集体游戏	组织观察	教师学习幼儿回家	体育游戏	教师开会幼儿回家	劳动
一个企业办幼儿园	智力游戏说相反词	角色游戏办剧场	音乐游戏	娱乐游戏	角色游戏办餐厅	体育游戏贴人
一个教育部门办幼儿园	角色游戏理发店、娃娃家、菜场	智力游戏搭建模型	做做玩玩游戏	结构游戏	音乐游戏	表演游戏
一个市机关幼儿园	角色游戏开医院、娃娃家、小吃店	建筑游戏快乐公司	桌面游戏拼图与瓷片	智力游戏跳棋与扑克	编排文艺节目	周末文娱会

由此可见，多数教师对幼儿游戏内容的组织安排比较单调刻板，缺乏灵活多样的小组活动，缺乏幼儿自由选择的余地。

三、课内游戏

见表五。

表五 课内教学游戏的开展情况

年龄	班级	一周内教学游戏共开展次数					一周内共占用时间			
		计算常识	语言	体育	音乐	美工	最多时间	班数	最少时间	班级
3～4岁	7	13	8	16	8	3	120′	2	20′～40′	3
4～5岁	13	15	11	9	11	4	150′	1	20′～40′	7
5～6岁	12	26	17	16	21	4	230′	1	40′	2
6～7岁	19	56	34	23	35	13	300′～340′	3	40′	3

教学游戏基本上是配合各科教学的要求进行的，虽然多数教师承认游戏是最有效的教育手段，但有的幼儿班在作业中游戏化的成分不高。采用教学游戏较多的课程是计算、音乐、语言、体育。一周内运用教学游戏时间在 40 分钟以下的中、大班有 10 个，占中、大班总数的 27%，这些中、大班平均每节课使用教学游戏的时间不足 4 分钟，中班更少于大班。诚然，各科教学的特点不同，教师可以采用谈话、观察、实验、操作、绘图等多种方法，但游戏的时间比例实在偏低。有的幼儿园与学前班的教师本身对游戏概念不清，把上课与游戏混为一谈，每天安排两节所谓的“游戏课”，实际上，这种“游戏课”既不是教学游戏，也不是自由游戏，而是变相的集体教学活动。

四、影响游戏开展的诸因素

除了幼儿教师对游戏的认识、领导游戏的经验和能力等主观因素外，还有许多客观因素也影响着游戏的正常开展。例如：

1. 招生数额过高。每班幼儿人数太多，教室与场地又十分狭窄、拥挤，要进行分组游戏或自选活动都受到种种限制（见表六）。

表六　幼儿人数较多的班级的情况

年龄	班数	人数较多的班级数					
		合计	占%	40～44 人	45～49 人	50～54 人	55～59 人
3～4 岁	7	2	28.5	1		1	
4～5 岁	13	5	38	3	2		
5～6 岁	12	4	33	1	2		1
6～7 岁	19	9	47	3	3	3	
合计	51	20	39	8	7	4	1

2. 游戏时间没有保证。教师感到最有保证的游戏时间是晨间活动，每天约 30～40 分钟，上午的课后游戏时间往往会因上课情况和厨

房提供午餐的早迟而波动。有的幼儿园上课拖堂或课间时间延长，上午游戏时间就只有 20～30 分钟左右，只能进行一些极其简单的、容易收放的桌面操作游戏或不用任何玩具的集体音乐、体育活动。有的厂办幼儿园上午 10 时就吃饭，上午游戏基本取消；下午的游戏时间又常被午睡、起床和吃点心等生活环节所占用。例如，有的幼儿园午睡后，教师等待全班幼儿穿衣、铺床，从寝室排队回教室，从教室排队上厕所，再一桌桌为幼儿倒开水，一组组请幼儿拿点心、吃点心，幼儿一直处于被动、等待状态，整个过程花费了 100 分钟，侵占了游戏时间。

3. 玩具和游戏材料比较贫乏。我们把幼儿园玩具条件划分为五类，调查情况表明，玩具条件在一定程度上影响游戏开展的幼儿园占 55%。因玩具和游戏材料的情况而严重影响游戏开展的幼儿园占 22%(见表七)。

表七　玩具条件分类

年　龄	班　级	Ⅰ	Ⅱ	Ⅲ	Ⅳ	Ⅴ
3～4 岁	7		2	4	1	
4～5 岁	13	1	1	7	4	0
5～6 岁	12	1	3	7	1	0
6～7 岁	19	2	2	10	4	1
合计	51	4	8	28	10	1
占%		7	15	55	20	2

Ⅰ：玩具种类齐全，数量能满足幼儿需要。
Ⅱ：玩具种类基本齐全，数量基本上能满足幼儿需要。
Ⅲ：玩具种类较贫乏，有的数量多些，有的数量很少。
Ⅳ：玩具种类少而单调，数量也不足，但没破损尚可应用。
Ⅴ：玩具残缺，破损严重，数量极少，完全不能开展游戏。

男女幼儿在选择玩具的倾向性方面，有着显著的差异，这就要求我们在开展游戏时要重视提供丰富多样的玩具和可用于制作玩具的各种材料，以激发幼儿游戏的兴趣，满足幼儿的需要，促进他们的健康发展（见表八）。

表八　男女幼儿喜爱的玩具种类

顺序	1	2	3	4	5	6	7	8	9	10
男	积木插塑类	交通工具类	武器棍棒类	小型体育运动器材类	智力玩具类	图书类	动物玩具类	角色游戏类	电动玩具类	大型运动器材类
女	积木插塑类	娃娃木偶类	小型体育运动器材类	交通工具类	动物玩具类	娃娃家餐具家具类	角色游戏类	图书类	智力玩具类	乐器类

幼儿选择玩具的理由常常是“好玩”、“变化很多”、“可以动脑筋”、“会动”、“好看”、“可以用来玩××游戏”等等。这些也是我们为幼儿选择、购买玩具时应当考虑的因素。玩具是幼儿游戏的物质基础，也是他们最早的教科书。没有玩具和代用品，游戏就无法开展，幼儿的身体、智力、情感和社会性发展也就得不到充分的保证。

在影响游戏开展的诸因素中，人是最重要的。广大幼教工作者要端正教育思想，提高对游戏战略意义的认识，正确处理游戏和各种教育手段之间的相互关系，并采取切实措施，自觉增强组织和指导不同类型游戏的能力。同时，也要因地制宜地为幼儿创设游戏条件（时间、空间、材料），认真解决影响游戏的客观困难。只有这样，才符合《幼儿园工作规程（试行）》对游戏的要求：“应充分尊重幼儿选择游戏的意愿，鼓励幼儿制作玩具，根据幼儿的实际经验和兴趣，在游戏过程中给予适当指导，保持愉快的情绪，促进幼儿能力和个性的全面发展。”

本文由江苏省幼教研究会理事长卢乐珍执笔，
发表于江苏《早期教育》1990 年第 6 期

培养幼儿同伴交往能力的研究

幼儿的同伴交往能力，是指幼儿在与小伙伴一起游戏、学习、生活的过程中建立和谐的人际关系的能力。对幼儿的同伴交往能力的研究，是当前德育改革的重要课题之一。

3～6岁，特别是4岁以后的幼儿已具有相当的智力和体力，语言变得清晰，动作更加灵敏，独立性增加，对与同伴交往开始产生强烈的兴趣。这一时期是儿童学习交往技能的关键时期，成人应因势利导，增加幼儿互相交往的机会，在交往中丰富他们的社会经验，培养他们的交往能力。幼儿的同伴交往具有特殊的教育价值，因为儿童之间的经验与能力相似，兴趣与情感相通，彼此完全处于平等、独立的地位。在交往中，他们不断进行思想的沟通和行动的协调，既互相吸引与模仿，又彼此竞争和对抗，从而掌握社会交往的知识、态度、技能。这是成人与幼儿的交往关系所无法取代的。同伴交往不仅有利于改善幼儿社会经验的质量，还能使幼儿的知觉、思维、情感与行为都得到更新。许多著名心理学家也都论证过同伴交往对幼儿发展的重要意义。他们认为两岁左右的幼儿都是自我中心主义者，然而，在经常面对其他儿童的不同愿望、需要、观点与行动的经历中，他们学会逐步克服自我中心，学会站在别人的立场，转换角度去思考问题，使其自主性与社会性得以逐步发展。皮亚杰就曾指出："一般的同伴交往和具体的同伴冲突是儿童发展社会视角转换能力的必要条件。因此，同伴交往是使儿童摆脱自我中心主义的前提。"

当前，在影响幼儿社会性发展方面，主要有两大问题：一是独生子女缺乏与兄弟姐妹自然交往的机会；高层楼房的迅速增加，城市空余活动场地的减少，丧失了与乡邻小同伴间共同游戏的条件；加上电视、录像等媒体的普及,转移了幼儿户外活动的兴趣;幼儿与同伴游戏活动的时间越来越少,这样势必影响幼儿的社会性发展。二是幼儿园德育工作中仍然存在着“三重三轻”的倾向,即偏重道德知识的灌输,轻视社会交往技能的训练;偏重师生间纵向的教育影响,轻视儿童之间横向的教育影响;偏重集体的德育活动,轻视日常的道德行为培养。不少幼儿教育机构忽视了培养幼儿的同伴交往能力。为此,我们科研组在江苏省教科所的支持下,于1987年10月起在南京市实验幼儿园中二班进行为期两年的教育实验,1988年9月又扩大到南京市鼓楼幼儿园大三班进行为期一年的教育实验。我们先通过调查,分析了当前影响幼儿同伴交往的三个方面的问题:一是缺乏动机——自由交往的时间有限,提供的材料单调,幼儿兴趣不强;二是缺乏本领——幼儿在交往过程中社会技能较差;三是缺乏方法——有些教师因为担心幼儿同伴交往增多,矛盾也会增多,控制与干涉较多,不敢放手。在此基础上,我们有针对性地开展了以下三个方面的工作。

一、把移情训练作为发展同伴交往能力的基础

从我国学前教育的主要目标出发,我们将同伴交往能力归纳为以下五个方面:(1) 移情能力,即能辨认、理解他人的情感并站在别人的角度产生情感共鸣;(2) 能熟练地使用礼貌、分享、协调、轮流、助人与合作等社会技能;(3) 喜欢帮助比自己年幼的小朋友,富有同情心、责任感与自信心;(4) 能针对具体的社会情景,采取适当的方法解决同伴间的矛盾冲突;(5) 尊重别人的权利,能控制自己尽量不做伤害他人的事。在这五个方面中,我们又把“移情”训练作为发展同伴交往能力的核心要素。

移情是一种对他人情感保持一致性的情感反应,是一切积极社会行为的感情基础。我们把幼儿的移情能力分解为以下四种:(1) 能注意与辨别他人的情感及其变化,理解他人的情感与自己的不同,分析其产生的原因;(2) 有共鸣和同情的体验;(3) 知道考虑自己的行动对他人可能产生的影响;(4) 能站在他人的立场,设想他人的兴趣与需要,克制自己并作出适当的反应。为培养幼儿的移情能力,我们有计

划地采取了以下的教育步骤。

(一) 引导幼儿注意他人情感的变化,培养孩子对他人情感的敏感性。情绪的分化和面部表情的分化是同一事情的两个方面。美国心理学家艾克曼进行的跨文化研究证实,面部表情的基本模式是全人类的。因此,我们选择了面部表情这一最敏感的情绪发生器和显示器作为移情训练的入门。从中班开始,我们进行画脸谱、识表情的教育。通过教师示范和儿童表情图片、照片的展示,用简笔画画出高兴、悲伤、发怒、害怕四种基本的脸部表情,让幼儿描述和谈论这些表情,回忆相关的经验;通过模仿游戏,让幼儿猜测他人的情感变化。大班也进行画脸谱、识表情教育,但着重让幼儿分析、谈论、理解发生各种情感的原因。如幼儿选择画高兴脸谱的人最多,因为这个样子最好看,知道不但要自己感到高兴,还要使他人高兴。

(二) 教育幼儿关心与理解他人的情感,激发与他人分享快乐与解除别人痛苦的愿望。我们在中、大班语言课上,先后开展了“我最快乐的时候”、“小弟弟哭了,怎么办?”的专题活动。幼儿在谈论自己的快乐时,情绪最热烈,发言最踊跃。教师分享幼儿的快乐,也谈自己的快乐,并启发幼儿理解各人快乐的原因不一样,帮助幼儿体会到大家都高兴才是真正的快乐。假使有的事情做了只使自己高兴而使他人不高兴,就不要去做。“小弟弟哭了,怎么办?”出示一个儿童在哭的脸谱,请幼儿来询问原因。先由教师回答,以后由两个幼儿一问一答,并表演同情与安慰的语言与动作。

(三) 感受自己的行动对他人的积极或消极影响。我们常针对中、大班幼儿因匆忙引起的过失行为,如打翻了豆浆、撞倒了同伴搭好的积木等,让幼儿议一议所造成的后果,想一想弥补过失的办法和应该选择的做法。我们还发动大班幼儿分别向父母、同伴和教师作调查,询问自己怎样做,才能使对方最高兴;怎样做,对方最不高兴。组织幼儿讲述使他人高兴的生活经验,在美工活动中表现“爸爸妈妈笑了”、“夸一夸好同伴”,从而要求幼儿多考虑自己行为的后果,多做使他人高兴的事,并对幼儿的进步表现给予记录和表扬。

（四）结合具体情境，激发移情的动机。幼儿的移情在各种情境中均会发生，如为自然角小金鱼的死亡而悲哀，为春蚕缺少桑叶而着急等。教师对此都要认真对待，和孩子们一起想办法来解决，避免挫伤幼儿的情感。有的幼儿好奇爱动，把春天才冒绿的小树叶采下一大把。教师不是批评几句了事，而是让幼儿把摘下的小树叶放在一起；到了下午，再让他比较未采下的郁郁葱葱的小树叶和已采下的枯黄干瘪的小树叶。摘叶的幼儿悔恨地说："以后我再不摘小叶子了，小叶子全死了。"教师更为注意的是激发幼儿对同伴的移情。如有的幼儿生病不能来园时，教师和全班幼儿用录音或写信去表示慰问，让每个幼儿对同伴讲一句话由教师记录整理。随后，病儿的家长又写信给全班幼儿。幼儿体验到同伴的痛苦和孤独，常把自己创作的纸工、图画作为礼物送去。当病儿重返幼儿园时，全班幼儿都自发地热情欢迎和照顾他。病儿的家长非常感动地说："这次孩子生病，让我们深刻体验到孩子间友谊的力量。为了早点回到班上，他自己也做了很大的努力，打针、吃药都特别听话。"

二、增进幼儿在交往活动中的愉快体验

幼儿喜欢和同伴一起玩，但是，在玩的过程中总免不了发生这样或那样的矛盾和冲突。有时是愉快的结束，有时是不愉快的散伙。作为教师，不能习惯性地只注意幼儿之间发生的消极社会行为，而要更多地注意积极的社会行为，注意通过每次活动，让幼儿充分感受因同伴交往带来的乐趣和满足。我们特别注意日常生活、游戏和教学中幼儿表现的积极社会行为。如轻轻地走入午睡室，不影响他人的睡眠；看到保育员阿姨在擦窗户、拖地板时，就去帮助她。我们还有意识地引发幼儿参加合作活动的兴趣和动机，赞赏并分析他们获得的积极成就，逐步形成某些行为准则和价值观念，使幼儿在自我决策中倾向于选择积极的社会行为，减少可能产生消极后果的行为。我们着重在尊重、分享和互助合作等积极的社会行为中培养幼儿快乐的情感体验。

（一）尊重。我们从礼貌语言和文明行为入手，进行尊重他人权利、尊重他人情感的教育。如让幼儿体会听了粗暴无礼的语言后的不

愉快和听了“谢谢”、“请”之后的高兴心情；通过歌曲、儿歌、故事、看图讲述教学，鼓励幼儿使用文明礼貌语言；通过游戏巩固文明礼貌语言，使礼貌语言与集体生活常规成为中、大班幼儿比较巩固的行为习惯。掌握了礼貌语言，能尊重他人，才能在共同活动中促进协商、合作的成功。

（二）分享。我们从不强制幼儿与人分享或轮流，而是依靠幼儿自己的决定与协商，让幼儿在真正愿意时才与人分享而不是被迫地、勉强地去做。分享活动包括：(1) 分享食物。如元宵节集体做元宵、中秋节集体做月饼，全班一起做一起吃，并请小班小朋友来分享；春游时，小组共同带的食物大家分吃等等。(2) 分享玩具。如元宵提灯会，鼓励幼儿自制、自带花灯来园共同欣赏、互相交换或轮流提灯，以花灯为主题进行音乐游戏或自由表演等。(3) 分享快乐。每逢游艺会、运动会、生日庆祝会，由小朋友表演节目、分蛋糕、点蜡烛、说贺词、送自制的礼物等。这些活动促进了同伴之间关系的融洽，使幼儿更加关心同伴、喜爱同伴，觉得生活在集体中很温暖、很愉快，感到自己真正是集体的一分子。

（三）互助合作。我们将互助、合作的精神贯穿在幼儿的日常生活和各项活动之中，有时，也在教师指导下，组织小组或全班幼儿进行互助合作活动。(1) 合作建造。如在参观长江大桥以后，中班幼儿提出用空心积木在地毯上搭长江大桥。长江大桥有公路桥、铁路桥，还要有长江航船，旁边还有大桥公园。教师就发动幼儿自主分工，有的组做客车、卡车；有的组造火车；有的组折纸船；有的组做灯柱和花草；有的组粘栏杆。并推选出 5 名“建筑工人”造大桥主体。游戏活动持续了好几天，开展得欢快热烈。(2) 合作布置教室。如“六一”前夕，全班幼儿和教师一起设计美化教室。(3) 合作绘画。如画主题画“快乐的春节”，教师倡议各人把印象最深刻的过年的景象画出来，再选择每个幼儿不同的内容，剪贴组成一幅特大的画。此外，还有经常发生的、由幼儿自己倡导的互助合作活动，如日常生活中互相帮助梳头、穿衣、叠被、收拾玩具、搬桌椅、摆餐具和共同解决游戏中需要的东西等。较大规模的合作活动能使幼儿体验到同伴们带来的多样的兴趣、情感、智慧和集体协作的力量，能经常考虑到共同的需要和目标，增强集体责任感；日常的助人行为有利于幼儿摆脱自我中心，加速心理的成熟；受人帮助又能丰富幼儿愉快的情感体验，增强对同伴的亲切感、责任感和友谊。

为了扩大幼儿互助活动的内容和范围，促进幼儿和不同年龄同伴交往，我们还在大班建立了“轮流服务”和“大带小”活动制度。所谓“轮流服务”，即从小班幼儿入园开始，每天下午有3～4名大班幼儿轮流去帮助照顾小班弟妹起床、穿衣、上厕所、吃点心、游戏等。随着小班幼儿独立能力的增强，三四周后，这种服务逐渐停止。“大带小”，就是大班幼儿与小班幼儿分别结对，连续三年每1～2周进行一次活动。由于大、小两班的人数不等，我们采取“组对组”认弟妹的方式，活动内容包括共同进餐，共同游戏，为弟妹做玩具、补图书，节日联欢，户外散步和郊游等。实践证明，儿童了解儿童比成人更容易、更迅速；儿童指导和帮助儿童比成人也更具体、更有效。在活动过程中，特别增强了大班幼儿的责任感、自制力和同情心，而小班幼儿不仅在交往中丰富了知识技能，模仿着大班幼儿的礼貌语言与互助行为，还增强了对幼儿园的亲切感和对大班哥哥姐姐的友谊。

三、训练幼儿独立解决交往冲突中的难题

帮助幼儿学习解决同伴之间发生的冲突，不是几项活动、几次训练就能奏效的。我们采取了“观察学习”和“社会情境演示”两项比较有效的办法。

(一) 观察学习

美国心理学家班杜拉用实验证实，学前儿童可以通过观察楷模进行社会学习。根据这一理论，我们和来宁访学的美国康涅狄克州立大学琼·帕特森教授在两园的实验班都进行了以动物木偶为楷模、以同伴交往为主题的系列教育活动。我们编制了19个木偶表演剧，选择的角色是幼儿十分喜爱的小动物——熊猫、小狗、猴子等，由幼儿为它们取名。木偶表演每周两次，每次时间5分钟左右。木偶表演包括以下5个组成部分：(1) 两个小动物是好朋友，它们高高兴兴来到幼儿

园；(2) 遇到了困难或小动物之间发生了矛盾冲突，出现了不愉快的情境；(3) 教师表示同情，并向小动物建议解决难题应采用的社会技能；(4) 小动物接受并尝试了有关的社会技能；(5) 游戏欢快而顺利地进行，教师表扬小动物选择的方法适宜，小动物愉快地告别回家。在前 10 个短剧中，小动物主要依靠教师的指导与建议来解决问题；在后 9 个短剧中，小动物遇到困难都由小朋友帮助解决，教师记录与复述小朋友的建议，为小动物提供社会技能的参考。在这些表演游戏中，教师反复强调，大家是好朋友，要高高兴兴地一起玩；游戏中要常常想到他人心里是怎么想的，对自己的行为会作出什么反应；遇到难题可以找到许多解决方法，可以提出新的主意等等。教师从不要求幼儿要像表演剧中的小动物那样做，只要求幼儿认真看、认真听，让幼儿自觉自愿地去选择行动。在两个半月的木偶剧表演过程中，孩子们常常带着喜悦和专注的神情期待动物木偶的到来。有的幼儿在交往中会自发地说出这样的话："你们两人倒有点像咪咪和灵灵（动物木偶的名字）了。""你们不要吵了，想想咪咪和灵灵的办法吧！""我们两人合看一本书，就像咪咪和灵灵一样。"教师听见也不加强化或赞许，以便让幼儿自然地保持印象，自由地选择社会技能，避免刻板的模仿或为取得教师欢心而摆摆样子地去做。

在进行木偶剧表演的前后，我们在两个实验班各随意抽样 10 名幼儿进行跟踪观察，数据表明教育干预使幼儿的不友好行为显著减少。

（二）社会情景演示

在同伴交往过程中，幼儿虽然获得了成功、部分成功或遭受失败挫折的不同实际经验，但大多数幼儿并不能从中归纳出运用社会技能的规律。我们发动教师将幼儿日常生活中所发生的、具有典型意义的真实事件提炼出来，采取当场引发矛盾或事后表演某个冲突情景的方法，集中幼儿的注意和思考，然后启发幼儿对冲突情景议论和评价，并积极提出解决矛盾冲突的办法，以帮助幼儿提高交往能力。对多发性的矛盾，我们就现场重演冲突情景，当场解决。如两三个幼儿争看同一本新书时，教师就随机组织周围的幼儿评价和讨论他们的行为，让幼儿想出尽可能多的解决方法：三个人一起看（共享）、主动让给年龄小的先看（谦让）或交换看、轮流看等。对于有教育价值的偶发事件，教师就利用空隙时机，要求这几个幼儿演示给全班幼儿看，让大家公断。在情景演示后，教师稍作提示或讲解，就开始全班性议论。比较复杂的情景，讨论后还可以让幼儿分别按所想的方法表演一次，看其效果及反应。社会情景演示具体、形象，符合幼儿的思维特点，幼儿容易接受。我们的具体做法是：

（1）在现实的同伴交往中，把解决难题作为学习社会技能的好机会。在幼儿园中，有些冲突情景是自然产生的，这是幼儿学习同伴交往历程中不可忽视的。如教师把一个新买的电动玩具"海豚上梯"拿到班上，问："谁想玩这个新玩具？"有 20 多个小朋友蜂拥而至围住了玩具。个子较小的林×被挤倒了，哭了起来。教师就请大家停下来，问："你们说林×为什么哭啦？"一个男孩子很快走过去把她扶起来，并回答说："她个子小，看也看不清，站也站不稳，别人踩痛了她的脚，就哭了。"老师看到尚有 9 位小朋友坐在原位，就问："你们为什么不想先玩玩具呀？你们是怎么想的？"大组的幼儿说："大家一起上去，就玩不成了。""大家抢，会把玩具弄坏的。""这样挤，对自己没有好处，对别人也没有好处。"小组的幼儿说："我上去也抢不到。""大家挤在一起，不好玩了。"这时，教师建议大家想想看应当怎样玩新玩具。全班幼儿纷纷出主意想办法。多数人的意见是按组玩，并提出小组先玩，再中组、大组玩，每个人可以轮流玩几次。规则明确以后，游戏就顺利进行了。我们有意识地把冲突情景作为启发幼儿思考的线索，作为学习交往规则和社会技能的时机，作为发展幼儿交往能力的突破口。问题解决以后，又启发幼儿回忆建立规则的好处和合作游戏的乐趣。

（2）设立一系列的情景难题，有计划地训练幼儿解决矛盾冲突的能力。有些矛盾经常干扰同伴关系，我们把这些问题由易到难设计成一系列"怎么办"的情景演示，从表演冲突到讨论解决办法，再分组演示解决办法，叙述理由。例如，"上课迟到了没座位，怎么办？""午睡先醒了，怎么办?”“别人不小心碰倒了你搭建的积木,怎么办?”“别人不小心踩了你的脚就跑了,怎么办?”“两个人同时想玩一样玩具,怎么办?”等等。通过多次情景演示,幼儿学会了独立解决矛盾,告状现象大大减少。

(3) 教师注意避免不恰当地过早介入,防止阻碍幼儿社会性能力的发展。对于一些偶发的冲突,教师总是不急于干预,不去当维持秩序、评判是非的“判官”,而是冷静地旁观每个幼儿在冲突情景中的表现和独立解决问题的办法。如在大班下学期,由幼儿轮流当组长或自选组长,发生冲突时,先由组长解决,再由教师帮助。教师一再强调解决争吵要互相协商,彼此说理,寻求双方都满意的方案。我们认为,幼儿同伴交往能力发展的主要障碍不是幼儿能力差,而是教师发号施令、包揽一切,使幼儿习惯于等待、被动,通过告状解决难题,愿意依赖、服从而不愿独立思考和协商解决问题。幼儿放弃交往的主动权,他们的交往能力就不可能得到正常发展。

通过两年的实践,在两个实验班中出现了以下可喜的现象:

(1) 幼儿相互协商与解决冲突的能力增强,许多原来全靠教师解决的矛盾冲突,现在他们都能自己解决。

(2) 侵犯性行为显著减少。美国心理学家麦考比曾说过:“抑制攻击性不仅是社会技能问题,也是感觉他人情感、不希望伤害他人情感的问题。儿童伤害别人的攻击性行为倾向会随着移情能力的发展而减少。有理由相信:他们理解和同情别人情感能力的增强是减少攻击性的一个因素。”在实验班进行的社会测量法调查发现,经过教育,被同班幼儿拒绝的儿童人数和拒绝的人次显著减少。

(3) 集体舆论的力量增强了,能主动预防或制止不友好行为的发生。多数幼儿掌握交往的基本规则后,不但能乐意接受同伴的好主意,也能主动干涉同伴可能出现的不友好行为,避免了许多冲突的发生。这说明培养幼儿同伴交往能力是必要的,可行的。

本文发表于浙江《幼儿教育》1991 年第 1、2、3 期

正确教育幼儿认识社会环境

认识社会和认识自然，是人类认识发展史上两个永恒的、极其重要的课题。社会知识是几千年人类文明历史发展的成果，是时代风云激荡的画卷。在这五光十色的社会知识宝库中，我们应当汲取哪些最必需、最易于为幼儿所理解接受的内容，让幼儿去体验、去感受、去了解，才最有利于良好的道德品质和个性特点的发展，才最符合培养社会主义事业接班人的需要呢？这是要求每个幼教工作者在实践中做出回答的。社会环境纷繁复杂，而人的认识能力既是无限的又是有限的，3 至 6 岁的幼儿对社会环境的认识不可能不受其身心发展水平、学习特点和活动方式的限制，因此，选定的教育内容、教育要求、教育方法是否恰当要比其他年龄阶段更为重要。

教育内容的选择，要坚持因地制宜，由近及远的原则。以爱国主义教育为例，对于幼儿来说，“祖国”的概念是较为抽象难懂的，但是幼儿又生活在祖国的怀抱之中，每日每时都接触到祖国的自然及社会中的各种事物。幼儿对于祖国的爱正是从这些最初的生活印象引起的，是从不明确到明确，从点滴零星的现象归纳成为伟大祖国的美好形象。教师越是善于利用周围环境中幼儿容易接触到的事物，和“祖国”的形象联结起来，效果就越好。因此，无论在空间距离上还是在时间距离上，都要注重因地制宜、由近及远的原则，尽量多地联系幼儿所熟悉和理解的周围事物，尽量多地让幼儿参与实际操作活动。例如，南京的长江大桥、上海的隧道建设工程、甘肃的造林治沙，都是对当地幼儿进行爱祖国教育的好教材。再如介绍我国古代的发明创造，不同的幼儿园应有不同的选材要求。幼儿经常接触图书，最容易理解的是纸的发明。一般讲，中班幼儿从生活实践中就能说出纸的好多种用途，说出好多种纸的名称、性质，如白纸、锡纸、蜡光纸、毛边纸、宣纸、皱纹纸、道林纸、牛皮纸等。由此可以联系追溯到蔡伦造纸的故事及其流传千古、造福人类的作用，培养幼儿爱惜纸、节约纸的好习惯。附近有文印社或图书馆的幼儿园，可以从幼儿爱看图书的特点出发，去看书的制作过程。讲古代刻竹简成书的艰难或毕昇发明活字印刷术的故事，再带幼儿了解现代的电脑打印、激光印刷，通过自制泥印章，结合钉纸、画图、剪贴做成小书的活动，感受自己做书的过程和成功的愉悦，进一步培养幼儿爱书的好习惯，激发幼儿将来要为人类的幸福而去发明创造的美好愿望。在介绍革命领袖或著名人物、英雄业绩时，幼儿耳濡目染对家乡的一些伟人，比较容易记住。靠近南京梅园新村纪念馆的长江路小学幼儿园在参观总理办公室时，对幼儿讲周恩来总理的勇敢机智、艰苦朴素、关心群众等故事就更生动、具体，比在教室里对着图片讲更易接受，留下的印象也就更深刻。同样，在长沙爱晚亭秋游时，对幼儿讲毛泽东当年在这里读书时的情景，也会增强对家乡和革命领袖的亲切感和崇敬之情。实践证明，教育影响的深度和广度，是与幼儿的感知和理解程度完全一致的。教育效果的大小，往往不在于所讲内容的多少，所花时间的长短，而在于使幼儿心里留下了多少感悟。

教育要求的确定，要重视增进幼儿的社会情感和培养幼儿的社会态度取向。通过观察和生活，幼儿虽能不同程度地认识国家、民族，认识不同职业的劳动者与自己生活的关系，但幼儿的认识水平与小学生、中学生有着本质的差异。由于中、小学生已掌握一定的文字工具，所以能够比较系统地理解某些史地知识，能够从时代背景上去把握和分析社会环境的种种关系，而幼儿就做不到这一点。不过，幼儿也有其独特的优势，即有情绪易受感染的特点，幼儿时所奠定的对国旗、国歌的崇敬、自豪之情，对家乡的亲切、依恋之情，对劳动者的热爱、尊敬之情，对少数民族的友好、手足之情，对小伙伴的友爱、互助之情，是从小形成的态度体系倾向，常常是刻骨铭心，终生难忘的。尽管这种以情感态度为主的道德关系，还未上升到理性认识的高度，但却具有深远意义。如果在幼儿期忽视了这种极其重要的情感态度培养而去片面追求系统的知识积累，错过了幼儿身心发展上的最佳时机，那是终生难以补偿的。幼儿在愉快的活动中所形成的对家乡的依恋，对祖国的热爱，对本民族文化的喜欢，虽然是零星的、感性的、幼稚的，但随着年龄的增长，必将形成一种牢固的心理定势，成为长大后报效祖国的强大动力，成为个性结构中超越自我的一个基点。至于广博的知识，可以在以后的漫长岁月中，在掌握了文字符号以后再按部就班地去学习。

经验表明，情感比知识具有更强的稳定性和持久性。著名心理学家皮亚杰曾说过："没有一个行为模式（即使是合理的）不含有情感因素作为动机；但是，反过来，如果没有构成行为模式的认识结构的知觉与理解的参与，那也就没有情感可言。"因此，对幼儿进行认识社会环境的教育，应作为一个整体，需要情感与认识共同增长，但成功的关键常常不在于讲了多少知识，而在于亲身参与的丰富多样的活动，在于触及幼儿情感的过程和感受的深度。一般来说，幼儿对于生疏、难懂或不感兴趣的事物，常常持视而不见、与己无关的态度，只有在获得了一定的感性认识以后，才能缩短心理距离，产生联想，引起兴趣，只有在积累了愉快的活动经验以后，才能产生爱慕与向往。最能影响幼儿情感的因素，主要有三：一是鲜明的形象、生动的语言、能理解的情节所构成的具体人物榜样的感染力，能引起共鸣的高尚情感。二是情境，在欢乐、温暖、新奇的情境中，幼儿特别容易产生深刻的情感和记忆。例如，节日的庆祝活动，元宵节的提灯会，集体的生日祝贺会，与解放军或武警叔叔开联欢会，看奥运会、亚运会上我国运动员获得金牌后的升旗仪式，看家乡抗洪救灾中的动人场面，看熊猫攀爬进食、民族歌舞表演的电视录像等，都是培养幼儿积极的社会感情的良好时机。同时，还可通过大量图书、动画，讲少年儿童与敌斗争的英勇故事等，使幼儿知道世上还有侵略者和破坏社会主义建设的坏人。但应避免过分残酷和恐怖的场景，以保护幼儿的心理健康。三是丰富多彩的实践活动，让幼儿亲身参与收获瓜果、种植花苗、饲养动物、收集种子、准备食物品尝会等等，是加深幼儿感情体验的温床，在活动过程中幼儿的情感与操作一起升华。让幼儿画一画家乡最美丽的河流和山林；夸一夸爸爸妈妈怎样为社会工作；讲一讲家乡的物产，收集展品，制作标本，布置展览，从观赏瓷碗、扇子、彩灯、笔砚等中国人特有的文化产品中，增强“我是中国人”的意识和自豪感，在各种活动中潜移默化地产生我要为祖国增光添彩的理想。同时，还可利用各种艺术手段引起幼儿对周围社会环境的兴趣和对祖国河山变化的敏锐观察力。通过“数楼房”、“画新桥”、“看在田头唱歌的拖拉机”等诗歌、图画、舞蹈等活动，增进幼儿的情感倾向。一个幼儿教师的任务，决不仅仅是简单地执行教育计划规定，而是要创造性地根据社会发展的动态变化，本乡、本街道的社区环境和本班幼儿的特点灵活安排幼儿的活动，重视启迪幼儿的思路，照顾幼儿的实际能力，选择适当的时机，运用多种渠道，让幼儿动手、动口、动眼、动脑，从不同信息角度丰富认识、强化感情，留下愉快的印象，千万不能单纯追求形式上的表演。

教育的途径和方法，要坚持多渠道、多形式。首先，把认识社会环境的教育因素渗透到幼儿日常的生活中去。社会主义社会，是具体而客观地存在于我们生活的环境中。在游戏时，让幼儿搭飞机、汽车、长江大桥、天安门、工厂、公园和楼房，这是锻炼建设社会主义积极态度的起步；在街头散步时，引导幼儿热爱解放军、民警、商店售货员，憎恨破坏社会秩序的坏人坏事，这是培养热爱社会的情感萌芽；在平时生活中，教育幼儿爱惜粮食、爱惜图书、节约纸张、为病残的小伙伴送温暖，在特定时期，鼓励幼儿为抢救大熊猫、为抗洪救灾捐献都是出自爱心的最初行动体现。第二，要善于与家庭配合。如果没有家长的热情合作，幼儿正确认识社会环境的教育任务是无法完成的。要向家长宣传家庭教育的意义、内容和方法，告知家长每周的教育计划和需要支持配合的方面，经常征求家长的建议和意见，同心协力教育好幼儿。第三，依靠广大教师。幼儿教师是幼儿体、智、德、美全面发展的最初培育者，又是办好幼儿园的关键力量。只有注意激发广大教师的爱国主义热情，把他们充分地发动起来，依靠他们的积极性和创造力，我们才能冲破旧观念的束缚，出色地完成正确教育幼儿认识社会环境的任务。

本文发表于北京《学前教育》1992年第3期

为幼儿创设良好的心理环境

《幼儿园工作规程(试行)》明确规定:“创设与教育相适应的良好环境,为幼儿提供活动和表现能力的机会与条件。”近几年来,在学习和贯彻执行《规程》的过程中,广大幼教工作者对物质环境的建设,已经有所重视,在环境的绿化、美化、趣味化、教育化等方面,做了大量的工作,使幼儿园的物质环境有了较大的改观。但是,对于精神环境的建设,没有引起足够的重视,还不能满足幼儿的心理需要,不利于发挥幼儿的潜能。因此,对幼儿心理环境的建设进行一番研究和探讨,是十分必要的,也是全面贯彻《规程》的需要。

创设良好的心理环境,也就是通过一定的教育手段满足幼儿的心理需要。

幼儿的心理需要大体有以下几个方面。1. 安全的需要,即免除身体危险、失去爱抚或被剥夺生理上的满足的恐惧感的需要。安全是人类自我保存的本能,也可以扩展到维护自己的地位和权利方面。幼儿期的安全需要,主要表现为对突然的大声、陌生事物、失去平衡、黑暗、疼痛、受惩罚和被抛弃等的恐惧、焦虑,对稳定有序、安宁、和谐的环境的渴望和欢欣。2. 社交的需要。幼儿有一种强烈的被亲近的成人和同伴承认、接纳、经常交往和归属于一定群体的需要。儿童早期获得的社会交往经验和成功感受,还会影响其一生个性的发展倾向。3. 身体活动的需要。幼儿是通过不断的活动来表现其生命与能量的。移动身体、发出动作、探索世界、自由地感受周围的一切,充分地运用感官和世界建立联系,这是童年的最大乐趣。幼儿有着对活动永不满足的渴望,似乎只有睡眠才能使他们安静下来。他们在手舞足蹈、看、闻、嗅、尝、说唱、旋转、抚摸、摆弄和乱画等各种活动中,认识世界，认识自我，建立起对自己精神力量的肯定，增强处理不同情境与解决问题的能力。4. 自尊的需要。幼儿还不善于自我评价，也不太懂得尊重别人的愿望与意见，但是却满心希冀别人对自己的尊重与好评。幼儿的自尊的萌芽，从初懂语言时就开始出现了。他们偏爱积极的评价，听到好评就流露出微笑、拍手，甚至欢呼雀跃；在受到消极评价时就沮丧、羞愧、哭闹或愤怒反抗。幼儿自尊需要的满足，要建立在初步的自我认识的基础上，要懂得自尊与尊重别人这两个侧面的辩证关系，只有尊重别人的人才能获得别人的尊重。

为了创设一个能满足幼儿心理需要的良好环境，我们应着重做好如下几个方面的工作。

一、创设一个能激发积极社会情感的充满爱心和关切的环境。在一个班上，由于先天素质和家庭环境的具体差异，每个儿童有着不同的智能和性格。有的热情大方，善于言词，有的孤僻沉默，有的活泼敏捷，喜欢奔跑和歌舞……教师的爱心应当是理智的爱，能理解、接纳每个幼儿的特点，了解其产生的根源，一视同仁地对他们亲切、关怀，并提出严格的要求。但是，爱班上的每一个儿童这件事并不容易。我曾在江苏省的幼儿教师中做过一次不记名的儿童观的调查。在600多名城乡幼儿教师中，有40%左右的教师表示喜欢安静、听话、服从的孩子；68%的教师偏爱上课回答问题聪明的孩子；有半数教师表示对有的孩子就是爱不起来，甚至有点讨厌。他们认为，教师内心存在偏爱是难免的，很难做到对难弄的、迟钝的、不讨人喜欢的孩子也产生同样的爱感，只能做到厌恶情绪不过分流露而已。这可能是一种较为普遍的现象。然而，马卡连柯则以他办工学团的经验告诫教师说："教师的心应该充满对每一个他要与之打交道的具体孩子的爱。尽管这个孩子品质已非常败坏，尽管他可能会给教师带来许多不愉快……也不疏远、厌烦他们或鄙视、憎恨他们，而是敞开胸怀接纳他们。她应洞察儿童内心的情况，不厌其烦地去循循善诱。"教师对每一个孩子充满爱心，往往表现在日常生活的各个环节中。例如，要从生活照料入手，向所有幼儿传递爱的信息，进行身体接触、抚摸、拥抱，甚至亲吻他们；

要给安全感受到威胁、已产生焦虑、紧张的个别幼儿以特殊的关怀和亲切交谈；要以冷静、宽容的态度对待幼儿的突然挑衅和不服从行为，等等。实践证明，在师生之间，只有建立了和谐、亲切、友好、尊重的充满积极社会情感的关系，才能帮助幼儿建立起对教师的依恋感、信任感和在集体中的安全感，较顺利地适应新的集体环境，才能使幼儿乐意接受教师的要求和指导，敞开心扉地自然表达心理动态和全部智能，并会扩展为良好的同伴关系。否则，教师对幼儿有偏爱，便会使其他幼儿产生忧郁、委屈、愤怒、不公平等消极情绪，影响幼儿的心理健康，也影响教育的整体效果。

二、创设一个能调动和发挥幼儿潜能的尊重和期望的环境。教师的民主行为应表现为“在不背离总的教育目的要求的前提下，充分尊重幼儿的自由和个性”。无论何时，教师都要善于把握教育的“分寸”。也就是说，教师的言语和举动要能最恰当地顾及行为的环境条件和社会后果。这涉及教师与幼儿之间、幼儿与幼儿之间可允许的相互作用的界限。教师要把幼儿看作是有意识、有情感、有潜能的人，是具有和自己同等价值与尊严的人，应充分地信任和尊重他们。教师指导幼儿，目的不是简单的限制、管理孩子，而是为了有助于让他们学会自我控制，明确自身的责任，愉快地、自觉地给自己提出要求。教师应和孩子一起共同制订和解释集体规则的意图、作用，使孩子理解并执行，还要给幼儿练习自我控制的机会，及时给予评价、反馈。教师要明确允许幼儿在一定范围内享有的权利和自由，使他们尝到学会自我控制的愉快，激发他们自主决策的动机。

能激发幼儿潜能的环境，一般具有这样一些特点：1. 教师经常使用协商、启发、建议的口吻说话，教师的语气、表情、姿态、动作无不包含着尊重和信任的信息。2. 教师能为幼儿提供丰富的活动器材，使幼儿有充分的表现自己活动能力的机会和条件。3. 教师要注意发现和引导每一个幼儿的认知优势和创造力。4. 教师能及时肯定幼儿的进步，发挥罗森塔尔期望效应的积极作用。在教育过程中，教师越是相信每一个儿童都有发展潜能，能根据各人的兴趣爱好和长处，从原有的起点出发，鼓励、启发幼儿，就越能促进幼儿最优化的发展。

三、创设一个能发展儿童自主、自信的信任和接纳的环境。自尊感是由自主决策、自我评价引起的自我肯定和希望得到他人或集体尊重、认可的情感。自信心是相信自己有力量，能克服困难、取得成功的态度和决心。幼儿的自我意识正处于从生理的自我向社会的自我过渡的发展阶段。这就是说，婴儿、学步儿单纯从生理需要和物质关系来认识自我，仅仅停留在对自己的名字、躯体、衣着、家属关系和所有物的自我认识上。3岁以后，扩展到对自我的主张、能力、地位、权利、性别的自我认识，开始按照社会要求与评价进行自我调节。但是，这时仍带有自我中心期的痕迹，带有明显的情绪性、他律性、片面性的倾向。它是肤浅的、零星的、朦胧而不稳定的。实际上幼儿的自我评价，是重复幼儿心目中有权威的成人或同伴对自己的看法，还不可能准确而客观地对自己或他人的行为进行综合性分析。幼儿早期的体验，如果经常是成功而满意的，便为自尊感、自信心奠定了坚实的基础。幼儿早期生活中许多基本需要如果得不到满足，时常被他人冷淡或拒绝，探索世界的经验贫乏，他就会把自己看作是没有力量应付面前问题的人，把世界看作是不安全的地方。要促进自我意识的发展，重要的是在成人与儿童之间建立起真诚的信任和相互接纳的关系。如果成人经常公开议论孩子是笨蛋、小傻瓜、多动症、没出息，是“一分钟也不能安静”、“什么也学不会”的人，孩子就会失去自尊和自信，就会惶惑、焦虑、吵闹、不听话和自暴自弃。某个孩子是不是有自尊感、自信心，只要注意倾听他的说话就清楚了。有自尊感、自信心的儿童会说：“老师，你不要以为我还小，我马上就满4岁了。”“让我自己来做，我会做好的。”而缺乏自尊感、自信心的儿童，往往会说：“这个太难，我不想做。”“我是学不好的，妈妈说我的脑袋长得小，所以我就是笨。”“我不举手，因为我答不完全，老师说我只能答对一点点。”相信自己的价值和力量，这种心理品质是极其重要的，它对人一生的发展都有积极的影响。因此，教师在教育工作中要特别注意以下几点：1. 多运用积极的评价。这是发展幼儿自尊感、自信心的重要手段。2. 做好家长工作，争取家长配合，帮助家长了解自己孩子的优势与不足，改善幼儿的家庭处境。3. 支持幼儿付出努力去获得成功的体验。

四、创设一个能促进不同年龄同伴间活泼交往的宽松和合作的环境。幼儿有着两个社会世界：与成人交往的世界和与其他幼儿交往的世界。在成人面前，幼儿经常处于受照顾、被教导、依赖帮助等被动、依从的地位。而和其他幼儿在一起，他们却是相互平等、独立和自主的。儿童之间身材相似，能力相仿，愿望与兴趣相近，在同伴活动中合则留、不合则去，比较自由，心理上没有任何压力，感情上容易沟通、默契，因此幼儿特别喜欢和同伴在一起，又常常和同伴发生矛盾、冲突。竞争或合作、退缩或进攻、谦让或妒嫉、占便宜或吃亏、受委屈或逞强、打架或搂抱，都会瞬息万变地发生，而这一切都是可贵的社会经验，是幼儿走向社会的必要准备。同伴间的交往，对幼儿个性发展有其特殊的作用：1. 帮助幼儿从“自我中心”状态中解脱出来。2. 使幼儿得到社会性行为的实践经验与行为反馈。3. 同伴间的认知冲突，使幼儿扩大知识领域，发展智力。4. 幼儿群体的反馈是幼儿认识自我的参照物，同伴的评价、群体的认可、规则的遵守、责任的承担，可以促进幼儿全面的发展。因此，教师应为幼儿创造一些必要的条件，例如，讲述与同伴交往的乐趣和意义，启发幼儿与同伴交往的意愿；关心每一个幼儿在集体中所处的平等地位；创设有利于幼儿同伴交往的情境，多开展一些欢乐而有意义的集体活动；组织不同年龄幼儿之间的自由交往活动，丰富幼儿与年长或年幼同伴的交往实践，弥补独生幼儿没有兄弟姐妹的缺陷，等等。

五、创设一个能引起幼儿充分操作、探索的新奇有趣的环境。著名心理学家布鲁纳曾经指出，人的行为常常由三种内驱力引起动机：一是好奇的内驱力——求知欲望；二是好胜的内驱力——成就欲望；三是合群的内驱力——交往欲望。儿童在这三方面表现得尤其强烈。教师在准备日常生活环境时，要为幼儿提供有新颖性、启发性和引导性的设备、材料、玩具、物品等，在调整活动环境时，也要经常丰富、补充和更替变换设备材料、玩具、物品，以激发幼儿求知好奇的积极性、主动性、创造性，满足幼儿操作、探索的心理需要，促进幼儿与物质环境之间有益的相互作用。在这方面，教师要注意以下几点：1. 设置各种区域，提供幼儿动手动脑的充分机会，让幼儿在自由选择中表现能力。2. 提出某个单项活动任务，调动全班幼儿的聪明才智，集思广益，鼓励幼儿采用不同方案尝试、实践促进发散性思维。3. 在科学教育活动中，强调对自然界的观察、测量、多渠道感知，比较实验、探索规律，尽量多用发现法教学，使幼儿获得丰富的感性经验。4. 在游戏活动中让幼儿自由选择主题，自行结伴成组，自主决定过程。

总之，幼儿园的环境是为幼儿的全面发展服务的，应该使生活在这个环境中的每个幼儿感到安全，感到欢乐，感到被尊重，感到为集体所接纳，感到自尊、自信，感到有责任，感到能获得成功。这就是幼儿所需要的心理环境，也是我们建设心理环境的目标。

本文发表于《学前教育研究》1993 年第 3 期

对小班幼儿品德心理结构的再认识

品德心理结构是德育的一个基础理论问题，它对研究品德发展的规律、德育过程、德育方法、德育评价等问题，具有重要的价值。处在人生道德启蒙阶段的幼儿期，其品德心理结构有何特点，如何使德育过程更好地适应这些特点，以取得最优化的德育效果，这是广大幼教工作者所共同关注的问题。

国外的心理学理论，往往把品德看成是道德认识、道德情感和道德行为的统一体。美国心理学家柯汀斯（W. M. Kurtines，1984）等在《品德、道德行为及其发展》一书中提出："纵观品德的研究，一般都将它分为道德观念、道德情感和道德行为。"我国教育心理学界大都也持同样的观点。潘菽主编的《教育心理学》认为，任何一种品德结构都包含有一定的道德认识、道德情感和道德行为方式三种基本成分，并把道德意志包括在道德行为的训练中。这种观点，尽管在揭示品德心理系统的内部矛盾和诸矛盾之间关系的发展等方面还存在一些不足之处，但是，它从方法论上为我们提供了品德心理结构的静态的分析方法，使我们能像探讨自然现象或其他社会现象一样，把诸因素分别抽取出来，置于特定的条件下加以考察，有利于品德研究工作的开展。根据实验研究的事例，我们对小班幼儿品德形成过程中的"三要素结构"谈一些粗浅的看法。

一、道德认识是道德情感、道德行为的基础

道德认识，是指人们对具体的行为准则和执行准则的意义的理解、接受、掌握。幼儿只有在懂得了应该怎样做和为什么要这样做以

后，才能在一定的情景下自觉地采取相应的行动。因而，道德认识在幼儿品德形成过程中大多占领先位置，成为道德情感、道德行为的基础。

在幼儿入园初期，我们问孩子："别人的玩具很好玩，能不能拿回家呢?"多数幼儿回答"能"，或者说"叫爸爸去拿"、"叫妈妈去拿"，没有一点羞愧感，因为他们还没有建立明确的"所有权"观念。只有少数幼儿由于父母曾经对他们进行过"别人的东西不能拿"的教育，才回答说"不能拿别人的玩具"，因为"爸爸、妈妈要骂的"，"别人要哭的"。这些幼儿已能够区分出别人的东西和自己的东西。在教师对幼儿进行了"幼儿园的玩具大家玩"、"小象要回家"(玩具放回玩具架)和怎样向别人借玩具的规则教育后，哭哭啼啼抢占别人玩具或未经同意拿走别人玩具的现象明显减少了。幼儿对违反规则的事情，开始表现出羞愧感。在小班上学期的期末，我们在南京市实验幼儿园，对一个班的22位幼儿进行了有礼貌、勇敢、团结友爱、守纪律、诚实等五项道德认识的调查。调查显示，有96%的幼儿能说出"叫老师早、老师好，爸爸妈妈早、爸爸妈妈好，就是有礼貌"，只有1个幼儿把"听话"错答为"有礼貌"；有86%的幼儿能说出"打针不哭"、"跌倒不哭"、"不怕大灰狼"、"不怕冷"、"爬滑梯"就是勇敢，只有14%的幼儿把"乖乖不哭"错答为勇敢；有77%的幼儿能说出"不打人"、"不骂人"、"不抢玩具"、"把家里的玩具带给小朋友玩"、"对小朋友咪咪笑"，就是团结友爱，有23%的幼儿回答"不知道"，或把"听话"错答为团结友爱；有68%的幼儿能说出"上课坐得好，睡觉睡得好"、"上课不讲话，不玩手帕"、"举手发言"、"听话"，就是守纪律，有32%的幼儿回答"不知道"，或把"绘画好"错答为守纪律。在全班幼儿中，没有人能说出"诚实"这个道德概念。

以上情况表明，小班幼儿道德认识的形成是一个由不知到知、由量变到质变的教育、积累过程。这个时期，是传递社会道德的起步期。在这时，幼儿道德认识具有明显的肤浅性和较强的"自我中心"色彩。小班幼儿，常常是从自己生活中遇到的事情来直觉地、具体地、表面地理解道德概念的，对人对事的认识，大都是非本质的、不全面的；往往以父母、老师的评价作为自己作评价的依据，或者以自己的需要、利益和情绪来评价别人的行为。

对小班幼儿的道德认识教育，应根据小班幼儿的认知特点和品德教育的目标，要从生活入手，以认识为先导，设计专门的德育情景和过程，采用故事、儿歌、图片和观察等生动活泼的形式，把道德知识渗透到日常行为要求中，由浅入深地讲清行为规则及其含义。这样做，就可以较好地帮助幼儿理解和掌握初步的道德观念。在德育的实施过程中，我们不能仅仅满足于教会幼儿道德认识和使幼儿会说应当怎么做，还应以幼儿对集体生活的适应能力和生活自理能力的表现作为重点来进行教育和衡量。

二、道德情感是道德认识向道德行为转化的中介

道德情感，就是人们的道德需要得到实现或得不到实现时所引起的内心体验，是道德认识的一种外部表现形式。小班幼儿的道德情感，一般具有直觉性、冲动性的显著特点。他们的道德情感十分丰富，容易受暗示和感染，加之道德认识又比较朦胧，常常会因某种强烈的情境刺激的感知而引起自觉的情绪体验，而且直接地体现在外部行动上，缺乏有意识地控制自己情感的能力。因此，在教育过程中，针对幼儿道德情感的特点，运用艺术手段、文学形象、拟人化的方法来激发幼儿的情绪，把道德观念和情绪体验紧密联系起来，就能起到事半功倍的作用。例如，我们在进行“不摘花木”的教育活动中，运用歌舞表演：一朵小花在地上生长，一个小孩走过来，粗暴地摘掉了花瓣，使小花跌倒、悲伤、哭泣。这时，有许多幼儿热泪盈眶。当另一个孩子走过来扶起小花，并浇水照料，使小花重新站起来时，幼儿都拍手欢笑了。这种鲜明的道德形象，在幼儿头脑中留下了深刻的印记。在期末考查中，我们增加了诱惑因素，由本校学生作为来访的客人要求孩子为他摘一朵花，在对比班 31 个幼儿中，有 22 个幼儿摘了花，占 70%；只有 9 人记住老师教过的规则。而在实验班 29 个幼儿中，有 27 个幼儿拒绝摘花，占 94%。只有 2 人忘却了规则去摘花，占 6%。从拒绝摘花的理由来看，有 34%的幼儿的道德情感尚处于直觉的情绪体验阶段，他们

认为“花儿会哭的，会痛的，会死的”；有 58.6％的幼儿已产生了与具体的道德观念相联系的情绪体验，他们认为“摘花不是好孩子”、“摘了花，花就少了，别人就看不到了”、“摘花是不对的”。我们还以《半个馒头的哭声》《小椅子的对话》《玩具熊的遭遇》等拟人化的故事，教育幼儿爱惜粮食、爱护小椅子、珍惜玩具，激发积极情感，都取得了比较好的效果。

培养幼儿道德情感的另一条重要途径，是让幼儿参与能够直接获得道德情感体验的活动，帮助幼儿把低层次的道德认识经过情感的催化，更牢固、更深刻地感知、接受和掌握。我们在教育小班幼儿尊重家中老人的“为奶奶搬小凳”活动中，先让全班幼儿做下蹲的动作，刚蹲了 1 分钟，有的就喊“腿酸了”，有的喊“我要跌倒了”，有的喊“我蹲不住了”。然后，再向幼儿说清道理，使他们真正体验到奶奶蹲着拣菜、洗衣的辛苦，增强同情心，弄懂搬小凳子的真正意义，激发和强化助人行为的动机。我们还开展“坏玩具的哭诉”活动，把破裂的拼图、断手的娃娃等集中起来，让它们拟人化地相互诉说日常生活中幼儿不爱护玩具的种种行为。以后，又用“玩具笑了”的故事，让修补好的玩具表扬幼儿爱护玩具的表现，收到了良好的效果。

幼儿道德情感的培养，是一个长期细致的、耳濡目染的过程。幼儿的道德情感是在成人的道德情感的熏陶下，在道德认识和道德实践活动的基础上逐渐形成的。幼儿的道德情感，是幼儿道德认识的深化，又是幼儿道德行为的动力。它是促进幼儿道德认识见之于行动的桥梁。没有道德情感的道德认识，是肤浅的、不稳定的；没有道德情感的道德行为，是不巩固的，也是不能持久的。

三、道德行为是道德教育的最终目的

道德行为，是指符合一定道德标准的行为表现。它反映人们道德认识和道德情感的实际效果，是道德教育的最终目的。因为，人们的道德品质归根结底要以道德行为来评价、说明，要按实际行动来判断、论定。小班幼儿的道德行为，既要受动机强度的影响，又受能力的局限。道德行为的实现，要经历理解情境、动机冲突、选择决策和实现行

为等一系列心理过程。这对小班幼儿来说,是品德结构的考验。我们在对小班幼儿进行尊敬和热爱炊事员叔叔、阿姨的教育后,对幼儿的道德认识、道德情感和道德行为作了测查。当天到园的26个幼儿中,知道炊事员叔叔、阿姨为小朋友做什么劳动的有23人,占88%;会向炊事员叔叔、阿姨说感谢、慰问语言的有22人,占85%。但是,在游戏时间,当教师要求幼儿根据自愿中断游戏去帮助炊事员叔叔、阿姨拾起撒在地上的米粒时,只有19人愿意去做,占73%,有7人不愿意,占15%。这7个幼儿,在道德认识、道德情感方面,并非有意说谎,而是因为帮助拾米就要暂时放弃游戏的欢乐。在存在两个或两个以上的动机冲突时,他们感到困难。在这个班,我们还进行了爱惜玩具的教育实验。在教育后,个个幼儿都能说出爱惜玩具的道理和方法,都表示喜欢幼儿园的玩具。但是,在幼儿经过地上有玩具抛落的房间时,能主动拾起玩具的有13人,占50%;经提醒后能拾起玩具的有5人,占19%;始终没有拾起玩具的有8人,占30%。这一情况说明,实现道德行为比形成道德认识、激发道德情感更为艰巨、更加重要。在内化的过程中,道德认识、道德情感和道德行为是交融在一起的,而道德行为的表现又需要把内化了的道德认识、道德情感加以外化,没有外化,便没有真正的思想认同。通过行为的反复表现,才能巩固已有的品德经验,深化道德情感,幼儿对道德规范进行决策选择的过程也就可以加速。自身的道德实践和来自外界的肯定、强化,有利于幼儿逐步理解道德要求的正确性、必要性,使认同的思想观念、相应的情感体验与一定的行为方式结合得更牢固,并使道德行为逐渐变成信念和习惯,这是品德形成的最终标志。

在实验研究的过程中,我们发现,有不少幼儿都表示愿意做团结友爱的好孩子,但争夺玩具、吵架、告状等情况还时有发生。究其原因,有道德认识不巩固,也有道德情感在一定情境下会难以克服动机冲突矛盾的问题,还有缺乏道德行为技能和行为习惯不稳固方面的问题。针对这一情况,从小班起,我们设计了不同的情境,多给幼儿选择行为、评价行为、学习技能的练习。例如,玩积木时,幼儿常常为争夺长条形的积木而争吵，教师就用故事和表演游戏教给幼儿“均分”和“轮流玩”的技能，使幼儿知道当玩具少、需要的人多时，就可以用“分享”和“轮流”的办法。这样，幼儿就能正确处理玩具少与人多的矛盾，并能对违反规则的行为提出批评意见。经过教育，班上幼儿团结友爱的行为增多了，争吵减少了。由此可见，培养幼儿的道德行为，是一个极为复杂的问题。每一个幼儿教师，都应重视在日常生活中培养幼儿的道德行为技能，考查幼儿是否言行一致，能否按照道德行为准则去实践，并注意分析幼儿言行不一的原因，及时采取相应的对策，使整个德育过程落到实处。

总之，幼儿道德品质的形成，是道德认识、道德情感、道德行为诸要素由简单到复杂、由低级向高级不断矛盾运动的过程。道德认识是基础，道德情感是动力，道德行为是目的。幼儿德育的根本目的，就在于提高幼儿的道德认识，丰富幼儿的道德情感，培养幼儿的道德行为习惯。

本文发表于江苏《早期教育》1993 年第 7 期

小班幼儿德育模式的对比研究

品德教育具有多开端性，可以从道德认识、道德情感和道德行为的任何一方面入手，也可以综合三个因素同时开端。提高道德认识，一般被认为是整个德育过程的前提和基础，但这并不意味着道德教育必须或只能从解释道德原则或规范开始。不同的教育模式是否会有不同的教育效果？在具体运用和选择不同模式时是否有规律可循？

鉴于以上目的，我们“幼儿道德启蒙教育研究”课题组，从1991年11月至1992年5月，在南京市实验幼儿园、鼓楼幼儿园和河海大学附属幼儿园进行了认知型、艺术型和综合型三种不同教育模式的实验和对比研究。

一、方法

1. 认知型教育模式，在南京市鼓楼幼儿园小(2)班进行。这个班的幼儿数，上学期为23人(男13人、女10人)，下学期为30人(男16人，女14人)。具体做法是，以鲜明、具体、形象化的说理、解释为开端，以观察、感知、比较、议论为主要德育方式，以帮助幼儿理解德育规则、增强道德认识为重点，引发道德情感，导致道德行为。

2. 艺术型教育模式，在河海大学幼儿园小(3)班进行。这个班的幼儿数，上学期为26人(男11人，女15人)，下学期为29人(男15人，女14人)。具体做法是，以音乐、美工、文学等艺术手段的操作、表演、欣赏为开端，以深化情感体验为重点，以生动活泼的文学艺术形象为主要德育方式，着重激发幼儿道德情感并明确道德要求，导致道德行为。

3. 综合型教育模式，在南京市实验幼儿园小(3)班进行。这个班的幼儿数为 29 人(男 14 人，女 15 人)。具体做法是，以知、情、行三者结合为主要德育方式，帮助幼儿在观察、理解、比较的基础上，通过艺术手段加深情感体验，并进行动作的模仿和练习，以实现三要素的协调发展。

4. 同时，在河海大学幼儿园还选择教师条件相当、专业能力和责任感较强的小(2)班为对照班。这个班的幼儿数上学期为 23 人(男 12 人，女 11 人)，下学期为 31 人(男 14 人，女 17 人)。对照班按南京市幼儿园各科教育进度安排和统编教材进行品德教育，不搞专门的德育主题活动实验。

5. 在三个实验班中，上学期进行了“厨房叔叔、阿姨关心我”、“我爱幼儿园的玩具”、“我的小手真能干”等三个主题活动；下学期进行了“幼儿园里美丽的花”、“医生叔叔、阿姨保护我的健康”等两个主题活动，每一个主题活动都按照统一的教育目的、要求和各自不同的教育模式特点，分别制定教案，在大体相同的时间内采取不同的方案，安排内容和步骤组织实施，课题组全体同志既有分工又进行相互观摩和评议。

例如，“厨房叔叔、阿姨关心我”这一主题活动的做法是：

认知型教育模式：带领幼儿两次去厨房观察炊事员洗菜、切菜、淘米、煮饭、烧菜等劳动过程，向幼儿介绍炊事员天不亮就上街买菜，让每个幼儿试搬装菜箩筐、试拿炒菜长铲，感受厨房工作繁重和淘米水的冰凉，体验每项劳动的艰辛、疲累，知道一饭一菜来之不易，认识良好的饮食习惯应该是愉快进餐，不挑、不剩，以回报炊事员叔叔、阿姨们的关心。

艺术型教育模式：通过儿歌《厨房叔叔、阿姨好》，歌曲《大米饭喷喷香》和搓圆子、做饺子、撕面条等美工制作活动，理解叔叔、阿姨的辛勤劳动和自己生活的关系，激发热爱和感谢之情，自觉培养良好的进餐习惯。

综合型教育模式：既参观厨房，也学习儿歌《厨房叔叔、阿姨好》和参加美工制作活动;午餐时刻,邀请厨房人员来班上检查幼儿餐桌整洁情况和进餐习惯,开联欢会,由幼儿献花、表演节目、共跳集体舞等。

6. 在每个主题活动结束后,课题组都设计统一的测查项目与表格,由南师大学前教育专业的4名学生从道德认识、道德情感和道德行为三个方面对4个班的全体幼儿逐个进行比较客观的测查、记录与评分。

从小班幼儿认识水平较低、语言能力较弱的特点出发,在道德认识方面,我们的测查主要是向幼儿了解厨房叔叔、阿姨为大家做些什么、医生做些什么、你的小手会干什么、你怎样爱护班上的玩具和园里的花。在道德情感方面,主要是利用图片或设计情境,让幼儿向厨房叔叔、阿姨或医生表意,或设想在有关情境中会怎么做,或对图片中遵守或违反规则的不同行为表示赞成或反对的态度。在道德行为方面,我们安排了五种情境:

(1)"厨房叔叔,阿姨关心我"的主题活动的行为测查方法是,正当幼儿热烈地进行游戏时,教师告诉大家:厨房叔叔、阿姨在搬运米袋时,撒了一些米粒在地上,小朋友愿去帮他们拾米粒吗?以此观察他们的行为表现。

(2)"医生叔叔、阿姨保护我的健康"的主题活动的行为测查方法是,在医生为幼儿打预防针时,实地观察幼儿能否有礼貌地配合医生,忍痛不哭等表现。

(3)"我爱幼儿园的玩具"的主题活动的行为测查方法是,让幼儿逐个走过一间地上抛落一些插片玩具的房间,看他们是否能主动把玩具拾起。

(4)"我的小手真能干"的主题活动的行为测查方法是,请幼儿帮助娃娃穿一件上衣,观察幼儿的实际能力。

(5)"幼儿园里美丽的花"的主题活动的行为测查方法是,请大学生作为来客,在和幼儿一起观花的过程中,问幼儿能否摘一朵花送给客人,并了解其允诺或拒绝的理由。

7. 测查所得的全部数据,由南京师大学生整理、统计,作相关系数及方差分析等。

表一　小班上学期三次主题活动的测查情况

主题活动		厨房叔叔、阿姨关心我			我爱幼儿园的玩具			我的小手真能干		
道德行为表现 / 教育模式	人数	帮助厨房拾米行为			拾起落在地上的插片			帮娃娃穿衣行为		
		立即去人数	迟一会去人数	始终未去人数	主动拾起人数	提醒后拾人数	始终未拾人数	独立完成人数	部分完成人数	不能完成人数
认知型	23	10(43%)	13(56%)	0	12(52%)	9(39%)	2(9%)	19(83%)	0	4(17%)
艺术型	26	10(38%)	9(35%)	7(27%)	13(50%)	5(19%)	8(30%)	10(38%)	0	16(15%)
综合型	29	4(13%)	15(52%)	10(34%)	13(45%)	14(48%)	2(7%)	10(34%)	1(3%)	18(62%)
对比班	23	8(34%)	6(26%)	9(39%)	4(17%)	12(52%)	7(30%)	10(43%)	7(30%)	6(26%)

表二　小班下学期两次主题活动的测查情况

主题活动		医生叔叔、阿姨保护我健康		幼儿园里美丽的花			
道德行为表现 / 教育模式	人数	打预防针时的行为		给客人摘花的行为表现			
		忍痛不哭的人数	哭的人数	拒绝摘花并陈述理由人数	拒绝摘花但说不出理由的人数	犹豫一会后摘花人数	立即摘花人数
认知型	30	25(83%)	5(17%)	20(67%)	3(10%)	5(17%)	2(6%)
艺术型	29	27(93%)	2(7%)	24(83%)	3(10%)	0	2(7%)
综合型	29	29(100%)	0	25(86%)	1(3%)	3(10%)	0
对比班	31	27(87%)	4(13%)	0	7(23%)	2(6%)	22(81%)

二、结果与分析

1. 不同模式的五个主题活动在道德认识、道德情感的得分上，有三个主题活动没发现显著性差异，只有两个有显著性差异。“厨房叔叔、阿姨关心我”这一主题活动，认知型、综合型教育模式的道德认识得分优于艺术型，有显著性差异($P<0.01$)。“幼儿园里美丽的花”这一主题活动，艺术型教育模式的道德情感得分优于综合型、认知型，有显著性差异($P<0.01$)。

三种教育模式差异比较明显的在于幼儿道德行为的测查得分上。

2. 方差分析表明(方差分析表略)，在“厨房叔叔、阿姨关心我”主题活动中，认知型教育模式的影响优于艺术型、综合型，且有极其显著的差异，也优于对比班，有显著性差异；在“医生叔叔、阿姨保护我的健康”主题活动中，综合型教育模式的影响优于认知型，有显著性差异。但和其他教育模式或对比班相比，无显著性差异。

在“我爱幼儿园的玩具”主题活动中，认知型教育模式与综合型教育模式相比，无显著性差异，但两者均优于艺术型教育模式，有极其显著的差异，也优于对比班，有显著差异；在“幼儿园里美丽的花”主题活动中，艺术型教育模式与综合型教育模式相比，无显著性差异，但优于认知型教育模式，有显著性差异，三个实验班均优于对比班，有极其显著的差异。

在“我的小手真能干”主题活动中，对比班和认知型教育模式优于艺术型和综合型教育模式，有显著和极其显著的差异。但事后，我们发现用生活自理能力来考察“小手真能干”造成了一定误差，因为，这四个班在年龄均值上有差距，年龄均值最高的是对比班，为3.77岁，其次是认知型教育模式班，再次是艺术型教育模式班，最低的是综合型教育模式班，为3.55岁，也就是说艺术型和综合型教育模式的儿童，要比对比班中每个儿童平均相差2个多月。各班年龄差距的曲线恰好和穿衣能力的曲线相一致，显示出年龄差距对手指肌肉活动灵活性这一生理条件起着相当的影响。我们计算了各班年龄和穿衣行为的相关系数，三个实验班平均为0.37，对比班为0.44。

三、几点结论

1. 三种教育模式,在小班幼儿德育启蒙过程中,各有所长,都可以作为教育的开端。在实验中,我们没有发现哪一种教育模式始终占绝对优势。总的来看,决定效果好坏的关键不在于教育模式,而在于过程的安排是否恰当。在形成对人的正确态度方面需要增加与人交往的频率,而形成对物的正确态度需要增加操作物体的体验。教育更应从幼儿的年龄特点和生活经验中的典型事件出发,有针对性地选择教育的切入点。随幼儿年龄的增长和对社会现象视野的扩大,认知和理性分析会占越来越大的比重,拟人化或艺术手段的情感感染因素仍起相当的强化作用,综合型教育模式将逐步占主导地位。

2. 在3至6岁幼儿德育启蒙过程中,道德行为习惯的培养应始终不渝地作为重点来抓。这是因为道德认识和道德情感都隐藏在人的意识之中,是内在的,其表现要借助语言和行动,考查德育的效果不能脱离行为表现。当然,道德情感不能忽视。实验研究表明,小班幼儿的道德认识和道德行为并不存在很高的相关,从五个主题活动的结果来看,道德认识与道德行为的相关系数平均为0.19,而道德情感与道德行为的相关系数平均为0.28(相关系数没有呈现出我们预期的高度,主要是由于具体情境中的客观影响因素较多,引起动机圈的斗争比较复杂)。

3. 实验班的教育效果一般优于对比班,这说明在幼儿园集中一段时间,进行连续性主题德育活动,成效较显著,可以起一定的促进、巩固、强化作用。

本文发表于《学前教育研究》1993年第5期

我国幼儿道德行为现状的调查与启示

多角度、全方位地了解幼儿生长环境与幼儿道德行为的发展，准确把握当前我国幼儿道德行为的现状，是进行幼儿道德启蒙教育研究的前提。为此，我们课题组与北京市教育局李家莹、鲁燕，河北师范大学陶岚清，辽宁教科院罗英智，四川成都幼师蔡邦琼、李世琼，西北师范大学王冬兰等同志携手合作，经过研讨，共同确定调查问卷，于1993年四五月间在北京、河北、辽宁、四川、甘肃、江苏六个地区同时进行幼儿道德行为的调查。

一、方法

在确定调查方案时，我们在华北、华东、东北、西北、西南和首都北京各取一个点，尽量做到被试幼儿在地域上有一定覆盖面。各地区所调查的学前教育机构分别为教育部门办的幼儿园、工厂幼儿园、农村幼儿园各1所。按幼儿出生年月随机抽取被试对象，每所幼儿园抽得3岁至3岁半年龄组各20人，4岁至4岁半年龄组各30人，5岁至5岁半年龄组各40人，男、女各半。

调查表格共三种：幼儿道德行为调查表、幼儿家长调查表、幼儿教师调查表。调查所获数据采用SPSS软件包进行综合统计和分析处理。

二、调查对象的基本情况

据统计，除去不合格调查表，共调查被试1 619人：其中3岁组360人，4岁组539人，5岁组720人；男819人，女800人；独生幼儿1 418人，非独生幼儿201人。

父母的文化程度：双方或一方为小学水平的 379 人，占 23.4%；双方或一方为初中水平的 496 人，占 30.6%；双方或一方为高中、中专水平的 667 人，占 41.2%；双方或一方为大专及以上水平的 77 人，占 4.8%。这表明父母的文化水平以中学为大多数，占调查总人数的 71.8%。父母的职业以工人农民为主，同时，其他职业均有体现。

总之，从被试幼儿的地区分布、年龄、性别、独生与非独生，家长的文化、职业等方面的情况来看，这次选取的对象都具有一定的代表性，调查所得数据比较能反映当前我国幼儿道德发展的一般情况和存在的问题。这次调查受到经验、技术、经费等多方面条件限制，工作中也存在缺点，但它毕竟是一个良好的开端，为今后的研究提供了一些信息依据。

三、幼儿道德行为的调查对比

（一）不同地区幼儿道德行为的比较

表一情况表明：1. 经济、文化和教育较发达的地区如北京、江苏、辽宁幼儿道德行为得分的整体水平略优于其他地区，而甘肃则略低于发达地区。但并不存在绝对的优势和固定的顺序。有些道德行为，各地区幼儿互有长短，如在勇敢、爱劳动、关心环境与他人方面，辽宁幼儿的得分优于四川幼儿，而在有礼貌、诚实、友爱方面，辽宁幼儿的得分又低于四川幼儿。甘肃幼儿在有礼貌、诚实、友爱方面的得分低于江苏、四川幼儿，但在爱劳动方面又优于江苏、四川幼儿。数据反映出，幼儿由于认知能力和活动范围的限制，其道德行为表现受宏观环境中经济文化水平的影响有限，而受微观环境中家长、教师的品德、经验、教育能力的影响则更直接、更深刻。幼儿的道德行为不仅在不同地区间存在不平衡性，在同一地区内也存在很大的不平衡性。因此，无论其宏观环境的差距有多大，只要家长、教师重视与抓紧道德教育，仍然可以发挥显著的能动作用，使幼儿在某些道德行为方面保持其特色和优越性。2. 六个地区在不同道德行为方面得分总的顺序是守纪律、爱劳动得分最高（尤其是守纪律，各地区间无差异）；有礼貌、诚实其次；友爱、关心环境及他人、勇敢得分较低。这一方面反映幼儿道德

发展的倾向。早期儿童的道德判断处于他律道德阶段，受自身之外的价值标准所左右，也就是说，容易根据权威提出的准则去作出道德判断。另一方面，数据也反映出当前教师中偏重纪律约束，忽视移情和日常行为教育的思想较严重。六个地区在守纪律方面得分均最高，在友爱、关心环境与他人、勇敢方面得分均最低，表现出这一问题的普遍性。必要的纪律教育可以增强幼儿的规则意识、责任感和集体观念，是保证教学活动正常开展的重要条件之一，必须给予应有的重视，但是，过分强调纪律制裁和权威约束则是一种潜在的危险。因为，他律道德不是真正的道德，自律道德才是道德教育的最终目标。幼儿期正是从他律道德向自律道德逐步转化、过渡的阶段，要帮助幼儿不再把规则看成是不变的绝对标准，而把规则当作保证集体生活中的共同利益的相互约定，使道德判断从“是”转变到“应当”，成为发自自己内心的主观价值标准，是内部的道德命令。

（二）不同教育机构中幼儿道德行为的对比

表二情况表明，教育部门办幼儿园除守纪律一项外，道德行为得分均优于工厂办幼儿园和农村办幼儿园，且有极其显著的差异。这些数据与幼儿教育事业发展的历史与现状是极其吻合的。教育部门幼儿园创办较早，设备较好，合格师资较多，对德育比较重视。但令人惊异的是创办时间较短、设备与师资条件不如工厂幼儿园的农村幼儿园，在守纪律、勇敢、友爱等道德行为得分上均优于工厂幼儿园，且有显著差异。在爱劳动方面略高于工厂幼儿园，在有礼貌、诚实、关心环境与他人方面略低于工厂幼儿园，但无显著差异。这反映出近年来农村幼儿园的德育工作有较大的改进，农村的传统美德如勤劳、勇敢、守纪律、友爱等方面在新生一代身上得到了保持。然而，农村幼儿园在注意待人接物的礼节、关心环境整洁与他人困难方面还有待加强。而工厂幼儿园的德育工作，在守纪律、勇敢、友爱等方面都需要进一步重视和加强。

表一　不同地区幼儿道德行为的对比

地区	人数	守纪律			爱劳动			有礼貌			诚　实			勇　敢			关心环境与他人			友　爱			总　计		
		均值	标准差	F值	均值	标准差	F值	均值	标准差	F值	均值	标准差	F值	均值	标准差	F值	均值	标准差	F值	均值	标准差	F值	均值	标准差	F值
北京	270	4.02	0.68		4.2	0.57		3.93	0.67		3.93	0.65		3.85	0.64		3.92	0.73		3.81	0.69		3.95	0.51	
江苏	269	4.03	0.69		3.95	0.75	5.95	3.85	0.77		3.88	0.75	5.67	3.67	0.67	3.15	3.76	0.74	9.17	3.67	0.77	7.75	3.84	0.55	5.33
辽宁	270	4	0.63	1.69	4.2	0.62	*	3.82	0.68	3.46	3.79	0.71	*	3.75	0.72	*	3.72	0.71	*	3.5	0.8	*	3.83	0.56	*
四川	270	3.95	0.64		4.07	0.64	*	3.85	0.69	*	3.81	0.69	*	3.68	0.73	*	3.57	0.87	*	3.68	0.72	*	3.80	0.52	*
河北	270	3.94	0.64		4.15	0.54	*	3.77	0.75	*	3.78	0.74		3.67	0.66		3.58	0.74	*	3.66	0.71	*	3.79	0.53	*
甘肃	270	3.89	0.68		4.16	0.68		3.68	0.80		3.63	0.76		3.64	0.84		3.56	0.85		3.67	0.79		3.72	0.54	

表二　不同教育机构中幼儿道德行为的对比

行为 机构	人数	守纪律			勇　敢			友　爱			爱劳动			有礼貌			诚　实			关心环境与他人			总　计		
		均值	标准差	F值	均值	标准差	F值	均值	标准差	F值	均值	标准差	F值	均值	标准差	F值	均值	标准差	F值	均值	标准差	F值	均值	标准差	F值
公办园	540	3.99	0.65	10.7	3.82	0.65	13.2	3.81	0.69	25.1	4.24	0.56	13.4	3.98	0.66	21.7	4.02	0.66	21.7	3.88	0.67	25	3.96	0.47	29.6
农村园	539	4.06	0.65	*	3.71	0.78	*	3.58	0.79	*	4.08	0.68	*	3.71	0.79	*	3.69	0.79	*	3.56	0.88	*	3.77	0.57	*
工厂园	540	3.87	0.67	*	3.60	0.75	*	3.50	0.76	*	4.05	0.67	*	3.67	0.72	*	3.71	0.72	*	3.61	0.77	*	3.73	0.55	*

(三) 不同年龄幼儿道德行为的对比

表三情况表明,不同年龄幼儿道德行为的发展有三种情况:在友爱、勇敢、爱劳动方面,三个年龄段有极其显著的差异,这些道德行为的得分与年龄成正相关,即随年龄的增长而呈上升趋势,年龄越大得分越高;在守纪律、关心环境与他人方面,有显著性差异,在中班时增幅最大,大班时略增;在有礼貌、诚实方面,由于小班就开始了认真踏实的教育,起分较高,中、大班时无大变化,诚实在大班时还略有回落,但无显著性差异。这些数据从一个侧面反映出不同的道德行为在各年龄阶段变化的轨迹,值得我们参考。

表三　不同年龄幼儿道德行为的对比

行为＼年龄	总人数	3岁组			4岁组			5岁组			F值
		人数	均值	标准差	人数	均值	标准差	人数	均值	标准差	
诚　实	1 619	360	3.79	0.72	539	3.82	0.74	720	3.80	0.71	0.24
有礼貌	1 619	360	3.74	0.71	539	3.80	0.75	720	3.88	0.72	3.5 *
守纪律	1 619	360	3.88	0.70	539	3.89	0.66	720	4.01	0.64	4.66 * *
关心环境与他人	1 619	360	3.55	0.77	539	3.67	0.81	720	3.75	0.77	7.72 * *
友　爱	1 619	360	3.48	0.79	539	3.62	0.75	720	3.71	0.73	11.59 * * *
勇　敢	1 619	360	3.58	0.74	539	3.68	0.76	720	3.80	0.65	12.13 * * *
爱劳动	1 619	360	3.88	0.72	539	4.16	0.64	720	4.22	0.57	36.01 * * *
总　计	1 619	360	3.70	0.55	539	3.82	0.56	720	3.88	0.51	13.24 * * *

(四) 不同性别幼儿道德行为对比

表四情况表明,女孩的道德行为得分一般均优于男孩,在有礼貌、守纪律、友爱、关心环境与他人方面,有极其显著的差异;在诚实、爱劳动方面,有显著性差异。其主要原因是女孩生理发育成熟的时间要比男孩早1至2年,因而在理解成人指示,接受集体规范和约束自身行为等方面

比男孩强，道德行为综合水平高于男孩。然而，在勇敢方面，女孩得分却低于男孩，且有显著性差异。根据不同道德行为的数据反映，勇敢行为已经成为我国当前幼儿道德行为中的一项薄弱环节，而女孩的勇敢行为问题更突出、更严重。这还反映出家庭和社会对不同性别幼儿的角色期望问题。封建社会的女性角色形象曾经是温柔、服从、羞怯、退缩、依赖的典型象征。在长期处于半殖民地、半封建社会的我国土地上，这种历史的心理沉积物，至今仍束缚着相当一部分人的头脑，形成了对不同性别幼儿行为的社会评价和舆论。男孩的不勇敢有时会受到成人或同伴的耻笑非议，而女孩的不勇敢，却更多地为周围的人们所宽容和接受。这也成为纠正这一行为表现的潜在的思想障碍。

表四　不同性别幼儿道德行为的对比

性别 行为	总人数	男			女			F 值
		人数	均值	标准差	人数	均值	标准差	
有礼貌	1 619	819	3.70	0.74	800	3.94	0.71	21.82***
友　爱	1 619	819	3.54	0.76	800	3.72	0.75	13.26***
守纪律	1 619	819	3.86	0.68	800	4.10	0.62	29.20***
关心环境与他人	1 619	819	3.56	0.81	800	3.81	0.74	22.62***
诚　实	1 619	819	3.74	0.72	800	3.87	0.72	6.53**
爱劳动	1 619	819	4.08	0.66	800	4.17	0.62	4.55**
勇　敢	1 619	819	3.76	0.71	800	3.66	0.71	4.49**
总　计	1 619	819	3.75	0.56	800	3.89	0.51	15.55***

（五）独生幼儿与非独生幼儿道德行为的对比

表五情况表明，计划生育这一基本国策已日益深入人心。在公办幼儿园和工厂幼儿园中非独生被试人数只占被试总数的4%和7%，在农村幼儿园中也只占26%。就道德行为而言，独生幼儿与非独生幼

儿相比，在守纪律、爱劳动、有礼貌、勇敢等方面无显著性差异。在其他方面，独生幼儿均优于非独生幼儿，诚实、关心环境与他人方面有极其显著的差异，友爱方面有显著性差异。总的来看，非独生幼儿得到父母关怀的时间、财力和精力都不如独生幼儿。在诚实方面，他们不如独生幼儿在父母面前那样有恃无恐、真诚坦率、安全感十足。在友爱、关心环境与他人方面，他们不像独生幼儿那样渴望得到同伴和教师的赞许和交往，他们有时会把同胞相处中的紧张关系迁移到友伴关系中去。有些非独生的男性幼儿，在家中常受到高于姐、妹的特殊优待，养成的独霸、放任行为，很难为同班小伙伴所接受。数据反映出对于非独生幼儿的道德教育也有其特殊性，需要给予足够的重视。

表五　独生幼儿与非独生幼儿道德行为的对比

幼儿 行为	总人数	独生幼儿			非独生幼儿			F 值
		人数	均值	标准差	人数	均值	标准差	
诚　实	1 619	1 417	3.83	0.71	201	3.58	0.78	4.64***
关心环境与他人	1 619	1 417	3.72	0.78	201	3.41	0.80	5.19***
友　爱	1 619	1 417	3.65	0.75	201	3.48	0.80	2.93**
有礼貌	1 619	1 417	3.83	0.72	201	3.71	0.79	2.27*
勇　敢	1 619	1 417	3.73	0.70	201	3.61	0.81	2.23*
守纪律	1 619	1 417	3.98	0.66	201	3.97	0.68	0.20
爱劳动	1 619	1 417	4.12	0.64	201	4.12	0.65	−0.02
总　计	1 619	1 417	3.84	0.54	201	3.70	0.56	3.43**

（六）幼儿在园与在家的道德行为表现的对比

我们从前述所调查的七个方面确定 35 种常见的行为表现，请教师和家长分别按经常做到、有时做到、很少做到三个等级给予评定。

据统计，幼儿在园表现在总体上优于在家表现，而且有 11 种行为有极其显著的差异,它们包括:按时作息,遵守生活常规;玩具用后归还原处;遵守游戏规则;吃饭不用别人喂;自己穿脱衣服鞋袜;自己能做的事尽量自己做;爱惜粮食、衣物;打针、吃药不哭;不怕黑;不插嘴,安静听别人说;不随意乱动别人物品。

还有一些行为虽然家园表现的对比无显著差异,但总的得分水平都偏低,需要加强。它们包括:觉得自己不对时说"对不起";得到别人帮助时会说"谢谢";不说粗话,不打人,不骂人;做错事能承认并改正;不争抢玩具和食物;在集体场合能响亮地说话和表演;经常注意和保持环境整洁;主动关心老人和年幼同伴。这8种道德行为,是《幼儿园教育纲要》所要求做到的,也是多数教师和家长比较重视的,是可以使多数幼儿经常做到的,然而,我们在调查中却发现,只有半数左右的幼儿能经常做到。这说明,有些教师和家长比较忽视在日常生活中的品德培养和督促检查;同时,在这些道德行为的训练方面尚缺乏系统有效的方法。这是我们今后在幼儿德育工作中需要进一步研究解决的问题。

四、几点启示

(一)改进幼儿德育要突出道德行为习惯的培养。一个人的道德面貌是以道德行为来说明,来表现的;一个民族的文明程度也是以道德行为来展示,来反映的。道德行为是道德教育的最终目标。在我们调查的35项日常道德行为中,教师评定与家长评定有相当的差距,充分反映了道德教育中的薄弱环节和有些道德行为不稳定、不巩固的原因所在。那些最基本的道德行为如正确使用"对不起"和"谢谢";不打人、不骂人;保持环境整洁,不乱涂,不抛撒果皮纸屑等,为什么无论在园或在家都只有半数左右幼儿能经常做到?还有一些行为如玩具玩后归还原处;吃饭不要别人喂,虽然在园能够经常做到,但在家中能做到的就不到半数。这说明,当前在相当数量的幼儿园和家庭中,还没有把培养良好的行为习惯放在品德教育的主要位置,存在着"重说轻行、重上课轻平时、重在园表现轻在家表现"的倾向,致使不少幼儿讲起来头头是道,行动却是另外一套。道德行为的内化,需要认识和情感的结合与中介,道德行为的巩固需要反复实践、练习和熟练掌握必要的技能，需要形成习惯性的行为动型。因此在道德教育中，应当正确把握说理教育、激发情感和行为练习三者的关系。对于3～4岁的幼儿来说，由于他们的认识能力有很大局限性，抽象思维尚处于萌芽状态，尤其应突出游戏化的训练方式，少空洞说教，多检查巩固。随着儿童年龄的增长，相应地进行生动活泼的教育活动和必要的行为规范的讲解，通过道德行为的实践，深化道德认识的理解，加强道德情感的体验，促进道德品质的形成。

（二）改进幼儿德育要着眼于21世纪对人才素质的需要。21世纪，人类将进入知识经济时代，那是一个信息传播日新月异、国际交往空前频繁的时代，节奏快、新事物多、科技竞争激烈的高速发展的时代。21世纪需要大批勇于打破常规，善于探索新道路、新方法的创造型、开拓型人才。21世纪也是价值观念多元化的时代，社会将会更加开放，无论是挑战或是合作都需要广阔的视野、广泛的兴趣以及与不同社会、不同文化、不同观点的人们相互交流、相互协调、对话共处的能力。这次调查数据反映的友爱、关心环境和他人、勇敢等行为得分较低的事实，正是和未来人才的培养目标背道而驰的。如果不树立新的人才观、价值观，不及时加以正确的引导，不仅不可能为培养新时代接班人打好基础，而且会自觉或不自觉地用旧的教育观、人才观扼杀压制许多幼儿身上一些可贵的个性品质的幼芽。

（三）改进幼儿德育要冲破陈旧的性别角色观念的束缚。近年来，一些有识之士鉴于小学、幼儿园中男教师人数不断减少，不少男孩胆小、爱哭、独立能力差、缺乏坚强意志的问题，他们为男孩教育女性化的不良倾向担忧，提出了“要从幼儿起，培养男子汉气概”的号召。然而，令人遗憾的是，他们中的有些人受“性别刻板印象”的消极影响，总认为“男孩应有阳刚之气，女孩应该温顺文静”。美国心理学家麦考比和杰克林在系统考察了有关性别差异的研究后，在《性别差异心理学》一书中指出，一些通常被人们所承认的性别差异是没有根据的。能确定的性别心理差异仅仅是：（1）女孩在言语能力方面占优；（2）男孩在数学及空间视觉能力方面占优；（3）男孩更具有攻击性。特别是，认为女孩的自信心、成就感低，好社交、依从性强，易于恐惧、羞怯和焦虑；男孩支配性强，活动水平高，解决复杂的、需摆脱定势的问题较优等推断往往证据不足或资料自相矛盾。因此，我们在幼儿道德行为调查中发现的女孩勇敢显著不如男孩的状况，是可以通过有意识、有计划的教育影响来改变的。再说，男孩的勇敢状况也并不理想。这些情况启示我们：家长和教师都要更新教育思想，冲破陈旧的性别角色观念的禁锢，树立正确的教育观、人才观。儿童不分男女，都要加强自立、自强、不怕困难、勇敢拼搏、艰苦奋斗的教育，让广大幼儿健康成长，成为江泽民总书记所勉励的"自学、自理、自护、自强、自律，做社会主义事业的合格建设者和接班人"。

（四）改进幼儿德育要加强幼儿园与家庭在道德教育方面的同步一致。3至6岁幼儿的绝大部分时间是在幼儿园和家庭中度过的，为使家庭和幼儿园都成为幼儿品德成长的优良环境，教师和家长应自觉地增强道德素养，齐心协力，密切配合，互通信息，形成合力，实现道德教育同步化。概括地说，就是要做到"三个一致"：(1) 认识一致。教师、家长应充分认识德育的意义，端正教育思想，克服"重智轻德"，明确非智力因素对儿童发展的作用，真正做到促进幼儿身心和谐的全面发展。(2) 教育的目的、内容与方法一致。幼儿园每个阶段的德育目标，幼儿独立生活能力的要求，爱祖国、爱集体、爱劳动教育的新内容要及时告知家长，使家长能抓住时机，提供帮助，积极参与活动，及时反馈教育效果与孩子动态，不断提高德育质量。(3) 榜样作用一致。教师和家长共同担负着幼儿引路人的责任，在言行上一定要严格要求自己，为幼儿树立良好的榜样，并且要互相支持、互相督促。在同步化的过程中，幼儿园居于主导地位，应发挥专业指导作用；家长应充分利用亲情优势，主动、经常地反映自己孩子在家的表现，积极配合工作。经验丰富的家长要带动其他家长，针对不同家庭的特点和德育中的薄弱环节，帮助幼儿园改进工作；组织专题讨论、交流，介绍书刊资料，不断推动工作前进。

本文系作者与刘晓东合作，发表于《学前教育研究》1995年第2期

当前幼儿教师的儿童观、德育观的调查分析

正确认识和对待儿童，树立科学的儿童观、德育观，是更新教育思想，进行教育改革，培育体、智、德、美全面发展的一代新人的前提条件。1993年4、5月间，我们"当前我国幼儿道德启蒙教育的研究"课题组，在北京、河北、辽宁、四川、甘肃、江苏六省市同时对964名幼儿教师(其中城市教师占70%，农村教师占30%)做了一次不记名的问卷调查，了解他们的儿童观、德育观。这次调查的情况和数据分析，从一个侧面反映了当前我国幼儿教师儿童观、德育观的现状和需要着重解决的几个倾向性问题。

一、当前幼儿教师是一支年轻的、朝气蓬勃的队伍，对德育的地位、作用有较正确的认识

北京、河北、辽宁、四川、甘肃、江苏六省市的调查情况表明，被调查教师中，文化水平为高中和幼儿师范毕业的人数占总数的83.7%；初中和小学毕业的分别为12.4%和0.4%；专科和大学毕业的分别为3.2%和0.2%。这就是说，多数幼儿教师都受过一定的文化、专业训练。这些教师的教龄，不超过10年的占74.1%，11至15年的占13.1%，16年以上的占12.7%，可见大多数教师是在近10年内走上幼教岗位的。他们是一支年轻的、朝气蓬勃的队伍。调查还表明，多数教师能注意到儿童体、智、德、美的全面发展。有61.6%的教师认为，面对21世纪，品德教育受到的挑战将会更加严峻；有68%的教师认为，孩子要有出息，最重要的是从小养成良好的品德；有86%的教师认为，德育不仅要有专门的德育活动，而且要贯穿在幼儿一日生活之中；有92%的教师认为，所

有正常儿童，只要能够得到正确合理的教育，都能成为有美德的人。教师普遍意识到，对幼儿进行道德教育是自己应尽的责任。

目前，尚有相当数量的幼儿教师，对幼儿德育存在这样、那样的疑虑和困惑。有65.5%的教师反映，在体、智、德、美全面发展教育中，道德教育最难把握；有39.2%的教师认为，进行道德情感教育很难，比较起来宁可多进行一些道德认识教育；有42.5%的教师认为，品德教育在有些学科中难以渗透；有25.3%的教师承认，平时备课，考虑最多的还是智育和体育，考虑较少的是德育。在德育的途径和方法方面，有62%的教师主张"评比是教育孩子最常用的方法"；有37%的教师主张要"通过游戏进行德育"；有15%的教师主张"主要应通过常规教育来进行德育"；更有13%的教师主张必须运用惩罚进行德育，认为"惩罚孩子最有效的方法是他喜欢干什么偏不让他干，他喜欢吃什么偏不给他吃"。这些情况说明幼儿教师对幼儿品德形成的规律还缺乏认识，对德育的实施还缺少办法，工作中存在不少薄弱环节，应引起我们的高度重视，并力求在今后的德育实践和理论研究中逐步加以解决。

二、在热爱儿童方面存在较大问题

通过调查，我们发现幼儿教师的儿童观比过去有所改变。有85%的教师注意到要从多个侧面来看待和评价孩子，他们摆脱了过去那种只要听话、安静就是好孩子的片面观点的束缚，不再认为听话、安静的孩子比其他孩子更可爱。但是，有76%的教师认为，"面对几十个孩子，内心的偏爱是难免的"；有31%的教师表示，"对于有些孩子我就是爱不起来，有点讨厌"。但是，在幼儿的心目中，教师是神圣的权威，是依恋的对象，是安全和满足需要的源泉。尤其在德育过程中，教师的爱是教育的手段，是打开幼儿心扉的钥匙和塑造美好心灵的一种伟大力量。爱又是双向的活动，教师与幼儿之间需要有爱的情感的沟通、交流，交流的主导方面在于教师。而偏爱则是与师德规范相违背的，它对于教育任务的实现和幼儿身心健康发展都是有害的。教师是党和政府的教育方针政策的执行者、实施者，应该对所有的教育对象一视同仁。热爱、关怀每一个孩子，是教师应尽的义务和责任。幼儿园中的每一个幼儿都强烈地需要教师的爱，都有权利得到教师的爱。实践证明，充分感受教师亲切而理智的爱的孩子，总是活泼开朗、积极向上，也容易接受教育影响；受到教师偏爱的幼儿往往会滋长骄傲、任性、自满的性格；被教师厌弃的幼儿如相貌不美丽、衣着不漂亮、缺乏自制力或生活卫生习惯、接受能力较差的孩子则会因不公正的待遇而感到委屈、怨愤、疏远，因教师的歧视、冷淡而焦虑、退缩、自卑。也有一些教师已经意识到偏爱的不对，他们认为，内心的偏爱是难免的。只要“控制自己，尽量不流露出来”。然而，著名的心理学家弗洛伊德早就告诫我们，被压抑到潜意识去的一些思想情绪，会自觉或不自觉地从一个人的目光、姿势、语言中流露出来。解决偏爱的唯一的正确途径是教师要对自己所“讨厌”的孩子更多地接近和了解，在交往中发现其优点、长处和不足之处产生的原因、过程，增进情感，加强信任，彻底改变自己的态度。我们应当牢记热爱儿童是儿童接受教育的前提，没有爱，也就谈不上教育。

三、对“尊重儿童，建立良好师生关系”的理解和执行仍有不少偏差

儿童观，是如何认识和对待儿童的观点的总和。它涉及对儿童的特点、权利、地位和儿童发展规律的认识。正确的儿童观的核心，是尊重儿童。尊重儿童主要包括四层意思：1. 尊重儿童的人格、权利和合理的需要。因为儿童是人，他们来到世上就是国家未来的公民和社会的平等的成员。2. 尊重儿童的年龄特点。3. 尊重儿童的个性。4. 尊重每个儿童身上的积极因素。儿童生活在现实社会之中，必然会受到正反两方面的影响，因而每个儿童身上既有积极因素又有消极因素。但是，儿童又是可以教育的人，幼儿期思想、情感、行为的不稳定性与可塑性，为我们发扬他们的积极因素，克服其消极因素，培养健康、良好的个性提供了极大的可能。例如有的孩子活泼好动，思维灵活，勇于探索，但兴趣不稳定，攻击行为多，坚持性差；有的孩子在艺术方面有特长，但胆小退缩，缺乏主动性；有的孩子操作能力强，但计算困难大。教师应针对每个孩子的特点，因势利导，因材施教，就能使孩子的潜能得到最佳的发展。在调查中，我们发现有些教师存在着“师道尊严”的思想，不是着眼于促进儿童的发展，而是着眼于“管住儿童”，建立个人的所谓“威信”。有23.7%

的教师认为,“孩子都是欺软怕硬的,教师态度严厉一些能更好地管住他们”;有20%的教师认为,“教师与孩子之间不能太亲近,要保持一定的距离,说话才有威信”。反映出一种轻视儿童,把儿童看作成人的附属物,不能平等地对待儿童的态度。实际上,用冷或凶的态度对待儿童必然会引起情绪的对立,即使一时掩盖了矛盾,建立了虚假的威信,也很难获得真正的教育效果。特别是,有55%的教师认为,“要对每个孩子都做个别教育工作,是不可能的,一般只能抓两头——表现较好与问题行为较多的孩子”。这里反映了两个问题:一是对个别教育的认识。许多教师把个别教育误解为不断地训诫谈话、一对一地跟踪活动,其实,个别教育的方式多种多样,时间可长可短,人数可多可少,重要的是要善于向每个孩子输送关怀和激励的信息,一个心领神会的微笑,一句赞赏、同情的语言,一次亲切安慰的拥抱,摸摸头,拍拍肩,或者让孩子参加他渴望参与的活动,给孩子表现自己才能的机会,凡此种种都是很好的个别教育。二是要有做个别教育的决心,要能随时随地地了解儿童的深层需要,倾听儿童的心声。夸美纽斯说,“只有受过一种合适的教育之后,人才能成为一个人。”人的发展是教育的结果,而教育儿童又是要以了解和尊重为前提的。缺乏了解,不可能做到有的放矢,因材施教;没有尊重,看不到儿童的内心世界和积极因素,很难发掘出儿童的潜能,个别教育也会流于形式。这样,教育上的一律化、简单化、表面化和束手无策也就是难免的了。

良好的师生关系,是正确实施幼儿德育的关键。表一对影响幼儿道德行为的诸因素的分析论证了这个观点。

表一　幼儿道德行为受诸变量的影响程度

变　量	斜　率	标准差	β系数	F　值
师生关系	0.10360	0.01215	0.20869	8.523***
亲子关系	0.06700	0.01228	0.13340	5.457***
父母文化	0.02386	6.92226 E—03	0.08229	3.447***
家庭教育费用	0.01462	6.08357 E—03	0.05745	2.403*

表一情况表明，影响幼儿道德行为最大的教育因素就是师生关系，处于有极其显著影响的诸因素的首位。师生关系是教师和幼儿在教育、教学过程中结成的互动关系，包括彼此所处的地位、作用和相互对待的态度等。幼儿一般在园时间为 8 小时左右，幼儿教师的工作是整日制的，因此幼儿园中的一切活动都是师生相互作用的过程。在这一点上，幼儿教师的行为具有特殊性，既不同于父母，也不同于中小学教师。幼儿教师不仅担负着教学的职责，而且要满足幼儿生活上、精神上的合理需求，她身兼母亲、教师、朋友三重角色，兼顾保育与教育两方面的任务。在全天的、整体的教育活动的组织策划中，幼儿教师起着主导的作用，这从一个侧面反映了师生关系的性质，然而幼儿又是学习的主体，幼儿的投入、参与、经验的获得决定着教育的成败。因此，在具体的教育教程中，主客体是不断转换的。幼儿的感受和反馈必然影响教师的行为，必须相应地变动预定的教育计划和安排。优秀的教师能主动从另一个侧面看教育，在欢乐有序的氛围中表现出对幼儿最大的尊重，发挥灵敏的教育智慧，随机接纳幼儿的创导，使每个幼儿得到最优化发展。师生关系是幼儿园隐性课程中最重要的内容，它形成的精神氛围，是一股看不见的强大的教育力量。

良好的师生关系之所以成为正确实施幼儿德育的关键，主要是由幼儿期道德发展的“他律性”特征所决定的。著名心理学家皮亚杰在《儿童的道德判断》一书中曾经指出：早期儿童的道德观念的形成是受自身以外的价值标准的支配的，其道德判断是毫不怀疑地服从权威，并受道德实在论的影响。在幼儿园中，最能反映这种他律水平的代表性语言是“老师是这样说的”，“老师叫我这样做的”，“听老师的话才是好孩子”。在现实生活中，幼儿往往认为，教师代表着成人世界的价值与期望，教师的评判是绝对的权威。教师的言行常常被不加辨别地一概接受，其作用超过家长和其他成人。正因为这样，教师的道德观和道德行为是最能启迪幼儿道德成长的一种经验。和谐的师生关系，推动幼儿更自觉地去实践教师提出的品德行为要求；而不良的师生关系不仅失去幼儿对教师的喜爱与信赖，也连锁地影响到同伴关系，使幼儿疏离同伴或在集体中受到排斥与孤立，使全部德育工作蒙上阴影，团结友爱、关心他人、热爱集体的种种教育要求都将成为一句空话。

四、家园合作还需进一步加强

数据表明，在调查前的一个学期中，有 384 名教师曾与半数以上的家长谈过幼儿的品德表现，占 964 名被调查教师的 39.8%；有 255 名教师曾与三分之一的家长谈过幼儿品德表现，占被调查教师的 26.5%；有 324 名教师曾与个别家长谈过幼儿的品德表现，占被调查教师的33.6%。从交谈家长的类型来看，有 88 名教师（占被调查教师的 9.1%）是找表现好的幼儿的家长交谈；有 394 名教师（占被调查教师的 40.9%）是找表现差的幼儿的家长谈；有 480 名教师（占被调查教师的 49.8%）是因发生了事情，找必须联系的幼儿的家长谈。由此可见，目前多数教师对家庭教育与家长工作的重要意义尚无足够的认识，对家长这支积极能动的教育力量的资源还未充分发掘，接触面不广，力度也不够，多数是出于发生问题不得不去解决。

表二　教师与家长谈幼儿品德表现的情况

交谈对象 / 教师	与半数以上家长谈幼儿表现	与 1/3 家长谈幼儿表现	与个别家长谈幼儿表现	F 值
教师人数	384	255	324	
占总数%	39.8	26.5	33.6	
其学历均值	2.93	2.90	2.86	1.62
其教龄均值	10.15	7.5	7.67	9.99***
交谈对象 / 教师	与表现好的幼儿的家长谈	与表现差的幼儿的家长谈	找发生了事情必须联系的幼儿的家长谈	F 值
教师人数	88	394	480	
占总数%	9.1	40.9	49.8	
其学历均值	2.79	2.93	2.90	1.98
其教龄均值	8.34	9.70	7.79	4.11*

调查情况还表明，教师对家长工作的重视程度，与教师学历的高低无关，而与教师教龄的长短有着密切的相关。工作时间越长、工作经验越丰富的教师，对家长工作越重视。他们是从长期实践中深刻地体验到家庭教育和家长工作对幼儿品德发展的意义和作用的。这说明，充分发挥老一辈幼儿教师在培训、提高新教师中的传、帮、带作用，是当前刻不容缓的重要问题。

本文系作者与刘晓东合作，发表于《学前教育研究》1995年第5期

幼儿道德行为的发生、发展与教育

道德行为一般是指符合社会道德规范的行为，严格地说，它是个体在一定道德意识启示下，与道德情感相默契的行为，是实施道德教育的目标和结果。由于人的道德面貌是以道德行为来表现和说明的，所以道德行为又被看作是道德认识、道德情感、道德意志的综合的外部表现形态，是检验道德教育成效的唯一的客观标准，是评价个人品德的总体特征。古希腊哲学家亚里士多德说，伦理学“这门科学的目的，不是知识而是实践”。（亚里士多德著，苗力田译：《尼各马科伦理学》，中国社会科学出版社，1990 年版，第 3 页）笛卡儿认为，为了要判明人们的真正见解是怎样的，与其听其言，不如观其行。黑格尔则以更概括更明确的语言表述了同样的思想：“人做什么事，他也就是什么样的人……人不是别的，正是他的一系列的行动。”（〔苏〕C. 阿尼亚莫夫：《现代世界伦理学》，贵州人民出版社，1981 年版，第 48 页）在我国，道德从来就被称颂为指导如何做人的学问。人的主体本质，只有通过其自主的外部行为和客观效果，才能得到彻底的表现。通过道德行为，人逐步认识和把握现实世界与自我；学会协调人与人，个人与社会之间的关系；掌握现行社会的各种道德规范。道德也满足人类自身发展的需要，在精神的内省、追求与升华中发展自我，完善自我。

一

从我们长期的观察、调查和实验研究来看，我国学前儿童的道德行为的发生、发展，大体可以分为四个阶段。

第一阶段：前道德时期或适应性社会行为发展期。出生至一岁半以前的婴幼儿可以说是尚处于零道德规范时期。一方面，他们还不可能有道德认识，也不可能有目的地做出任何道德行为。另一方面，婴儿与照料者之间已产生了相当牢固、亲密的感情联系，虽然这时他们还不能用言语作交流，但在日常生活习惯的培养中，婴儿开始接触到照料者伴有感情色彩的“行”或“不行”、“好”或“不好”、“乖”或“不乖”的行为评价。对这些言词，婴儿能产生相应的情感反应或某些不稳定的举动。这个阶段的儿童主要需要生活上有规律的照料与爱抚的满足，开始适应社会现实。然而，“第一次”的社会经验对孩子的行为发展十分重要。第一次伸出手来是握手还是打人，对孩子来说，同样容易做到，同样会留下深刻的印象。但当他已经学会打人以后，再要求他改为握手，就会比较困难。

第二阶段：萌芽性道德行为发展期。一岁半至三岁的孩子好、坏的概念正从模糊向逐步明确发展。有的孩子说“爸爸坏”、“妈妈好”，就因为爸爸今天打了他或妈妈今天买了糖。他们多数渴望得到“好孩子”的赞扬，但并不知道“好”的具体标准。二岁后的幼儿，以“好”与“坏”这两极性的道德标准引出合乎要求的某些行动，通过尝试、观察与询问，已能掌握一些具体、简单的行为规则，但道德评价仅仅着眼于自身的具体经验。我们曾询问17个二岁一个月到二岁七个月的儿童，“你是不是好孩子？”“为什么你是好孩子？”有13个儿童能用点头、指胸及回答“是”，作肯定的答复（占76%），但能说出一些理由的只有4个儿童（占23%），如“我叫老师早”，“老师说我好”，“我不到外面玩”等等，即以一项行为要求作为“好孩子”的标准；其他儿童的回答均文不对题或说不清任何理由，说不清理由的11人（占65%）。同样是这两个问题，询问22个二岁八个月至三岁的幼儿，有21个幼儿能用点头、指胸及“我是好孩子”来回答，给以肯定的答复（占95%）。其中14个幼儿（占63%）能说出理由，如“我听话”、“我坐得好”、“我自己搭积木”、“我自己吃饭”、“自己睡觉”、“我会抹椅子”、“我拾了掉在地上的玩具”、“我学习本领好”、“我不到外面玩”，同样是以一二项行为要求作为“好孩子”的标准；有2个幼儿说“老师喜欢我”、“我是男子汉”，理由含混，文不对题（占 9%）；有 6 个幼儿说不出任何理由（占 27%）。这说明这个阶段的儿童已能逐步理解一些“好”、“坏”行为的最简单的要求，并作出一些合乎成人道德要求的行为。

第三阶段：情境性道德行为发展期。三至四岁的幼儿，随着交往范围的扩大，认知和语言能力的提高，规则意识和判断能力有所发展，但是道德认识带有很大的片面性、表面性、具体性，道德评价只是成人要求的复述，带有明显的“道德实在论”的特点。这时，幼儿的道德情感很易受情境的暗示，因而道德行为往往受当时刺激所制约，带有偶发性、情境性、不稳定性，是自觉性较弱的行为。这个阶段的特点是，幼儿存在着较强的自我中心状态，他们的认识属于缺失性的、未成熟的认知，处处着眼于个体的自我基本需要是否得到了满足。他们好动好奇，又缺乏社会经验和技能，过失行为也特别多，强烈的情感冲动和喜欢模仿常使他们的言行违反规则。

第四阶段：服从性道德行为发展期。四至七岁幼儿的道德思维，开始从“只要我喜欢就可以”进入到“父母、老师说可以，才可以”或“得到集体允许才可以”的境界，并初步形成概括、稳定的规则意识，开始建立了“打人不文明，会伤害别人”，“说谎不可以，别人会不相信你”，“不经别人同意拿别人的东西就是偷”，“应当帮助小同伴”等的具体道德观念。他们已能适应幼儿园的集体生活，并初步理解别人会有和自己不同的需要与意见，对道德规范能进行一些简单的概括，“好”与“坏”的评价标准逐渐观念化、明确化、复杂化；但情绪不稳定，自我控制和自我评价的能力有限，道德行为在很大程度上受在场的权威人物和人际关系的影响。问 15 个 5 岁半至 6 岁半的孩子“你是不是好孩子?”时，有 11 个孩子能列举若干行为来说明自己是好孩子（占 73%），如“我听话”，“听爸妈和老师的话”，“我懂礼貌、守纪律”，“我勇敢”，“我不打架”，“我做事认真，表现好”，“我参加智力比赛”，“老师常常表扬我”；有 2 人说“我有时是好孩子，听话；有时不是好孩子，吃饭慢，最后一个吃完”。这是因为，个体对许多道德行为并未形成自己的是非善恶的主观判断，只能执行和接受权威的判断。他们喜欢模仿周围一些成人的样子，积极认同父母、老师的道德行为要求，以此作为行为的依据。与此同时，他们也不断积累个人的社会经验，并按自己的经验对环境作出某些积极的反应。当他们的行为符合权威的要求，得到肯定评价时，他们就得到安全感、归属感的满足和快慰；当自觉违反权威要求时，就会出现羞愧、恐惧、躲避、愿受惩罚、承认错误、补偿后果及自我批评的行为。据李伯黍等人在我国 18 个地区一些城市幼儿园的调查表明，五岁幼儿大多数处于前习俗水平的第一阶段，受“道德实在论”的束缚，他们不会考虑他人的动机意向，只考虑财物损坏等后果，80％的幼儿不能摆脱成人不公正惩罚的影响，对不公正惩罚也持肯定态度；只有 20％左右的幼儿能考虑他人的动机意向及对成人的不公正惩罚提出否定的评价。总的来看，学前儿童不能摆脱服从性道德行为发展期的特点，学龄儿童才能达到习俗水平的第三、四阶段（李伯黍主编：《品德心理研究》，华东化工学院出版社，1992 年版，第 212 页）。

幼儿习得道德行为的途径，归纳起来，主要有：服从约束和规则内化；模仿、认同和观察学习；社会交往过程中的信息反馈和自我调节等三个方面。

（一）服从约束和规则内化

社会要求培养什么样品质的人、成人对儿童理想形象的期望，有些是通过对幼儿制定的一整套行为准则表现出来的。但是，不是任何规则都具有道德价值。一种规则，只有当它是建立在集体（或社会）利益的基础之上，并维护个体与其他人的良好关系时，才具有道德价值。一种行为，只有当它有益或有害于他人、集体和社会时，才具有道德特征，才能给予道德的评价。婴幼儿最初学习的行为常常没有鲜明的社会道德价值，只是由于权威人物提出了规则性方面的行为要求，就加上了道德义务感的色彩，起着约束儿童行动的作用，从而产生了最初的规则意识和道德思维萌芽。

瑞士著名心理学家皮亚杰在《儿童的道德判断》一书中提到：“从婴儿最小的年龄起，一切事物都要在规则性方面影响该婴儿。某些自然现象（如日夜的轮换，散步时的相同景物等）十分准确地重新出现，使他们意识到有一种'法则',或者,至少有利于预见某些运动图式的出现。此外,父母要求婴儿执行若干义务,这是取得进一步规则性的根源(如按时进餐、准时睡眠、保持清洁等等),它们和外界的规则性是完全联系在一起的(而且在儿童看来,是不可分开的)。从婴儿最早的时刻起,他就沐浴在一种规则的气氛之中,因此要辨别婴儿所尊重的惯例来自何处以及社会环境对儿童的约束或事物的压力究竟产生了什么结果,这个任务是极其困难的。"(让·皮亚杰著,傅统先、陆有铨译:《儿童的道德判断》,山东教育出版社,1984 年版第 51 页)随后,由于环境的影响和语言的交流,二岁左右的幼儿已经被动地接受了许多渗透在各个不同方面的规则,如不能动爸爸的书桌,不能玩玻璃杯、剪刀,不能碰火炉、热水瓶,不能离开父母独自走出大门等等。他开始懂得有些事情是可以做的,有些事情是禁止做的。但是最初的规则依从,只是单方面的尊重和制约,当规则还没有和自我中心发生冲突时,它常常是处于主体的良知之外的外在力量,并没有真正转变成为主体的意识或行为的一个组成部分。这就是为什么有些儿童一方面视规则为神圣不可改变的东西;另一方面,却根本不理解真正实行它们的道理,并有时违反规则。这说明表面上的服从规则并不是真正的道德行为。但规则逐渐内化,就会含有道德义务感的成分。皮亚杰曾列举他女儿雅克琳(二岁十个月)对饮食规则的反应来说明当三岁前幼儿的行为违反生活常规时,她也会感到自责和羞愧。这种表现就是以一定的规则意识为先决条件的。雅克琳对饮食规则的反应,可以说是一种最初的规则内化的表现。

在幼儿期,由于儿童智力发展正处于具体形象思维阶段,成人向幼儿传递的道德信息,常常不是抽象概括的观念或原则,而是便于理解、记忆、执行和检查的无数规则。诚实被分解为"不要说谎"、"拾物交公"、"不拿别人的东西"、"老老实实地对人对事"等等规则。这样,就使价值观念慢慢地积累与形成体系。在集体中,日常生活的规则也是非常多的。据统计,在有些幼儿园对小班幼儿的常规就有 40 条左右。但幼儿的道德行为不仅包括表现出来的外部行为,还包括被称为

“内心经历”的内部行为，一般人们所重视的仅仅是外部行为，因为它很容易表现出来，能引人注意。然而在复杂的内化过程中，内部行为也同等重要，而且内部行为包括行为动机、目标、情感和思想冲突等，更具有道德价值，严格地说，儿童的行为时常都在表现某些道德规则。

规则内化，实质上是一种把行为要求（或规则）纳入主体的认知结构体系中去的过程，它使外部的信息经过同化和顺应，为主体占优势的价值观念所接纳和重新组合，从而使主体的认知结构得到了丰富和扩展。一般来说，内化的“三部曲”是：

1. 儿童顺从成人提出的行为要求。个体被动地接受社会规范的信息和教育者的指令，一方面从尊敬和惧怕社会化执行者的威严、权力和避免惩罚出发，另一方面，从依恋的需要和唯恐失去保护出发，都使幼儿依附这些成人所代表或要求的道德价值和规则，接受与服从规则，这时的道德认识、道德情感较弱，主体自觉性较低。儿童在行为上似乎接受了规则，但对他的内心的自我中心状态，并不具有绝对的约束力。

2. 逐步同化与顺应行为要求。幼儿往往是在执行规则的过程中逐渐地理解规则的意义、作用及执行该项规则的重要性，并认真记住了成人的要求。儿童的道德认识和外部道德主体的要求之间的矛盾是道德发展的动力，从不平衡到平衡，是道德结构得到发展的历程。据调查，幼儿往往对有些规则容易达到内化：(1) 规则的表达清楚、明确，效果鲜明，要求合理，易于执行。因为幼儿是不可能同时记住一长串复杂的规则及其理由的。(2) 力所能及。遵守规则所需的心理品质、操作行为和儿童现阶段身心发展水平之间差距较小，不需付出较大的意志努力。(3) 强化与练习的机会多。在日常活动中，规则有重复出现的机会，且成人比较重视，经常加以提醒与表扬、批评。(4) 违背规则的直接后果较明显或留下过深刻印象。幼儿的道德判断属于道德实在论，直接的物质后果是判断好坏的标准。如打翻食品或损坏了玩具，幼儿容易产生负疚感。(5) 执行过程中，成人要求坚决，不轻易动摇，不随便改变，各方面要求比较一致。

3. 把外在的要求转化为自觉的要求。幼儿从内心深处程度不同地开始体验到违反规则与执行规则的不同结果，愿意采纳成人的思想和要求，出现情感上的认同，主动转变和控制与要求对抗或不一致的思想、情感和行为，有时，甚至运用这些行为准则去评价他人行为的正误，新观点开始纳入儿童的价值体系之中。年龄较大的儿童还能把这些行为准则融化为自己的思想品质，在实践中产生愉快与满足的体验，形成趋同的新态度。当情境所迫，或多种诱因发生冲突，难以决定或不能执行时，会感到不安和羞愧、内疚，或通过不同行为后果的比较，反省自己的错误行为，抵制诱惑，坚持执行。具体地说，促进内化作用的重要条件是：(1) 提出的行为要求数量适当，注意程序性，由易到难，由简到繁，逐步深化。(2) 经常提醒与练习，在成功地贯彻规则时，及时观察效果，指出执行规则的意义与重要性，使儿童理解与体验行为实施后的自豪与满足感。(3) 提供执行规则的条件，精心设计动作步骤与方法，减少干扰因素，使困难适度。(4) 对新提出的行为规则，尤应及时作出反馈。执行得好，要给予肯定、表扬，使儿童感受满足与愉快；违反规则，轻则说理强化，使幼儿注意到正确执行与不执行可能产生的不同后果；重则及时批评、制止，甚至惩处，使儿童感受不悦与震撼。(5) 对已巩固的行为规则，仍需不定期的检查，组织儿童议论、评价，使不致遗忘或放松。

(二) 模仿、认同和观察学习

对于幼儿，除了运用规则约束，直接传递道德知识和行为要求，辅以奖惩的外在力量，培养道德行为外，更重要的是运用模仿、认同与观察学习的途径，即有意的示范作用所产生的潜移默化的效果。模仿、认同和观察学习，要求在儿童身边的成人以至整个成人社会以身作则，言行一致，直接做出榜样，使儿童在有意无意中耳濡目染地直接掌握正确的行为方式，或通过电视、广播、书报杂志、成人讲述的文学作品，熟悉所能理解的英雄人物的生平轶事，间接地作为儿童学习的典范。

模仿、认同与观察学习，在心理学领域，是三个不同的概念术语。

模仿学习，是指类似行为简单的再演，包括语言、动作及表情。这是人类学习的一种重要方法，婴幼儿的行为大都是模仿而来的，因为幼小的孩子既没有分辨与选择能力，又最易受当时当地情境刺激的影响，它与认同不一样。认同，是精神分析学派的一种理论观点。他们认为，为了解决"恋父（母）情结"的困扰，四五岁的儿童进入了与同性别的父母认同的历程。幼儿基于对父母的感情依恋和生活依赖，视父母为全能之人，往往把父母整体的人格特点、行为方式和道德标准，都吸取为自身的行为依据。"爸爸（或妈妈）是这样做的，我也应该这样做。"虽然他们并不懂得父母这样做的理由，但是通过认同历程，会自发地采取相似的行为，并感受到与成人性别角色保持一致给自己带来的满足与精神升华。随着社会交往范围的扩大，儿童还会认同师长或社会上其他权威人物。

观察学习则是更加复杂的学习社会行为的途径。美国心理学家班图拉认为，人们对于纷繁多样的社会行为可以通过对楷模（或榜样）的行为及其行为后果的观察而获得。这样，可以节省大量不必要的尝试错误的代价。学习者从楷模的表现中获得示范行为的符号信息，并将其用表象形式或语义符号形式构成编码储存于记忆中，以此作为未来行为的指导。在一定的积极诱因的影响下，幼儿又会把观察到的行为表现出来。人们并不表现他们所学到的所有的东西，只有在可能获得有价值的结果时才会增强表现这种行为的倾向。否则，学习所得仍处在压抑状态下。班图拉把行为主义的强化理论和信息加工理论有机地结合，既强调了行为的操作因素，又重视获得过程的主体内部活动。班图拉认为，观察学习不仅能获得行为方式，还可唤醒情绪，发挥自我调节作用。他指出，"如果行为仅仅由外部的报酬或惩罚所决定，人就会像风向标一样，不断地改变方向，以适应作用于他们的各种短暂的影响……事实上……当面临各种相互冲突的影响时，人们表现出强有力的自我导向，……由于人们具有自我指导的能力，使得人们可通过自为的结果，对自己的思想、感情和行为施加某种影响"。（〔美〕班图拉著，陈欣银、李伯黍译：《社会学习理论》，辽宁人民出版社，

1989 年版)他把环境影响、观察者的认知心理因素和观察所得的操作行为构成三维结构的因果链模式称为“交互决定论”。

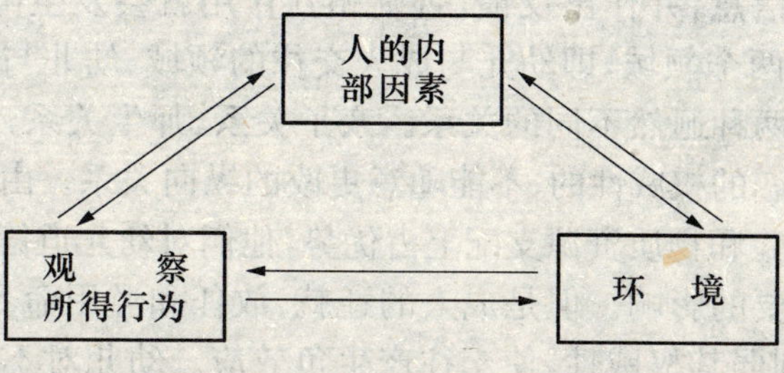

1965 年,他根据“社会学习”理论对儿童的攻击性行为进行了实验研究。实验证明,观察学习对行为、情绪、认知判断都有影响,但观察所获得的与实际表现的可以不同。幼儿所看到的榜样的行为后果是影响儿童行为表现的重要因素之一。表现与否还涉及到:(1) 观察者本身的特征(性别、气质、教育基础、独立性、自我调节水平等);(2) 榜样的条件(地位、威望、熟悉程度、与儿童的感情联系等);(3) 示范活动的特点及其实用价值。

观察学习理论给我们的启示:榜样是培养道德行为的重要手段之一。教师要精心设计和提供可吸取精神营养的事例,经常从周围环境中,从现实生活中选择有教育价值和说服力的榜样,引导幼儿观察,使他们所代表的道德观念、道德价值和行动方式能为幼儿所理解与接受;同时,适当地议论、批评、分析可能见到的负面榜样及行为后果;并及时注意家长、教师、同伴和电视中的人物形象对幼儿行为的影响。教师头脑中应当储存一批可提供“良好行为”的范例,学会合理地组织幼儿系统化、多样化的观察学习。

(三) 社会交往过程中的信息反馈和自我调节

社会交往是指两个或两个以上的人,为了交流有关认识性或情绪性的信息而相互作用的过程。交往是以人为对象的活动,信息交流,属于认识方面的如知识、技能、经验等,属于情绪方面的如愿望、需要、态度等。交往是一种连续的双向的反馈系统,每个交往者既是主体,又是客体。他们通过语言及非语言符号(目光、表情、姿势、体态、动作、声调等),不仅向对方发出询问、声明、求助或指令等信息,也接受对方给予的信息,并作出反馈,否则相互作用就会发生障碍或中断。社会交往有两个领域,即幼儿与成人交往的领域、幼儿与友伴交往的领域。这是两种迥然不同的关系。亲子关系、师生关系,是一种带有强烈情感依恋的权威性的、不能随意更改的纵向关系。由于成人在智慧、体能、经验和物质资源支配上占优势,他们对幼儿道德行为的发展有着极为重要的影响。但是成人的迁就、放任和滥用命令、暴力的交往方式,会削弱其权威性,使交往产生负效应。幼儿对不同的成人会机敏而恰当地采取不同的反应,形成各种微妙的人际互动关系。友伴关系是一种平等、独立、自愿结合、互惠互助的横向关系。两岁左右幼儿的友伴关系,大多为一对一的交往。他们常以物为中心,不分性别和爱好,互相注视、微笑、触摸或偶尔彼此靠近一下就满足了。他们头脑中尚未出现“朋友”的概念。三四岁的幼儿,友伴人数增加,关系稍微稳定。他们较喜欢和同性别、同兴趣及平时接触机会较多的玩伴在一起。大部分时间二三成群,以平行或联合游戏为主,有时也合作游戏。他们的友谊肤浅、广泛而短暂。“我知道他的名字,他也知道我的名字,所以我们是朋友。”“他喜欢我,不打我,带我玩就是我的朋友。”五至七岁的幼儿开始出现了“我们的”这一队和“他们的”那一队之分。他们的交往关系更趋复杂,有的习惯于当领导,有的老是当跟从者,还有的喜欢单独游荡。他们有时分工合作,有时热烈争吵,如争当角色、开展体育竞赛或棋牌类活动等。他们已能初步区别朋友和好朋友。“我们班上都是朋友,只有××是我的好朋友。”“好朋友不会抢我的东西,不会反对我,不会和我吵架。”“我对她好,她对我好,我们常常在一起玩插粒游戏,我们是好朋友。”但友伴集体还不很固定,也不正式,容易变换与冲突,这就使儿童获得了适应不同情境、担任不同角色的经验,也是现实社会生活的写照。

友伴交往可以带给幼儿同成人交往所无法替代的欢乐、满足的体验,即使友伴关系发生冲突、争吵,遇到暂时挫折,也可使幼儿尝试拒绝、反抗、应变等新的社会经验，例如幼儿之间经常会发生让谁“进来”、让谁“出去”的争执。在小集体中，维持各种暂时性的排斥与接纳的界限，这会成为锻炼幼儿社交技能的契机，也培养了幼儿的归属感和认同感。有的儿童虽然抱着强烈的要求别人接纳的殷切希望，却只会在小组游戏旁徘徊，有的儿童能迅速顺应游戏领导者的愿望和要求，善于提出有吸引力的主张，他就优先得到参与权。在交往过程中，幼儿一方面充分表现自己的能力与性格特征，另一方面，同伴的言行是幼儿重要的参照系数，认真观察别人的行动和听取别人的意见能帮助幼儿更好地认识别人和认识自己，形成自我观念、自我评价和学会根据别人的反馈和规则的要求不断调整、控制自我，学会克服自我中心，接受别人的建议，完成共同的任务。一个蛮横叫喊的“老师”扮演者，常常会遭到小同伴的非难：“你干什么这样凶?”“你像个老师吗?老师哪有像你这样说话的?”或“我不跟你玩了，你不讲理”。这就迫使他不得不收敛一些，逐渐学会低声和人商量。在交往过程中，儿童的任何行为都会引起伙伴的反馈。积极的赞许、肯定与评价会强化该行为；消极的批评、抵制与反对会减弱该行为。伙伴的期望会变成新的行为需要，对行为起推动和调节作用。

同伴交往的作用是很大的。概括起来，主要有：(1) 促进幼儿认知的发展和扩展幼儿的视野，激励幼儿积极认识自己以外的客观物质世界，从认知冲突中学习别人的知识、经验。(2) 发展幼儿的亲社会行为和各种社会交往技能。交往提供了学习性别角色和社会角色的极有利的条件，能使幼儿掌握移情、协商、分享、互助、合作和谦让等交往的方法。(3) 增强幼儿的社会适应性，使幼儿在不同的社会环境中，通过接触各种成人或不同性格的同伴，迎接不同的挑战难题，思考与选择不同的解决矛盾的策略。(4) 形成儿童正确的自我意识。通过交往，使幼儿接受周围的友伴对自己的态度、评价与要求，以这面镜子作为自我形象、自我认识、自我评价的参照点，从同伴的眼光、语言、表情中更好地认识自己，并根据这些评价，作出反馈，不断调节自身行为。(5) 促进幼儿的情感与意志品质的发展。对人的尊重是一切道德行为的基础，友伴交往直接影响幼儿道德成熟的程度与速度。良好的友伴关系能使幼儿热情、活泼、开朗、自信。同伴关系中适度的挫折与困难又能够锻炼幼儿的意志力，使幼儿认识到要保持正常的交往需要一定的自我克制或牺牲。但是，不会交往、缺乏友伴或同伴关系不良则会严重影响儿童个性的正常发展甚至造成少年期的社会适应不良、心理发展滞后等一系列情绪、情感和行为问题。

在我国，由于独生子女家庭中缺乏兄弟姐妹之间的自然的同伴交往，幼儿园应当特别注意和鼓励幼儿积极的友伴交往，使广大独生幼儿的社会认知得到丰富，情感得到感染，社会技能得到提高，促进良好的个性发展。

二

与道德行为的习得相比较，道德行为的实现则更为重要。它需要有一定的条件，需要有一个把内在的认识加以外化的过程，道德行为的实现，是道德教育的关键性、终极性目标。

（一）幼儿道德行为实现的主客观条件

1. 主观条件。个体应处于正常和比较觉醒的状态。从生理状态来说，应当达到一般的健康水平；从心理状态来说，应没有过度的焦虑与紧张、兴奋，没有严重的感知障碍，使幼儿有余力注意及敏感到周围环境的变化与需要。同时，个体的气质、能力和性格都在相当程度上影响着道德行为的实现。

2. 客观条件。环境中应具有足以激发积极道德行为的契机，如有权威的成人对道德行为的一贯的积极态度，经常的榜样示范，和谐的人际关系，明确的行为要求和给予幼儿选择行为的自主权。物质设备的充裕、教室和活动场地整洁有序，也是倡导良好行为的有利条件。反之，人际关系紧张，规则不明，设备材料的极端贫乏，空间拥挤，物品无固定放置地点，行动经常受限制与束缚，严重的相互敌对心理，则是导致不良行为的契机。

（二）幼儿道德行为实现的过程

1. 对道德情境的认知和理解。个体对于当时发生的事情应具有一定的感知推理能力(感知当前环境中物品和人员状态的变化)和敏感性(敏感到别人当时当地的思想、感情、迫切需要和自己的行动对别人可能产生的影响)。美国心理学家莱士特从分析道德行为的内部过程和外观行为的联系中证实:对情境有清晰了解的被试比对情境意义含混不清的被试,其助人行为要多。因此,移情(对别人在某一情境中情绪体验的理解与分享)在品德培养中是一个重要的因素。接受过移情训练的五岁左右的幼儿能较快地推断出别人的情感、需要和意愿,能设想自己的行为将如何影响别人。同时,别的儿童的明显的痛苦表情,求助的语言、姿态,也会促使助人行为的增加。

2. 道德行为动机的激发。个体的意向心理(兴趣、需要、情感、信念)是推动实践的动力系统。道德行为的内部动机来自儿童的需要,如维持与保护生命的生理需要,好奇好动的探究需要,得到爱抚、赞许的安全需要,满足社会交往的归属需要,获得自尊和成功的自我实现的需要等。道德行为的外部动机往往来自幼儿发现模仿榜样,可能得到权威人物重视与集体称赞的条件,认同社会文化等。动机对道德行为具有唤起、定向、选择、强化、调节的功能,它可以唤起道德行为或不道德行为,推动行为使之具有一定的目的性,强化其主观意识及情感色彩,维持活动以达到目标。多项动机同时发生时,就会开展动机间的斗争,主导的动机诱导主体只关注有关的刺激或诱因,而忽略、抗拒其他的刺激或诱因,如幼儿在值日生活动中会转移注意去摆弄新玩具,但经过动机斗争,还是会去继续完成清洁、整理玩具架的劳动。由于有了主导动机,主体对刺激的反应才能更好地组织与强化,遇到挫折与困难,也能合理调节,改变行为方式,使道德行为能够顺利进行,努力达到预期的目的。要增强幼儿的道德动机,提高其行为的目的性,必须从单纯满足个体的暂时兴趣或生理需要的低级动机引向有社会意义的高级动机,如引发关心与改善社会关系,得到集体荣誉,向文学作品中的道德榜样学习的高级动机,从单一的服从权威动机引向自觉选择利他行为的动机。

3. 道德行为方式的选择和决策。在一定的道德情境中确定怎样做,做什么,这一过程涉及道德认识和道德判断。认知发展理论认为,道德发展就是对社会规则的性质、目的、功能的理解和实施,每个发展阶段都有其可以采取道德行为的假设的“框架”,赖以寻找行为途径。社会常模理论认为,一个人在一定的道德情境中会做些什么,是由文化常模决定的,如社会责任感、公道、平等、互利等。对于幼儿来说,他们所经历的社会经验有限,已形成的规则意识、道德表象和行为“常模”的框架也不够稳定。但四五岁的幼儿已能预计一些可能出现的行为后果,他必须从几种行为方案中选择最符合主导动机且力所能及的一种行动计划。主体甚至会出现宁可牺牲暂时的利益或忍受一些损失也要选择道德行为的情况,如谦让食物、分享玩具,让幼小的同伴享受优先权等。能激发主体去选择道德行为的原因有:(1) 良心即自尊心与内疚感;(2) 对可能导致成人的批评、赞许、赏罚的行为的记忆;(3) 对维护合作、友谊、亲情等已有的人际关系的理解;(4) 移情或同情心;(5) 敬畏和遵从,如对秩序、法令和道德规则的遵守;(6) 集体生活的愉快经验和集体荣誉感、责任感的约束。

4. 道德行为的实践和巩固。实行道德行为需要道德意志的锻炼与掌握一定的社会技能,即在实行过程中要克服挫折、抗拒诱惑、解决障碍和意外的困难,要有坚持到底的毅力和能力,故自信心较强、自我意识明确的儿童较少欺骗、怯懦的行为;反之,自我力量弱的儿童虽然选择了道德行为,也不能坚决、彻底地实行,容易半途而废,遇难即止。道德行为有不同的层次,有的儿童道德认识比较模糊,行为是不稳定、不经常、有条件的;有的儿童实践道德行为则是主动的,有明确的道德认识指导的、无条件的、时常发生的;有的道德行为经常、自觉、熟练,已经形成了道德情操与行为习惯。习惯的形成是一系列的行为模仿、强化,无数次有意识的练习、重复以及与坏习惯作长期斗争的结果。良好的道德行为习惯能使人发自内心地按社会规范去做,有强烈的情绪色彩,当一旦违反道德行为习惯时,往往表现出感到外部压力的羞愧感或受到自我惩罚的内疚感。在良好的道德环境影响下,道德认识、道德情感与道德行为协调发展，会减轻动机斗争与意志努力，并使单个的、分散的道德行为逐渐系统化、连贯化，成为自我建构的道德结构体系中的组成部分，即遇到相应情境，不需提醒与外力督促，就会不假思索地去实行。这是道德行为发展的质变的标志。

道德行为实现过程的四个环节，彼此存在一定的内在逻辑联系，但并不是固定不变、刻板地依次转化的，而是互相关联、互相影响的。有时，由于一个环节的反馈回路作用会引起总体过程的某些变化，因此，外界对幼儿道德行为的适时反馈，加强幼儿对自己行为后果的愉快或痛苦体验，学会从别人的态度与评价中思考、反省自己的行为，学会按社会期望塑造自己，是非常重要的。要重视提高幼儿自我意识的水平和自我控制、调节的能力，使外部道德要求与幼儿意向经常保持一致；在时空上还要重视可能受到的当时当地宏观社会环境的制约和时代风尚的影响，以有利于道德行为实现过程的顺利进行。同时，我们还要注意防止一些可能影响幼儿道德行为实现和巩固的干扰因素。例如：(1) 儿童对道德情境不能理解。当周围环境中刺激过多时，儿童不能注意所发生的某些事情，有些年龄较小的幼儿受认知水平的局限，不能敏感到别人需要帮助的线索，要加以提示与帮助理解。(2) 父母与教师消极语言过多，惩罚多，制止多，儿童只知道不能做什么，不知道该怎么做，头脑中缺乏可供选择的行为方案。(3) 父母与教师双方要求不一致，甚至互相抵触、矛盾，儿童不能形成适当的道德行为“框架”和“道德表象”，变得无所适从。(4) 权威人物平时没有明确的行为要求，与儿童缺乏和谐信赖的关系，儿童怀疑与不信服权威人物，难以唤起与强化道德行为动机。(5) 儿童很少有自我决策与自我选择的机会，压抑了动机，也不敢自定目标。只是等待成人布置，拨一拨，动一动。(6) 不良行为反受奖赏、表扬，淘气行为才引人注意，儿童动机混乱，行为定向反常。(7) 儿童缺乏分析道德问题的能力，不能区别不同行为的道德价值，在寻求行为方式时，发生困难，如为帮助同伴就向成人说谎隐瞒，为分享玩具就去拆坏玩具等。(8) 缺乏协商、分工等社会技能，不能完成道德行为。(9) 权威人物使用物质奖励过多，诱使儿童只考虑自己的物质得失而不理解行为的社会价值。(10) 忽视自信心、自制力的培养，儿童内部调节能力太弱，容易凭情绪冲动行事，受情绪暗示而干扰道德行为的实现。

研究道德行为的发生、发展，有助于广大幼教工作者重视自身的道德修养，提高教育技能，更好地把握道德行为的发展机制，引导幼儿品德心理的自我建构，注意道德行为的练习和强化，放手让幼儿在观察、讨论、交往、合作等各种动态的社会环境中学会辨别是非、自我决策和选择道德行为。

三

幼儿道德行为的教育培养要在幼儿德育目标的指导下，其内容和形式可以有许多变化，同时，由于社会环境的地区与文化差异，以及教育对象的年龄、健康、智能、原有道德水平等条件的制约，教育活动有着极大的复杂性、动态性、丰富性、灵活性，根本不可能做到把它们全部组合排列出来。在这里，只能就培养道德行为的四个侧面提供一些主要的教育方法。幼儿教师从幼儿德育的目标任务出发，可以因地制宜地随机创造，教育活动的方式方法将是无止境的。

(一) 增强认知深度以导致道德行为的教育方法

幼儿只有在具备了一定的道德知识、经验，掌握了社会行为规范、待人接物的要求、集体生活中的基本规则以后，才能明是非、树良知、做判断。道德认识是培养道德品质的基础，而明确的道德判断是实现道德行为的先决条件。一个人如果分不清是非善恶，也就不可能引起动机冲突和决策过程，就会在懵懂无知的情况下作出违反道德的行为。但是知与行之间并非是绝对的一一对应关系，知行之间只有 0.4 左右的相关系数。这说明单单传授道德认识是不够的，道德行为贵在实践。

1. 说理明义法

为了让幼儿掌握一定的行为规则或价值观念，可以运用优美生动的故事、诗歌、木偶戏、录像片等形式教幼儿认识什么是值得赞扬的道德行为，如爱国、助人、尊老、友爱、诚实、勇敢、不屈不挠地克服困难等，也可以将需要遵守的规则演示给幼儿看，指出意义和做法，比较这样做与不这样做所产生的不同后果，如有礼貌、爱整洁、守纪律、爱惜玩具等。总之，说理明义法需要在幼儿心里建立起一种真诚认同角色形象所代表的道德观念，使之深刻印入儿童的记忆储存。故事《牧羊的孩子》和《手捧空花盆的孩子》、儿歌《让座》和《漏米粒的下巴》均具有强大的道德说服力，已经为长期的实践所证明。

2. 经验联想法

在帮助幼儿树立初步的是非观时，联系个人的经验与情感是十分重要的。要防止两种倾向：(1) 超越幼儿的理解能力。幼儿虽然听见了，但是不懂、不信。(2) 脱离幼儿的生活经验与情感体验。幼儿听到后只知道些皮毛，感受不深，仍不能产生正确行动的热切愿望。这就需要结合观察引起联想，集中幼儿的注意，启发幼儿回忆有关的生活经验或复诵有关的文学作品，激发幼儿再造相应的表象与情境，以加深认识。例如，培养幼儿不挑饭菜、不剩饭菜的良好饮食习惯，说明炊事员烧菜需付出辛苦的劳动时，让幼儿观察成人洗菜、切菜、炒菜和淘米煮饭的过程，一个老师只准幼儿安静旁观，不动口，不动手，幼儿们只觉得厨师切切弄弄很好玩，触动不深，教育效果就不好。另一个老师则要求幼儿不仅看到劳动的过程，还看炊事员脸上的汗，摸摸冰冷的淘米水，抬抬沉重的菜筐，量量硕大的菜锅，举举长长的菜铲，让幼儿反复体验到干活的辛苦费力，理解炊事员叔叔为自己饭菜吃得可口而辛勤忙碌，自己应当好好进餐的道理，教育效果就比较显著。

3. 价值澄清法

价值澄清法强调的不仅是获得正确的价值观念，而且要培养儿童判断价值的思考过程。不少人缺乏适当的价值观念，容易在价值观念上有混淆现象，或是盲目顺从与盲目的反抗。传统的教育方法对此缺少有效措施。价值澄清法对受价值观念困扰的儿童特别有效，价值澄清法是一连串的活动历程。美国路易斯·瑞斯教授指出，任何一种观念、态度、兴趣或信念要真正变为一个人的价值观，必须经历七个步骤，缺一不可。即：(1) 鼓励儿童自己去选择；(2) 帮助儿童发现可供选择的不同途径;(3)给予仔细思考、衡量、比较各种途径的后果的时间,以便再作选择;(4)重视和珍惜儿童所作的选择;(5)让儿童公开表示自己的选择,维护自己的价值观念;(6)鼓励儿童根据选择采取行动,明确作为日常生活的准则,要百折不挠地去实践;(7)帮助儿童反复实施所选择的有价值的行为,达到真正的道德实践。价值澄清法贯彻了知行合一的原则,除了个别交谈的澄清反应以外,还可以采取以下方法:一是价值表决法。由教师提出一个集体关心的问题,让幼儿作出判断并说明理由,如小朋友挑食好不好?别人想玩自己手中的玩具时,该不该让别人玩?说假话骗人好不好?打人好不好?对别人不礼貌好不好?小朋友烫发好不好?让全体幼儿一起来讨论表决,每次表决一二个问题,项目应少,以免记忆困难,引起混淆。二是价值排队法。幼儿仅作口头排队、图片排队,如最喜欢干什么,最不喜欢干什么等。五六岁以上还可以进行一些抽象的价值观念的比较排队,如:朋友、金钱、食物,你最喜欢哪一种?朋友之间应当诚实、友爱、分享,但最重要的是什么?你想和什么样的人交朋友——漂亮的、勇敢的、对人友好的?人们都不喜欢孤独、生病、没有玩具,哪一样你最不喜欢?这些都是日常生活中常常遇到的必须作出选择的情境,让幼儿对之思考、衡量、比较,分出优先次序,表达自己的看法,可进一步理解各种事物的价值。三是公开提问法。由老师提问,志愿者回答问题。如你喜欢帮爸爸、妈妈做事吗?你希望快快长大去上小学吗?你愿意把自己的玩具带来幼儿园给别人玩吗?你喜欢一个人玩还是几个人一起玩?你想买一样新玩具,而爸爸妈妈说没钱买,你会怎么样?让儿童当众回答问题并解释理由,事后还可不断回忆与思考。四是生活馅饼法。老师让每个幼儿画一个大圆圈(馅饼),表示一天 24 小时,然后把饼分割开,表示各项活动所占时间的多少,如睡眠、玩耍、学习、看电视、吃饭、干家务、独自玩、与父母谈天等。老师在幼儿画完后问:“你对自己现在的时间安排满意吗?应该怎样才能安排得更好些?”再让幼儿画一个理想的生活馅饼,再来分馅饼。进一步明确每日生活中最重要的活动的价值。五是魔术箱法。老师可以告诉幼儿,魔术箱是一个可大、可小、可变化的箱子，它装着许多人想要的各种东西，并向他们提出一些问题，如你想从箱中拿出什么来送给爸爸，送给好朋友，送给灾区的小朋友？你自己最想要的东西是什么，最不想要的东西是什么？你认为世界上最好的东西是什么，最不好的东西是什么？从而帮助幼儿回顾和思考他所喜爱与痛恨的东西，有利于进一步形成正确的价值观。六是展示自我法。老师让幼儿自由发言讲关于自己的事情给大家听，每次围绕一个题目进行，如我是谁？我对自己感到骄傲的是什么？我最有意义的经历是什么？我最喜欢什么样的人？我最害怕做什么事？我的好朋友是谁？有一天我将成为怎么样的人？假如我是老师，我会怎么做？假如我是父(母)亲，我会怎么做？假如我能改变世界，我将怎么做？这样，可以使幼儿系统地审视自己、检查自己和发现自己。价值澄清的方法很多，可以参照路易斯·瑞斯提出的七个步骤自行设计出切合实际、简便易行的方法。各种方法可以灵活运用，以利于幼儿良好的价值观念体系的形成。

(二) 激励情感与动机以导致道德行为的教育方法

西方心理学家多数把激发情感与动机看作是发动和实行道德行为的重要因素。动机有来自外部的和出自内部的两种：情境法、强化法可以增强外部动机，移情法、角色表演法可以增强内部动机。

1. 情境法(或称演示法或观察学习法)

由老师将日常生活中所发生的真实的、与道德行为有关的事件，编成有情节的小故事，请一些幼儿或运用玩偶表演给全班幼儿看，让他们对情节作出评价或尽可能地想出解决矛盾的办法，以促使合乎规则行为的再现。情境法也可以相继呈现两种不同后果或两种以上的行为表现，如新玩具出现时，有的幼儿争夺玩具，有的依次轮流玩，有的则谦让给别的小组先玩，幼儿可以思考、选择，激发出模仿良好行动的动机。情境法的优点是：(1) 给幼儿提供了行为范例，形象鲜明、内容具体、符合幼儿期的思维特点，题材熟悉，幼儿对之具有一种亲切感，因而容易引起共鸣，容易接受。(2) 内容是生活中常见事件的提炼，又将情节简化，把要解决的问题集中突显，能较好地吸引幼儿的注意力，帮助幼儿理解有关行为的价值，达到较好的教育效果。（3）演示过程既有语言，又有动作，使幼儿兴趣盎然。每次情境演示时间不超过四至五分钟，幼儿乐此不疲。（4）情境演示结束后，每次都有短时间的议论，幼儿不是单向的接受者，还共同参与交流，提出评价及解决矛盾的建议，甚至引起不同意见的争论、比较，这种多向相互作用的信息互补，能充分发挥幼儿的主动性、积极性。随着不同情境演示内容的延续和幼儿社会经验的丰富，他们解决问题的能力也会有所提高。幼儿会从简单模仿发展到对行为规则的认同，希望自己也像情境中正面人物那样聪明能干。部分幼儿还会把所强调的行为规则，纳入自我价值体系，实行自我指导。

2. 强化法

表扬、奖励与批评、惩罚是幼儿教育中常用的强化手段。幼儿辨别是非和自我控制的能力较薄弱，对自己的行为和行为可能造成的后果，常常不能预先作出正确的估价。表扬、奖励与批评、惩罚是对行为及时反馈的好方法。表扬、奖励可以使幼儿获得愉快的情绪体验，大脑皮层建立起一个兴奋灶，使学习兴趣保持良好状态，由于情感的激励，正确的行为就能保持不断的再现。而批评、惩罚则造成幼儿不愉快的情绪、恐惧或痛苦的体验，在条件作用下，迫使幼儿产生抑制与避免类似行为的动机。表扬、奖励可分为精神奖励和物质奖励，前者如微笑、点头，温和愉悦的眼光、亲切的声调，亲吻、抚摸，拥抱、口头、图像或文字记录或给予某种特权以表示称赞等等；后者如给予书籍、玩具、纪念品、象征物如红花、红星等。奖励方式的变化，奖励的程度要随时间及行为表现的情况而递增递减。精神奖励与物质奖励应适度使用相互补充，正面的表扬、奖励，一般来说，应比消极的批评、惩罚使用更广更多。在集体场合中，用正面鼓励与亲切注意引导幼儿的行为，其效果往往比批评、惩罚要好得多，持续性、调节性更强。有人做过这样的实验：让两组幼儿从一堆彩球中拣出红球，第一组使用连续奖励法，每5次正确反应（拣出红球）后，立即得到奖品；第二组使用间歇奖励法，在连续 25 次正确反应中由主试者任选 5 次给予奖品。结果表明，用连续奖励法训练的行为极不稳定，强化（奖品）一旦停止，正确反应率迅速下降，而间歇奖励法训练出来的行为比较牢固，奖励虽已中止，幼儿仍能继续从彩色球中拣出红球。这说明滥用奖励容易使幼儿产生单纯为奖品而努力的动机，没有奖品时，行为就失去支持，效果就差。表扬、奖励作为一种外部诱因，也会起削弱内部动机的作用。如一个幼儿本来对弹琴很感兴趣，到邻居家去偶有机会弹琴，总是爱不释手，父母为她聘请了专门老师以后，怕她不专心，定下规矩，每天弹一小时奖金 0.5 元，二小时奖金一元，坚持一周奖金十元，孩子起先兴高采烈，每天弹二小时以上，拿到奖金胡乱花费，但兴趣逐日减退，后来每天只弹半小时就拒绝再弹。她说："这弹琴好象是为父母干的苦差使一样。"这就是管理心理学所提出的"德西效应"，即内部感兴趣时，不要增加外部刺激；外部刺激会削弱内部动机，反而把内部动机转化为外部动机。家长、教师既要适当满足幼儿的自豪感和求赞扬的心理需要，又应慎重使用"间歇奖励法"，防止滥用表扬。平时应以精神表扬为主。要注意维护幼儿的内部动机，促进外部动机的内化过程，以便幼儿在没有外部督促鼓励时也能自觉地坚持良好行为。

批评与惩罚常常发生在幼儿有意违反规则、不服从成人、伤害同伴或在同伴间引起无意义的争吵、破坏物品等情境中。批评与惩罚有多种表现方式，如成人表现愤怒、失望的表情、要求作补偿行为、说理、指出错误后果、撤回爱抚（不理睬、孤立、拒绝和孩子说话等）、活动暂停、取消权利等。批评、惩罚的目的在于用外力抑制错误行为，使幼儿体验自己的不良行为带来的后果，并接受教训，防止再犯。批评与惩罚若不与幼儿的羞愧、内疚等道德感相联系，往往不能产生任何良好的教育效果。这是因为幼儿出于害怕权威的强烈反应而产生的脆弱的控制力量，往往不足以控制内在冲动或抵制外界诱惑。美国心理学家霍夫曼和索尔茨坦（1967 年）曾对儿童道德发展与父母抚育方式的关系进行了研究，对权力专断式的训练方式（以体罚、直接武力威胁、强制剥夺物品与权利等为主要反馈方式）、撤回爱抚式的训练方式（以强烈愤怒、失望的语言、不理睬、孤立、拒绝说话，或以不要儿童为威胁等为主要反馈方式）、教育诱导式的训练方式（以明确是非标准及讲述该行为造成别人的情感伤害、肉体痛苦、物质损失，引起儿童对别人的同情、尊重及对自己行为的羞愧、内疚为主要反馈方式）等三种抚育方式造成的后果作了调查。结果如下：

家庭抚育方式与儿童道德发展的关系

家庭抚育方式对儿童道德面貌的影响	权力专断式		撤回爱抚式		教育诱导式	
	母	父	母	父	母	父
内在道德判断	−3		−3		+1	
承认错误	−1	+1			+1	
承担责任	−1	−3		+3	+1	
关心体谅别人		+1			+1	
内疚感	−1				+1	

影响程度分1、2、3等，“＋”是积极影响，“－”是消极影响。

在权力专断式家庭中，父母使用体罚手段越多，子女的攻击性、欺骗性行为的水准越高，消极行为频率也比撤回爱抚式和教育诱导式的家庭为多。令人惊奇的是，轻微惩罚比严重惩罚有效时间更长些，如成人用温和的语调说明翻乱成人书桌会造成他们工作的困难后，幼儿就能抑制二三个星期，而成人狠狠威胁再动书桌就打后，幼儿最多只能抑制一个星期，或者成人在场时不动，不在场时就乱动。

教师、家长在使用批评与惩罚方式时特别要注意把握好以下几点：

(1) 遇到消极的偶发事件时，轻则可以引导注意同时发生的正确行为，以转移注意力和影响面，或简要提醒应当遵守的规则，或立即反馈行为的后果，拿走使用不当的玩具，带开争吵中的伙伴；重则认真调查，让儿童参与共同讨论解决问题和补偿后果的办法。批评、惩罚要及时，最好使不良行为或冲突中止在即将发生时刻或萌芽状态。

（2）在使用批评、惩罚时，必须分析产生错误或过失的原因，帮助幼儿认识到错误行为给别人造成的痛苦和困扰，产生后悔之心。实验证明，即使批评、惩罚是完全正确的，它也只能减少错误行为的次数，却并不能导致正确行为的产生。而弄错的、不公正的批评、惩罚则更糟，它会使孩子的理性蒙上阴影，道德判断会失去依据。批评、惩罚中危害最大的是体罚，幼儿若受到皮肉之苦，却不知惩罚的原因及错在哪里，应如何改正，对成人的愤怒、反抗随之而生，严重的还会影响个性的发展，形成猜疑、固执、冷漠、残忍、蛮横等不良品质。一般来说，成人在使用教育诱导的训练方式过程中，要做到：① 教育者应使幼儿知道批评、惩罚是从爱护、关心他出发的，具有接受批评、惩罚、承担自己行为责任的心理准备。② 对事不对人，着重分析行为的不当，不用语言刺伤幼儿的自尊心，不侮辱其人格，着重激发“心理效应”，如羞愧感、内疚感，而不追求“表现形式”，如急着催逼思想不通的幼儿去认错或赔礼道歉。③ 冷静、客观、公正地分析事态，引出坚持规则的道理。在批评说理有效、儿童已认识错误的情况下可以不用或少用惩罚，若虽经充分说理，儿童仍不服从时，可以强制幼儿服从规则。如：“在你未把房间整理清洁之前，不许出去玩耍，我不愿看到这种紊乱不堪的场面。”④ 批评、惩罚的目的在于帮助幼儿有效掌握社会规范，整个处理过程要注意增强幼儿自我决策和道德判断的能力。

（3）在批评、惩罚之后，要注意幼儿的情绪状态，惩罚带有抑制性与强迫性，经常使用或使用不当，会使幼儿一直处于紧张、恐惧之中。尤其是冷淡、粗暴的成人，会使幼儿担心被抛弃，反感、怀疑或疏远成人；惩罚过度或不公正，会使幼儿误解、委屈与反抗。幼儿都有好胜、上进与企求赞扬的心理需要，成人的批评、惩罚应始终对事不对人，表明事情错误，人仍可爱，在幼儿认识和纠正错误后，应给予积极的鼓励与信任，继续进步和改正的期望，唤起幼儿奋发向上的自觉性。

批评、惩罚要特别防止以下情况：① 不要在兴奋、狂怒中批评、惩罚幼儿，防止处理过分、过重或失手伤人。② 不要长时间地重复警告、训斥、威胁、唠叨，这样反而会强化非预期行为。③ 不要过了一阵子又翻旧账、炒冷饭的说教，任意扩大训斥的范围。④ 不要讽刺打击，让孩子在众人面前出丑因而产生伤害自尊、受到侮辱的痛苦和委屈。⑤ 不要站在自我中心、摆威风的立场上批评、惩罚孩子，不讲真理，强求服从、听话或者道德导向错误，反而要求幼儿说谎以遮掩事实，发展孩子自私、虚伪、利己等思想。一般来说，孩子们犯错误、有过失，在成长过程中是难以避免的。批评与惩罚要考虑场合及方法，要针对幼儿个性。与其因为不遵守规则而惩罚孩子退出游戏，还不如直接提问孩子，使想出更好的规则建议，这样更能使幼儿认识到规则的重要性。

使用强化法，无论是表扬或批评、奖励或惩罚都有一个"适度"问题，对幼儿的行为应作出客观、公正的评价，要实事求是，不夸大，不缩小，以利于道德动机的激发和道德行为的形成，否则的话，在儿童心目中成人只是一种威慑的执法者，很难避免当面一套，背后一套，或行动服从，心存对抗，或唯唯诺诺，不明究竟，单纯依赖外界管束的弊病，正常的道德教育氛围就难以发展和形成。

3. 戏剧表演法

角色游戏、表演游戏，对幼儿承担不同角色、理解他人情感、验证社会经验、引发友好的行为方面有着独特的感染、强化作用。让幼儿在自发的角色游戏中获得情感上的满足和扮演不同角色的体验，觉得自己和成人一样有能力、有权威。在表演游戏中，扮演《萝卜回来了》、《三只小猪》等童话中的小动物，感受互相关心、互相帮助的愉快；也可以提出课题，进行戏剧扮演，如提出"我是小主人"、"妈妈回家了"、"让座"和"我爱我的好朋友"等题目，让幼儿练习礼貌待客，帮助疲乏的母亲，在公共汽车上尊老爱幼和同伴间相互帮助的行为。每次戏剧表演先由教师明确专题，然后幼儿围绕这一专题进行分组讨论，各组展开想像，设计不同情节并推出表演者。表演后，通过集体评价，比较哪个组表演最好。戏剧表演可以使幼儿开拓思路，多角度地考虑正确的行为方式，激发积极情感，有利于许多良好行为在幼儿的日常生活中得到表现。

(三) 启发道德判断与决策以导致道德行为的教育方法

在日常生活中,任何人都会面临着行为选择的问题。就是最好的教育,也不可能为儿童对生活中的所有问题提供正确答案。因此,从小把儿童培养成为善于分析事理,有一定判断能力的人,使他们能在新环境中熟练地、正确地、富有创造性地选择对社会有利的行为,这是一种极其重要的德育方法。引导道德判断与决策以启发道德行为的教育方法,主要是"讨论两难问题的道德教育法"简称"议论法",能够帮助儿童明辨是非,提出合理的见解与行动方案,能够使儿童锻炼道德思维,提高决策水平。按照科尔伯格的理论,这种方法比较适用于五六岁以上的儿童。要给予儿童一定的讨论机会,让儿童面对周围环境和人际关系中所发出的信息,分析、解释、处理、体验冲突性的道德问题,进行正反两个方面的争辩。也可以观察较复杂的道德冲突,让儿童深入问题情境,感觉到认知上的不平衡,然后学会运用稍高层次的道德原则来分析情境,经过反复议论之后,产生认知结构上的改变。科尔伯格认为,道德判断水平较高的儿童,对道德问题的解决更圆满和更具有实效。而道德判断的发展是循序渐进的,它一方面受认知能力的制约,另一方面需要一定的道德思维刺激。有些成人在道德发展上停滞不前,正是由于缺乏刺激和讨论的原因。议论法的作用主要是:提供道德两难问题,刺激道德阶段的提升,使大多数儿童在道德思维水平上不断得到进步。

实施议论法的步骤是:(1) 教师提出道德题材,可用故事或情境形式,使讨论生动有趣,故事中的主角正遇到一个进退两难的道德冲突问题。(2) 要求儿童站在故事主角的立场,为自己将采取的想法或行动,提出恰当的说明。(3) 教师根据儿童不同的看法,适时引导和启发儿童分成两组进行对立意见的争论。教师的任务是激发讨论的动机,引导讨论的方向,掌握议论的气氛。例如,教师讲故事说,上午,小红借了小强的玩具小汽车,玩后发现车轮掉了一个。午睡时,她不声不响放回原处,小强睡醒起床,发现玩具汽车被损坏,他大声哭泣,并跑去把小红的新大衣拿来撕坏，他还说："妈妈说过，别人打你，你就打他；别人弄坏你的东西，你就也弄坏他的东西。"教师问："你们说他们两人各自错在哪里？谁的错误更大些？"有的幼儿认为小红更坏，因为她先弄坏小强的玩具汽车；有的幼儿认为，小强更坏，因为大衣比汽车贵重，小红可能是无意弄坏的，小强则是故意的。（4）教师在分析中强调动机，并指出小红弄坏玩具，未向小强承认责任，这是不诚实的行为；小强在发怒中弄坏别人的大衣，是破坏行为。如果他不弄坏小红的大衣，而去请老师和小红家长帮助修理好玩具，就是个好孩子。接着，大家又讨论可能从道德矛盾中解决这种争端的不同方法和哪种办法更好。议论法可以启发幼儿的道德判断能力，提高幼儿的决策水平，培养幼儿正确的道德行为。

(四）训练道德技能和行为习惯以导致道德行为的教育方法

能力是个体顺利实现一定活动的条件，是个性心理品质的综合表现。在完成一项活动中人们表露出对该项活动必需的兴趣、智力、知识、技能、意志品质、工作方法和熟练程度上的具体差别就是能力的差别。幼儿要形成某些优良的道德品质，必须具备一些最基本的活动能力，如生活自理能力、移情能力、语言协商能力、组织领导能力、合作互助能力、是非判断能力、自我控制能力、值日服务能力等。这些能力对幼儿来说，都是逐步学会的，必须在具体实践中加强培养。如果忽视了这些基本能力的培养，幼儿就无法表现出相关的道德行为。例如，一个幼儿对自己洗手、洗脸、穿衣、吃饭都发生困难，怎能进行值日服务劳动和帮助别人呢？但是，溺爱、放任、保护、包办的成人养育方式，却妨碍了幼儿这些能力的发展，也影响了道德行为的巩固与形成。因此，为幼儿提供充分操作活动和表现能力的机会与条件，采取措施培养各种能力，确是当务之急。

培养社会性能力的方法有以下三种。

1. 活动法

活动是儿童与周围环境交互作用的过程，是幼儿积极对待客观现实，建立起与客观现实之间的合理联系的主要形式，也是对幼儿进行教育的重要手段。我们可以设计专门的系列活动，以便在生活制度中培养幼儿新的生活自理能力；在集体劳动中培养幼儿新的劳动能力；在娱乐、学习、节日活动中培养幼儿的组织能力、语言能力和自我控制能力；在各种游戏及交往活动中培养幼儿处理人际关系、协商、决策与解决冲突难题的能力。此外，我们还可以组织特殊的训练活动来发展幼儿某一方面的能力，如移情能力。移情即感情移入，是个体由真实或想像中的他人的情感状态引起的与之一致性的情感体验，是一种替代性的情感反应能力。心理学家诺姆·费什巴赫(1969)认为移情包括：(1) 辨认别人的情绪状态。(2) 能设想自己处在别人的位置上，凭想像承担别人的角色，懂得以别人的观点看待事物。(3) 感应和换位体验别人的情绪反应。许多学者认为，移情是发展亲社会行为的基础，两者间有较高相关。因此，我们可以采取以下的方法来进行训练：(1) 理解与辨别悲喜怒惧等表情；(2) 扩大移情对象的训练，变换移情对象的性别、年龄、身份，引起对老幼病残等不同人物的移情；(3) 通过故事或情境表演启发移情的训练，从儿童实际生活中曾发生过的有痛苦体验的情境引起对有关人物的移情，如生病、走失、跌伤、宠物死亡、心爱玩具被损、受冤枉指责感受委曲等。每次训练，采取听故事、续编故事、看表演、作移情角色表演等四种形式进行，时间 15～20 分钟。由于四种形式各有其优势，相互配合可以保证训练达到较好效果。实验证明，经过 20 次移情训练，幼儿丰富了社会经验，能把自己放在不同角色的位置上思考问题和表达情感。根据观察考查，受过训练幼儿在对他人同情、分享、援助、安慰、仗义、合作等亲社会行为的频率都有所增加，而攻击性行为有所减少。教师应当使所组织的每项活动，对幼儿具有吸引力以激起他们参加的兴趣和热情。

2. 目标法

集体是考验和训练道德行为的重要场所。在集体中，个人会更认真地考虑自己的行为对他人的作用和对集体的影响。有时，在集体论证中，提出一个共同的目标，在平等协商和集体经验基础上去付诸实施，常常对中、大班幼儿会产生良好的道德影响。如儿童在节日活动中集体分工来美化教室、准备表演节目、招待父母参加庆祝活动。在“三八”妇女节，集体决定“三个一”活动目标：问妈妈一个问题，“我怎样做使你最高兴?”做一件使妈妈愉快和减少妈妈劳累的事；送一件表示爱心的礼物。事后，征求家长意见，反映很热烈。在爱家乡和认识秋季特征的活动中，集体决定分头收集展品，举办爱家乡展览会、丰收果实品尝会、可爱的昆虫交流会，都得到了较好的效果。在中、大班，组织幼儿参观长江大桥或农业研究所、奥体中心、常州恐龙园以及果园、集市贸易、飞机场后，幼儿常常会提出建构和再现美丽景物的目标，参加的人数从一个小组可发展到几个小组，坚持几周而兴致不衰，在合作活动过程中增进了社会技能。

3. 练习法

练习是形成、巩固道德行为的极其重要的方法。二至五岁的幼儿比较习惯于按照父母和教师的要求行动。成人若说话有信用，要求合理、一贯，并不定期地给予检查与评价，就能取得较好的效果。这个时期是要求幼儿练习礼貌待人，自助自立，保持环境和仪表整洁，遵守常规和社会秩序，积极关心周围的人和事，同情、帮助遇到困难的同伴等行为最有利的时期。五岁以后，孩子开始爱问为什么和怎么样的问题，特别是当他们遇到不同的人对他们提出了不同的要求和亲眼见到有人不遵照要求行动，反而得到好处时，他们的问题会更多，因此除继续新的训练内容外，还要启发幼儿想一想，某种行为是否符合集体的利益？它是否与榜样人物的行为准则相抵触？六七岁的儿童已开始会思考和尝试不同的解决道德冲突问题的方法，喜欢比较和追问不同做法的利弊和设法自己去寻找问题的答案，成人应当鼓励他们积极思考和行动。在练习中还可以让幼儿充分体验良好行为赢得的感谢和环境的改变，增进儿童内心的愉快和满足，增强练习的效果。实施练习法，可以采取不同的形式：(1) 游戏中渗透。游戏是学前儿童的主导活动，给他们带来童年的乐趣，是他们反映现实生活的重要途径。鼓励幼儿在游戏中表现积极的人际关系和良好的社会行为，如扮演医生安慰胆小的病人，扮演民警帮助迷路的小孩，在角色分配中相互谦让等等。这种自发的实践不仅使幼儿认识了自己的力量，也练习了亲社会行为。（2）故事、儿歌表演。把行为常规的内容，或执行的步骤，编成故事或歌曲、儿歌，边讲边练，便于幼儿记忆和模仿。如二岁左右的孩子就可以听懂故事《吃得真干净》：小华是个好宝宝。吃饭的时间到了，小华洗完手，坐到自己的座位上，老师把香喷喷的饭菜放在小华面前，小华一手扶碗，一手拿匙，高高兴兴地吃起来。一会儿，小华对老师说："老师，我吃好啦！"老师看了看，碗里的饭菜吃得干干净净，桌上也没有饭粒。老师笑眯眯地说："吃得真干净，是个好宝宝。"如儿歌《吃饭了》："吃饭了，坐坐好；手拿勺，碗扶牢；一口一口全吃掉，吃得干净吃得饱。"又如儿歌《滑梯》："排好队，滑滑梯，我们不推也不挤，一个一个走上梯，一个一个滑下去，大家玩得真欢喜。"年龄稍大的幼儿还可和教师一起编些歌词，一边唱一边做，如："我有一双灵巧的手，样样事情学着做，学穿衣，学脱鞋，学叠被来学扫地，自己的事情自己做，妈妈看见笑眯眯。"（3）日常生活表现。最主要的道德行为练习应放在日常生活中。儿童平时对人、对事的行为表现是真正的道德试金石。一个儿童是对人冷漠，还是富于同情，能时常想到他人的需要，还是只顾自己，总是会反映在待人接物和完成劳动任务、集体委托中。一个幼儿若连自己的父母长辈也不愿帮助，对小同伴疏远、欺侮，值日生劳动偷懒应付，怎么可能要求他热爱祖国或者为集体而作出牺牲呢？家庭与幼儿园可用联系本的方式，相互配合，督促和交流幼儿日常的道德行为表现，要求幼儿练习正确的行为。（4）集体期望法。社会和集体的共同目标常常转化成为个人的目标，使他们或多或少地将自己的行为置于集体期望之下。在一定时间内，教师若着重提出练习某一道德行为的期望，可以推动全班取得较好的效果。如在植树节前后，教师提出"爱护小树苗"的期望，并在一段时间内，着重练习和表扬有关行为，幼儿就会注意关心新栽的小树苗，并持续下去。（5）促进不同年龄儿童之间的交往。为使相互关心和帮助的社会经验范围扩大到同班小朋友以外，有的幼儿园开展"大带小"活动。这种活动，可以增进不同年龄同伴交往的机会和条件，使幼儿学会照顾比自己年幼同伴的生活，帮助他们学习新的知识、技能，同时，也懂得信任和尊重比自己年长的同伴，学习他们处理问题的才干，练习良好的互助合作行为。

德国斯托尔茨教授在《如何培养道德行为》一书中提出："如果一个儿童在学前阶段或低年级时，没有学会轻声地说话，没有学会替别人考虑，没有学会抑制好动的欲望，那么，等他们长大后，要让他们做到这些要求，则是相当困难的。""因为道德行为习惯不是一朝一夕的事，必须经过长期的艰苦的努力。"道德行为习惯是一种"机械的、稳定的、被严格规定的个人行为的内在驱动力"。学前儿童比较容易受道德情感的感染，他们一般也具备了一定的行为习惯：如按固定时间作息，固定姿势吃饭、睡眠；经常帮助父母，问候邻居和老人，受人帮助后，表示感谢，会为他人的欢乐和悲伤而激动；尊敬老师，认真听讲；对同伴友爱；适当自我克制，遵守集体规则等。这些习惯，都是在不同的社会关系和教育环境影响下获得的，是在教师和周围成人彼此协调一致的要求下形成的。同时，还要经过一系列严格的、反复的亲身实践。马卡连柯认为：一个缺乏正确行为习惯的人无异于一架"有毛病的机器"。我们要付出十倍的辛劳，促使儿童去获得和维护正确的道德行为习惯。

还有，环境陶冶也是形成道德行为的一个重要影响源。丰富多样的物质条件，安排有序的设备材料，亲切、融洽的情感联系，宽敞而充满探索乐趣的场所空间，都能促进良好行为的发展；反之，贫乏、单调的物质条件，残缺不全、杂乱无章的设备，拥挤不堪的活动场所，紧张的人际关系所构成的环境则会处处潜伏着一触即发的冲突、矛盾。枯燥乏味的教学、无所事事、枯坐等待和集体看管，既是对幼儿智力、体能发展的扼杀，也不利于幼儿道德行为的巩固。美国太平洋橡树学院附属幼儿学校的华林老师提出，在活动室环境设计的整体布局上，应当明确反映出教育目标的要求，"那就是要提供给全体儿童一个安全的物质环境，一个充满爱与温暖的情感环境，一个能给予儿童成长所需的智力刺激的学习环境，一个帮助幼儿发展积极自我概念和锻炼社会交往技能的社会环境，一个尽可能与家长保持密切联系与合作、增进相互了解的教育机构环境”。教师在这样的环境中要观察及时、安排得法，合理安排活动室内空间及设计好家具布置简图以研究各活动区之间的活动通道，引发幼儿兴趣中心的适当地点，便利游戏开展与就近取物、减少儿童之间不必要的相互干扰和不受欢迎的社会接触，增加可分隔隐蔽的、供选择不同主题的角落，使儿童能全神贯注地从事一项活动直到完成，以有利于教室的学习气氛。这样教师就能摆脱维持秩序、解决纠纷的忙碌局面，真正享受教育工作的乐趣，必要时巡回全班，辅导和帮助个别儿童。华林说，“环境设计与儿童行为之间有密切的联系”，但“改变环境设计并不是一件花钱的事，只要教师能多留点神，多费一点心，就能有很好的效果，而获得的反馈也是很大的”。因为，活动室合理布局，可以优化园风园貌，绿化社区的自然环境，可以潜移默化地塑造、感染儿童的精神面貌。

我们认为，德育的途径很多，除了幼儿教师有目的、有计划的教育活动外，还有非正规化教育，如儿童参加幼儿园以外的游戏、劳动、参观、调查及娱乐活动等，接受家庭、邻里和大众传播手段的影响，以及在日常生活中观察和感受社会经验等。严格来说，幼儿周围的现实的社会环境、自然环境、人际关系等种种因素都无时无刻不在给幼儿以德育的影响。因此，教师的教育机智在幼儿道德行为的培养方面有特殊重要的作用，她可以充分发挥幼儿园、家长和社区三方面的资源、力量和运用不同的途径、方法去教育幼儿。一个优秀的幼教工作者应当具备较高的运用神情举止来进行品德教育的技能。教师的一句话、一个表情、一个手势可以告诉儿童许多做人的准则。为了广大幼儿的健康成长，让我们每一个幼教工作者都千方百计地为培养幼儿道德行为创造出更多更好的富有教育意义、切实有效的方法，建设一个符合幼儿身心发展需要的良好的道德环境。

本文发表于卢乐珍主编：《幼儿道德启蒙的理论与实践》，
福建教育出版社，1999 年 7 月版

幼儿说谎的心理动因与诚实教育

诚实是中华民族传统的优秀品德，诚实教育是每个幼儿教育工作者不可推诿的职责。据调查，大多数家长认为孩子的说谎行为是从幼儿期开始的，到小学中、高年级则愈演愈加复杂、巧妙和难教育，有的甚至酿成不良品行的开端。因此，诚实教育应从幼儿期抓起，要向幼儿讲清诚实可敬、说谎可耻的道理，帮助幼儿确立是非感、爱憎感，培养幼儿从小做一个言语守信、行为负责、敢于维护真理、勇于改正错误的人。

在幼儿期，“说谎”并不完全是品德问题，但如果成人一笑了之，不分析，不教育，幼儿得到了不断强化与练习的机会，也会养成不诚实的习惯，甚至积习难返，贻误终生。作为教育者，有必要对幼儿的“说谎”行为，进行剖析，分析其不同的心理机制，以便对症下药，循循善诱，既不能一发现孩子说话不符合事实，就暴跳如雷，威吓斥骂，也不能对天真、幼稚的说谎，漠不关心，而要深入分析说谎的心理动因，认真、妥善地进行适当的诚实教育。

幼儿说谎的心理动因，主要有以下几种类型。

一、天真幼稚的无意说谎。二三岁的幼儿，由于认知水平和语言能力的局限，对已发生的事情表述不准确，或者对物品的归属权概念模糊，出于无意会造成许多“说谎”的假象。如小玲 3 岁生日那天，爸爸给她买了一个生日蛋糕，事隔 3 天，玲玲告诉外婆，昨天爸爸给她买了大蛋糕。又如有些独生子女习惯于一切玩具、食品都归自己所有，他们缺乏归属概念，家长又不注意教育孩子“不是自家的东西不能拿回家”，致使这些孩子有时会悄悄地把自己喜欢的幼儿园或小同伴的玩具放入自己的口袋，当别人向他索取时，还会大哭大嚷"这是我的！"对这样的孩子，只要分清"时间"与"所有权"的概念就可以了。

二、愿望与幻想导致的无意说谎。4岁左右的幼儿能比较完整、连贯地讲述一些事情的经过，他们想像丰富，喜欢夸大其词，有时会用虚构的言辞来抬高自己，得到一种虚荣心的满足，或者用幻想的语句作为未能实现的愿望的补偿，作为克服和掩饰自己失望心理的手段。例如，两个孩子在一起玩，一个孩子拿出一个漂亮的变形金刚，另一个孩子也想玩一下，但遭到拒绝。这时，他会说，"我家中有一个比你更大的变形金刚"，还绘形绘色地讲述谁买的、在哪儿买的，怎么好玩等等，其实这一切都是虚构的。还有一个孩子讲起祖母给他买了个蛋形玩具，拿出展示时，大家都很羡慕。这时，久已盼望乡下祖母来访的小强，忽然说"我婆婆昨天晚上来了，她带来一只大母鸡，一窝小鸡，还有许多鸡蛋，我拿米喂小鸡吃，真好玩"。可是当教师问及小强妈时，才知道祖母其实没有来。这种与想像、愿望有关的说谎具有自我陶醉的特点，使孩子获得象征性、代偿性的满足，然而这毕竟不是真实的。对于这类情况，我们应帮助孩子区分期望、想像与真实情况的差距，并适当满足孩子合理的期望，防止养成说话浮夸、以骗人取乐的习惯。

三、争强好胜、满足虚荣的无意说谎。5岁以上的幼儿，在与同伴一起游戏时，常带有强烈的竞争意识，相互较量、攀比，相互吹嘘自己的能力，甚至比玩具、比衣服、比文具，以显示"你有的我都有，我有的你却没有"的优越感。有的幼儿在较量中，为了不使自己处于劣势，几乎不顾一切地编造事实。例如，有的孩子说，"我有一枝发光的枪"；另一个孩子就说，"我有一枝射水的枪"；第三个孩子会说"我有一枝嗒嗒响的枪"；还有的孩子说，"我有一枝能打子弹的枪"，"我有一架飞机能打炮，比你的枪厉害"，"我有一架高射炮能打飞机"。这种争论，可以边澄清、边引导为一场有趣的语言游戏，事实上，孩子们也是半真半假的。有的孩子回到家里就会软磨硬缠地要父母买他讲的这类玩具。这种"说假话比阔气"的游戏，有时会助长孩子们的物质欲望和不合理的"自尊心"。教师、家长要帮助孩子分清游戏与现实，也可以直接加人孩子的游戏，说“我有一架宇宙飞船，可以上月球玩，你的高射炮再也打不到宇宙飞船”。同时，要教育孩子不要在物质购买上攀比高低。至于比能力，每个人都有自己的长处和短处，聪明人就要学习别人的长处，克服自己的短处，这样的人最能干，最值得尊敬。

一般来说，以上三种说谎都是幼儿期的无意说谎，不属于善恶、是非的范畴，不能责之为品德不好。只要发现得早，教育与改正是比较容易的。但是，有些孩子随着年龄和能力的增长，会不断出现一些新的说谎行为，家长们若不及时教育、认真对待，说谎就会成为习惯，进而会影响幼儿的心理健康。说假话若多次成功，也会增加孩子的愉悦感、成就感，有目的有意识的说谎就会越来越多。

四、为帮助同伴逃避惩罚而有意说谎。5岁以上的孩子非常重视同伴友谊，有的孩子在同伴打翻了饭菜、泼洒了颜料、做了错事时，会主动站出来替好朋友认错、掩护。他说是自己干的，然而，别的孩子又会来报告老师说不是他干的，他说谎。教师应当向幼儿指出，替人承担过失貌似帮助朋友，实质是害了朋友。因为这样做，不利于培养同伴勇敢、诚实的品质。同时，要明确指出，说假话是不对的。每个好孩子都应当面对事实，说真话，不说假话。

五、因恐惧、焦虑而导致说谎。恐惧和焦虑是个体在某种情境中，感受强烈的外界刺激或危机迫近时引起的不安全感和压抑紧张心理。例如，有些幼儿害怕遭受体罚，害怕失去爱抚，害怕权力的威吓，为消除、缓解这种恐惧与焦虑的心态，也会说谎。特别是面对一些性格粗暴、态度严厉的成人，幼儿往往不敢承认过失行为，支吾说谎。有的幼儿由于好动、好奇而弄坏了物品、打破了器皿，都推诿说是大风刮的，是小猫碰倒的。也有的幼儿因害怕或顺从成人而盲目招认自己没犯的过失，例如，小芬母亲洗菜时，把手表随手放在水池边，晚上到处找不到，怀疑是小芬拿去玩了，声色俱厉地把女儿叫来查问。小芬十分慌乱，先是否认，母亲一怒又吓得承认是自己拿的，追问下落时回答不出，盘问再三，说是丢到屋外了。小芬母亲误以为真，严厉处罚女儿后，第二天却发现手表是自己放在切菜板旁边的。问女儿为什么要说谎，女儿什么也回答不出，急得只是哭。这说明成人在教育幼儿诚实的同时，必须和幼儿保持相互信任、友好的关系，平静地倾听幼儿的心声，使幼儿敢于说真话，敢于承担改正错误行为的责任。即使幼儿说了谎，也要耐心摆事实，讲危害，使幼儿痛悔前非，真正认识错误，而不是一味追求口头表态或肉体惩罚。

六、面对诱惑，为得到利益而有意说谎。幼儿羡慕的利益有两种，一种是物质的，如玩具、糖果等。春游时，有的幼儿想吃巧克力，对父母谎说老师叫每人带一块大巧克力；有的幼儿想吃香蕉，就说老师叫带香蕉的。其实老师要求每人少带零食，只要带一样水果、一块蛋糕或面包。另一种是精神的，如讨好老师，希求表扬等。有的教师用小红花奖励"拾物交公"的幼儿，结果不少幼儿把自家的钱、物都拿来交给老师，说是"拣到的"，经家长证实，才知道幼儿是为得到教师赞赏而有意说谎。

这后三种说谎往往是不诚实的最初表现，少年儿童的说谎也都由此而逐渐形成。这种与真实情况不符的说假话行为，一般都不为社会赞许与接纳，也是绝大多数老师和部分家长坚决反对的。然而幼儿中形形色色的说谎行为仍然经常发生。原因何在呢？首先，说谎是后天的习得行为。现在，成人社会和大众媒体中存在着不少说假话的行为，容易为幼儿所模仿。其次，幼儿为解除焦虑、实现愿望、追求利益或满足虚荣心而偶然尝试说谎时，常常获得意外的成功，因而容易得到强化而重复错误。第三，有时成人还教幼儿说谎和欺骗他人。例如，母亲带儿子在外面吃了点心，却嘱咐他回家不要告诉奶奶，若奶奶问起时将如何回答等；邻居来借物，明明有的却说没有；幼儿把别人的玩具拿回家后，父母帮助说谎隐瞒等。第四，幼儿面对诱惑时，自我控制的能力较弱。说谎往往出于功利性目的，谎言幼稚简单，较易识破。然而，有些家长发现后感到又好气又好笑或引以为乐。天气已转凉，而 3 岁多的佳佳，想吃冷饮。他假说"我热"、"我在冒汗"。当母亲建议他休息时，他说"休息没用"。最后才表示"要是吃个冰淇淋，就不热了"。这种创设情境，诱导母亲选择合乎他心愿的办法来解"热"的经过，当然立即为母亲所识破，且津津乐道，以为是孩子头脑灵活、聪明伶俐的表现。母亲的表情神态，在亲友面前的得意的表达，反而强化了佳佳再次说谎的勇气。凡此种种，在一定程度上构成了帮助说谎幼儿抵制成人教育影响力的复杂因素。因此，每个教育者，不仅要考虑当幼儿说谎时该怎么办？还要考虑在幼儿没有说谎时，我们该做些什么？

鉴于上述情况，我们应当系统、认真地进行诚实教育。我国有许多优秀的传统教材，如《小象要回家》《我拾到一分钱》《牧羊的孩子》《金斧头》《捧空花盆的孩子》《玻璃花瓶的故事》《一支钢笔》等等。我们可以针对不同年龄幼儿容易发生的说谎情由，灵活运用或改编这些教材，有预见性地进行相应的诚实教育，就容易取得较好的效果。几次教育绝不能完全防止说谎行为的发生，在现实情景中，每当说谎行为出现时，还要反复进行教育。

我们在进行幼儿道德启蒙教育的实验过程中，曾在河海大学幼儿园大3班专门设计了三次诚实品德测试。第一次是物质诱惑。我们在自然角和娃娃家分别散放一些幼儿喜爱的糖果，观察幼儿接近糖果时的行为，注意糖果是否减少，并询问幼儿“是谁拿了糖果”，“拿时，心里是怎么想的？”结果是全班每个幼儿都能诚实地对待糖果诱惑。有的孩子拿了糖果前来交给老师，有的孩子把糖果放在娃娃家待客。第二次是成功诱惑。我们让孩子单独留在小房间内，老师以5秒钟的速度给他看一张彩条纸，并把彩条纸反扣在桌上，请他凭记忆制作一条同样的彩条。规则是，不能翻看桌上的彩条，谁画得像谁得优秀。这时，老师离开，在隔室观看现场，3分钟后再返回。在大3班36个幼儿中始终坚持不看的13人，占36%；诚实地说自己看了的9人，占25%；实际看了，却谎说自己未看的14人，占39%。在这以后，教师讲了《捧空花盆的孩子》和《玻璃花瓶的故事》，于是又有7人主动承认自己偷看了纸条，最后还有7人未讲。第二天，教师强调这是最后一次机会做一个诚实的孩子，要敢于说真话。又有4人承认了。只有3人始终没承认。这3个孩子中，一个幼儿能力较强，一直表现较好，自尊心特强，习惯于接受表扬，家长反映半点批评也受不了，做错事不肯承认。但她回家后，嚎啕大哭，不肯对家长讲原因。后来教师、家长共同教育她，既要看到自己的优点，也要承认自己有缺点，有时人免不了会做错事，承认错误、改正错误还是个好孩子。此后，她才承认为了想得到好成绩，自己是看了纸条的。另一个幼儿一贯自制力较差，侵犯性行为较多，上课注意力不集中，爱做小动作。有时故意破坏别人的东西和作弄别人泄愤。原因是他父亲性格粗暴，经常打骂他。为了逃避惩罚，他做错事后，经常说谎隐瞒。母亲为了袒护他，也时常帮他说谎，应付父亲。这个孩子虽经一再启发，始终不承认看过。她母亲则怀疑教师对他有偏见，不能配合教育。再有一个孩子是年龄偏小，问他是否看过纸条，他说记不清了。也许他胆小，看得较匆忙，也没有作更正，他的彩条画得并不好。3 个月以后，在学期结束前，我们又进行了第三次诚实行为测试。这一次，让每个幼儿单独在小房间内，桌上放一盒小插片（22 个），教师打开盖子，让幼儿看 15 秒钟，请他尽快数出盒里小彩片的数量，然后盖上盖子，请幼儿凭记忆按彩片数量在一张小方纸上画圆点。规则是不能开盒重数，计量正确者有奖。教师离开，把盒子放桌上，在隔室观看现场。2 分钟后进室，幼儿拿出记录纸。测试的目的是看幼儿在教师走后，是否违规打开盖子重数盒中的插片，以求得奖。全班 34 个幼儿中，28 人坚持没看；6 人看了，其中 3 人是打开盒盖看的，3 人是从盒缝中往里看的。当教师对这 6 个孩子逐个询问，要求幼儿做诚实的孩子时，5 个孩子都承认了错误，只有 1 人始终没有承认。他就是那个缺乏自制力，好动，又惧怕惩罚、经常说谎的孩子。面对父亲的粗暴、母亲的袒护，这个孩子在幼小的心灵中，对说谎的羞愧感已经失去判断能力，因而没有内疚的压力。我们曾经与他的父亲联系，要求他改变粗暴打骂的家教方法，以便为孩子创设一个宽松、温暖、民主、坦诚的心理环境，但收效甚微。我们希望有更多的教师和父母能从对这个孩子的诚实教育中吸取深刻教训。这是我们撰写本文的主旨。

本文发表于卢乐珍主编:《幼儿道德启蒙的理论与实践》，
福建教育出版社，1999 年 7 月版

遵循科学规律 启迪幼儿智力潜能

什么是智力？有人说智力是学习的能力，是对于新环境顺利而完善地适应的能力。有人说智力是善于判断、善于理解、善于演绎推理，是创造新事物和解决问题的能力。而多数的心理学家比较一致地认为，智力是以思维为核心的个体认识过程中多种能力的综合，是一个多因素、多维度、多层次、完整而独特的心理结构。它包含五种基本因素：(1) 观察力，是智力发展的基础，知识、技能、经验往往都由观察开端，也是智力活动的门户。(2) 注意力，是智力活动的警卫，是人们认识事物时的组织者、维持者，能帮助个体精神专注，印象清晰，理解深刻。(3) 记忆力，是智力活动的信息储存库，如果学了就忘，没有记忆，心智操作也就失去了内容和材料。(4) 想像力，是智力活动的翅膀。大科学家爱因斯坦有句名言："想像力比知识更重要。"因为一个人的知识总量永远是有限的，而想像力可以创造一切。(5) 思维能力，是智力的核心，通过大脑对各类信息的加工活动，可以使纷繁复杂的信息组建成个人的认知图式结构，积极地去感知、概括、分析、推理，从而比较正确地认识周围的世界。所有这些保证有效地进行认知活动的稳定的心理特征的综合结构就是智力。

就每个人而言，智力的发展有很大的个体差异。首先，是生理成熟时间表和思维类型上存在差异。有的人运动神经系统和肌肉骨骼成熟早，擅长动作思维。还有的人视听觉特别敏锐，擅长艺术思维，或对语言、数字符号有浓厚兴趣，喜欢抽象思维，或信息组合灵活，想像丰富，容易产生直觉顿悟思维。其次，是发展速度和发展水平上存在差异。各个儿童智力的发展有早有迟，有快有慢，有人“早慧”，有人“晚成”。上海有个名叫冯遐的小姑娘，7岁时，语文已达到五年级程度，数学达到初中二年级程度，英语会话对答如流。在科技大学少年班中，有不少学生从幼年起智力就与众不同，胜人一筹。但也有大器晚成的，如齐白石40岁才开始致力绘画，却自然天成，独具一格。有些儿童在小学、初中学习一直是中等水平，可是到了高中却突飞猛进，名列前茅。第三，在智慧潜能的优势上存在差异。美国心理学家加登纳提出了“多元智能”理论，认为人类的智能有八个领域，即语言表达智能、数理逻辑智能、空间想像智能、身体运动智能、音乐才华智能、认识自然环境智能、社会交往智能和自我内省智能。在儿童早期，每个孩子都存在许多智慧潜能，但由于遗传、环境、教育条件和个性特征的差异，许多孩子开始在不同的智能领域里显示优势或得到较好教育培养。凡能在自己优势智能和教育机遇的最佳结合点上显现头角的人，往往容易取得成功。所谓“瓦拉赫效应”，就是一个例证。奥托·瓦拉赫是诺贝尔化学奖获得者，他的成才道路极富传奇色彩。瓦拉赫进入中学时，父母为他选择了文学与绘画的道路，但两次尝试，均以失败告终。不少教师认为他“不可造就”、“无望成才”。最后，他喜欢上了化学，化学老师也认为他做事一丝不苟、认真踏实，具备研究化学的良好素质。正是在化学领域中，瓦拉赫的智慧火花被点燃了，成为公认的高材生。“瓦拉赫效应”说明人的智能优势的发展可能是不平衡的，各人有自己智能的强点和弱点，及早发现智慧潜能的最佳点，才能使潜能得到充分的发挥。根据幼儿期的身心特点，在启迪幼儿的智慧潜能，培养幼儿智力素质时，我们应当遵循科学的规律，注意以下几点。

一、从观察入手，丰富幼儿的感性经验

复杂多变的社会生活和五彩缤纷的自然界，是幼儿获取知识的源泉，是智力活动的诱因。幼儿的思维具有具体形象性的特征，也就是说，主要是依靠感知觉、动作或表象来进行，抽象思维尚处于萌芽状态。要让他们经常运用多种感觉通道——看、听、摸、闻、尝，手脑并用

来获得比较完整的认识。教师与家长要利用新颖多变的刺激物,培养幼儿成为观察的有心人。在欢庆节日、参与社区建设、观看国际性体育比赛和全国性的抗灾救灾录像后,引导幼儿画“热闹的大街”、“我爱小树苗”,或者为中国健儿布置奖牌榜,为抗灾救灾献爱心等,通过生动活泼的活动,扩大幼儿的社会经验。在观察日月星辰、风雨雷电、虫鱼鸟兽、花草树木的活动中,引导幼儿热爱自然,实验采集,接触科学,并充分领略登高望远、滩边拾贝的乐趣,感受四季更替中动植物的生长变化和自然界与人类生活的密切关系。通过长期细致的观察、记录和比较、分析,使幼儿的注意力、记忆力、想像力得到较好的训练,扩大视野,激发思考、想像,促进智能的发展。

二、鼓励好奇心,启发幼儿提问和探索精神

幼儿天性好奇好动,喜欢提各种各样的问题,这是求知欲的表现,是极其可贵的学习动机,也是积极思考的产物。3、4岁的孩子常问“这是什么”、“怎么样”、“后来呢”,他们企图了解的是事物的名称、特性、类别和变化可能性。5、6岁的孩子常问“为什么”、“怎么会的”,他们想探索事物之间的关系,相同点或不同点,理解人与自然、社会的联系,事物变化的因果、过程和环境对人们生活的影响等。例如,“蜜蜂怎么酿蜜?”“动物有没有语言?”“下雨前,蜻蜓为什么会低飞?”“月亮怎么会改变形状的?”“小孩是从哪里来的?”“为什么有的虫会叫,有的不会?”等等。教师要鼓励孩子敢于提问、多提疑问、努力思考、敢于尝试,并鼓励幼儿用绘画、讲述、标本加成人文字记录的方法表现问题,展出问题。特别是当教师发现多数孩子比较关心某个问题时,就可以展开一个专题活动。如秋天昆虫问题多,可以发动孩子捕捉、搜集昆虫,根据提出的问题让幼儿分头去请教家人,查阅图书,寻找资料,或观看有关的电视节目、录像片,然后让幼儿各人介绍自己最感兴趣的某种昆虫。成人应当注意:(1)倾听幼儿的问题,不要嫌他们的问题过于简单、幼稚。要引发深思而不要急于给出答案,不要错过幼儿间展开争论的好机会,不要急于说“很好”、“真不错”,以免因过早评价而结束探索、讨论的过程。(2)引导孩子在观察和实践中自己求得答

案。如幼儿问“为什么晚上天会变黑?”可和孩子一起去看日落、等天黑,让他们比较夜晚和白天究竟有什么地方不同。又如幼儿问“太阳晚上到哪里去了?”就可带孩子去少年宫、天文馆,让他们观察三球仪等。即使有的孩子回答问题有错误时,也不要立即纠正,应允许他们有时间验证自己的观点。(3) 对于有创见、有意义的问题,更要多加鼓励,并可建议幼儿设计一些实验、操作、调查、观察活动去展开和深入探索,逐步求答。(4) 教师对自己不懂的问题,可以回答“我不知道”或“我从来没有想过”、“我们一起来查书吧”、“还有什么别的想法吗”,借以促使思维逐步深化。(5) 最后将全班陆续收集的问题整理、分类,采取挂画题、抢答比赛、智力游戏袋、博士信箱等方式逐步进行解答,使问答活动形成高潮,幼儿求知欲得到满足。

三、运用语言工具,锻炼幼儿思维的灵活性、逻辑性

人的思维是需借助语言来进行的。思维和语言密切相连。思维过程离不开语言,语言又是思维的结果和表现。因此,关心幼儿智力发展的同时也要关心他们语言的发展。幼儿运用语言最自然的情境是在宽松、自由的日常生活的交往中,在角色游戏和表演游戏中,在眉飞色舞地向同伴、向成人讲述自己的所见所闻中,或者是在表露情感的诉说中。教师对于不善言谈的幼儿尤其要利用现实环境和语言交往的机会,神态自然而又有针对性地和他们个别交谈,逐渐帮助幼儿达到发音准确,说话清楚、表达连贯,有条理、有表情,语汇也不断丰富。为了有计划有目的地通过各种活动提高幼儿的语言水平,必须大量利用语言文学材料,如讲故事、编谜语、说经历、看图书、念儿歌、背诵诗歌、散文、演木偶戏等,充实幼儿的词汇,发展幼儿连贯性语言;或者利用节假日的庆祝、娱乐、参观、郊游活动,引导幼儿回忆和讲述所看到的热闹场景、所遇到的感兴趣的事情,发展幼儿灵活运用语言的表达能力;或者利用自然界的美妙景象如雨后彩虹、春笋萌发、夏天雷雨、冬天积雪,结合观看小鸡觅食、母猫给小猫喂奶等,让幼儿即景地自由谈话,你一言我一句,说明和描绘自己当时的心情体验。在多样化的活动中,促使幼儿想说、敢说、有机会说,体验积极使用语言的乐

趣，同时直接锻炼思维。因为，语言的连贯有序，表现出思维的逻辑性、条理性；语词的丰富多彩和贴近现实，表现出思维的灵敏性、发散性和准确性，语言可以和思维同步发展。

四、多参与实践，增强幼儿动手、动脑的意愿和解决问题的能力

幼儿的亲身实践和操作试验往往要比间接地看图书、看电视、听介绍所得的印象更全面、具体、深刻，也更有成就感。我们有时会看到一个小男孩往河里扔石子，周围的人会说："这孩子真淘气！"然而，大哲学家黑格尔却说："把石头抛在河里，使孩子惊奇地看到水中的圆圈。这是一个作品，在这作品中他看到了自己活动的结果。"作家老舍在看女儿学写字时，写下这样一段话："看小女写字，最为有趣，倒画逆推，任意创作，兴之所至，加灭笔画，前无古人，自成一家。"在让孩子参与实践时，就是要学习黑格尔、老舍那种赞赏孩子的眼光。游戏和涂鸦在一般人看来都是极幼稚的举动，然而却给予幼儿尝试的乐趣和成功的体验。在生活、学习、游戏和劳动过程中，幼儿会遇到各种大事小事，他们需要付出一定的努力去克服困难，面对现实，获取经验。教师、家长要多给幼儿实践的机会。比如，让幼儿第一次自己穿衣服、系鞋带，第一次缝上扣子、洗刷鞋子，第一次做成了一个纸灯笼，第一次解决了自己和伙伴的纠纷。这种种的"第一次"放手，会给孩子自己尝试、思索办法，自己解决困难或问题的机会。尽管幼儿在实践中可能做些蠢事，搞点破坏或遭遇挫折，但成人对此要宽容、谅解，尽量给予必需的支持，而不是斥责、制止。解决问题是一种充满探索的活动过程，有利于培养幼儿自信、乐观的情感和坚持目标、克服困难的意志品质。如果成人过早去"帮助"完成，反而会助长孩子的依赖性和无能感。

五、寻找兴趣热点，开发幼儿的智能优势

对兴趣的积极作用，古今中外有许多名人都作过精辟论述。早在二千多年前，孔子就说过："知之者不如好之者，好之者不如乐之者。"邹韬奋先生曾说："学校里的成绩、较高的名次，都是靠不住的，唯一的要点是你对于所学的是否从心里真正喜欢，是否真有浓厚的兴趣。”无论是何等智力的人，不乐意干的事往往干不好，而兴致勃勃、津津有味地从事自己感兴趣的事，就容易获得成功。世界著名高能物理学家丁肇中教授，常常几天几夜在实验室中工作。有人问他“苦不苦”，他说：“一点也不苦，正相反，我觉得很快活。因为我有兴趣。”天才出于勤奋，而勤奋的驱动力常常在于理想和兴趣爱好。浓厚、积极的兴趣，是成功的奥秘，是才能萌发的重要条件，也是个人智能优势潜能的源泉。3、4 岁的孩子对多样化的活动都很喜欢，应当放手鼓励他们有广泛的兴趣，要多给幼儿自由选择和创造的环境。5 岁左右的孩子开始表现出对某些活动有良好的素质和特别强烈的兴趣，应当顺其自然，因势利导。尽管这时他们的学习兴趣还不稳定，还会有多种可能，我们仍应为他们提供时间、材料和实现兴趣的条件。让兴趣爱好成为引导孩子努力学习的最好的老师，变“要我学”为“我要学”，使一般的兴趣爱好逐步演变为某种特长优势。但是，成人要克服盲目性，防止跟着潮流走，强迫孩子去干他们既无兴趣又无能力的事。要防止过早地单一、定向培养，使兴趣过于狭窄，不利于孩子全面、健康地成长。深入了解幼儿的兴趣热点，归根到底在于发现孩子的个别差异，发现某些孩子优势的思维类型，扬长避短，找到一些可以使孩子的智慧潜能得到最优发展的途径。有个孩子名叫张杨杨，5、6 岁时，他的父母也和许多父母一样，希望儿子学绘画、弹钢琴，以便将来有一点高雅的艺术修养、业余爱好。可是儿子不感兴趣，坐不了 5 分钟就东张西望，勉强应付，甚至抗拒学习。后来，父母只好放弃“培养”，任其自由发展。杨杨从幼儿园回来，喜欢看飞鸟、捉小虫，在蚂蚁洞旁一蹲就是两小时。他的动物绘画栩栩如生。进小学后，他常省下零用钱买乌龟、鸽子、小白鼠，每天一完成作业就摆弄、饲养动物。逢年过节最高兴的是拿到新的有关动物的图书或小动物。到小学高年级时，杨杨的经验积累终于显露。他写的关于动物标本制作的文章在省少儿报刊上发表，制作的蝴蝶标本获得了第三届全国万名好少年、好儿童创造奖，他作为优秀生、特长生被重点学校免试录取。他的志向是将来做个生物学家。张杨杨的事例说明了成人应当深入了解孩子，发现和支持孩子的兴趣热点，让孩子能够在感兴趣的领域里学习、研究，施展才能。这是人生的幸福，也是社会的需要。

本文发表于《福建幼儿教育》2000 年第 2 期

立足改革　面对现实扎扎实实地提高幼儿的身体素质

身体素质关系到人的生命，培养身体素质就是关怀生命，提高身体素质就是更好地发挥生命力的潜能。毛泽东早就指出，身体是个人生存的物质基础，是智慧和品德的载体。在早期教育中，它是幼儿全面发展的前提和保证，应当放在首位来重视和考虑。今天的幼儿作为肩负新世纪历史使命的接班人，将来定要迎接错综变幻的国际风云的挑战、激烈复杂的社会竞争的考验、迅猛更新的科技信息的学习。没有健康的体质、坚韧的体能，就难以承担时代赋予的体力和脑力活动的负荷，难以完成社会主义建设事业的重任。

良好的身体素质表现在哪里呢？一般来说，可以从五个方面加以考察、评价。

一、正常的身体形态。身体形态是指人的体格和姿态。每个幼儿的身高、体重、头围、胸围应当符合本国正常同龄幼儿生长的平均标准。体格和姿态可以反映出人体生长发育与营养的状况、机体各组织系统功能是否正常。幼儿体重若比平均标准减少15%，可评为一度营养不良；减少25%或40%，则为二至三度营养不良。这些幼儿往往抵抗力弱，容易患病，精力不足，情绪不稳，甚至发育迟缓，影响智力。幼儿体重若超过平均标准的20%以上，就是肥胖儿。这些幼儿往往动作笨拙，容易疲劳，不爱运动，害怕交往，到少年、成人期，很容易患高血压、心脏病等。身高是身体长度的指标。幼儿身材过矮，可能是生长迟缓，也可能是内分泌问题或遗传影响，需要及时检查、诊断。幼儿的脊柱尚未发育完善，不少骨骼的骨化过程没有完成，弹性大，可塑性强。如果桌椅高度不当，睡床过软，单一姿势强制时间过久，又缺乏对坐、立、走、跑正确姿势的训练，其骨骼就容易变形，产生驼背、斜肩等。幼儿的体格应当是高矮、肥瘦适度，体型匀称，体态正直。

二、良好的器官机能。幼儿的主要感官——眼、耳、鼻、舌、身、手和牙齿是幼儿认识世界、发展智能的重要工具，必须认真保护，使所获视、听、嗅、味、触摸的感知信息丰富、迅捷、准确。幼儿的内部器官组织系统，包括大脑皮层和神经系统，呼吸、循环系统，消化、排泄系统，运动和内分泌系统等，是统整、调节、平衡全身新陈代谢活动的物质结构，其正常发育和机能健全关系着生命的存在和质量。

三、稳固的文明、卫生习惯和初步的独立生活能力。幼儿只有掌握一定的生活卫生习惯和独立能力，才能增强自我意识，保证生活的规律和身体的健康。生活习惯包含饮食、睡眠、盥洗、入厕、保持仪表整洁和环境整洁、遵守公共卫生规则等不同方面。文明卫生习惯和生活自理能力，无论巨细，都与个人健康息息相关。如洗手、剪指甲是很容易被忽视的小事，然而人身体表面所带寄生虫或细菌有 80％就集中在未洗净的指甲缝里，稍一不慎它就会侵入人体，带来病痛。又如睡眠习惯，许多人认为睡觉自然会，不加注意，养成了许多不良习惯。如有的幼儿要家人合被陪睡、咬被睡、摸物睡、趴着睡，睡姿古怪，影响呼吸和心肺发育；还有的睡前怕黑或爱吃零食，严重影响情绪和牙齿；还有的睡眠无定时，睡眠时间不足，更影响了智力和健康。睡眠是保护大脑和神经系统正常发育的必要条件。在睡眠中，人体会分泌生长激素，深睡时新陈代谢最活跃。睡眠充足，睡姿正确，能使幼儿情绪安定、活泼愉快，食欲增加，精力充沛，智能活跃；反之，睡眠不足，睡姿不好，则幼儿情绪易波动，注意常分散，消化不良，体质下降，惧怕体力活动等。

四、较强的体质。体质强则神气足，活泼开朗，勇敢、自信，很少生病。在气温剧变和环境不利、体力消耗较多时，表现出有坚持力，有适度忍受疲劳、暑热、风寒的耐力和对传染病、感冒的抗病力。

五、基本动作的正确、灵敏、协调。这样的幼儿喜爱参加户外体育锻炼，在走、跑、跳、爬、钻、投掷、平衡、攀登等各项运动中，能初步表现出自己一定的运动能力，包括强度、速度、耐力和灵敏的反应能力。

以上五个方面的发展相辅相成，协同作用于身体素质。

回顾建国以来，在历次的教育政策法令中，党和政府曾经三令五申地强调提高幼儿身体素质，增进幼儿健康。广大幼儿教师和家长对于全面发展、健康第一，抓营养、抓保健、抓锻炼、抓保教结合等道理也都耳熟能详。然而，面对现实，对照这五个方面的要求，我们不得不承认，工作虽在前进，经验积累不少，但全面贯彻、从严要求的力度不够，幼儿身体素质仍然存在不少缺陷和薄弱环节。这一方面是由于提高身体素质的工作关系到方方面面，涉及范围特别广，参加人员特别多。它是一个多维度、多侧面、多层次的系统工程。它需要四个方面力量的齐心合力：一是幼儿教育机构的领导与教师的投入；二是保健医疗机构人员的关心和支持；三是人数众多的家长的参与；四是幼儿自身的坚持不懈的努力。另一方面，幼儿生理、心理发展的特殊性，也向我们提出许多难题。幼儿正处在身体迅猛发展的关键期，既娇弱又有能力，既可塑也容易受损伤。我们既要尊重其自主性，又要考虑到他们能力与经验的不足。这就增加了工作的复杂性和环境条件的局限性，导致了计划的细微性、周密性，实行的长期性、艰巨性。要达到全面提高身体素质的目标，我们当前应面对现实，立足改革，从存在的问题着手，从最薄弱的环节抓起，扎扎实实地推动工作前进。

面对现实，广大幼儿的身体素质存在哪些问题和薄弱环节呢？应如何增强我们的紧迫感、危机感呢？

一、体格发育出现的新问题、新倾向——肥胖儿。根据世界卫生组织 3 至 6 岁男女儿童体重身高评价标准和我国七城市 7 岁以下男女儿童体格发育的平均值，可以看到 80 年代以前，我国儿童体格不达标的主要问题在于营养不良，有慢性病，身体消瘦、矮小，食欲不振等。可是近三四年来，除了 5%的幼儿还存在营养不良、有慢性病外，又增加了脂肪过剩、运动不足的肥胖儿的问题。据国内五个大、中城市的抽样调查，儿童肥胖症发生率在2%至5%之间，个别幼儿园、班竟达到7%。在超过标准体重（克托莱指数，又称肥胖指数）30%的中度肥胖儿中，以学前幼儿为数最多；在超过标准体重40%的重度肥胖儿中，以学龄儿童为数最多。据国家体育总局的调查，城市男孩中每10人就有1个肥胖儿。肥胖儿过多脂肪，过重体重，给日常生活、学习和参加各项活动带来许多不便，更严重的是脂肪堆积，横膈过度抬高，肋间肌运动受限，使肺活量不足。当运动量稍大时，幼儿就会心跳加剧，气短疲劳。肥胖儿比同龄幼儿血压高、血糖高、胆固醇含量也高，容易转化成为成人时期的高血压、糖尿病和心血管病患者。要改变这一现状，我们改革的对策是加强对营养不良儿和肥胖儿家长的宣传教育工作，引起他们的重视，使之自觉改变饮食习惯，学会科学配餐，配合幼儿园共同关心孩子的运动量，带领孩子开展多样化的体育活动，使孩子体格合格率达到比较理想的状态。

二、感官保护令人堪忧。首先，是眼的保健问题。保护好孩子的眼睛，使他们具有良好的视力，是关系到他们一生幸福的大事。过去，幼儿患近视的人数较少。随着现代科学技术的发展和生活水平的提高，家用电器普及化，电脑、电视、录像机、游戏机大量涌入城乡家庭，幼儿看电视、玩游戏机等的时间多了。据南京市部分幼儿园的调查，4至5岁幼儿在家看电视的时间每天1小时左右的占42%，超过90分钟的占32%，在半小时以内或不看电视的占26%。幼儿视力集中于荧屏时间过长，会导致视网膜上视紫物物质消耗过多，若不及时补充，就会角膜干涩，视力下降。同时，由于有些幼儿教师视力保健意识淡漠，放松了幼儿用眼卫生和看书、绘画姿势的指导，也在一定程度上增加了幼儿近视人数。北京市东城区幼教研究室的调查发现，有的幼儿园幼儿阅读、绘画时，因坐姿不正，眼物距（指眼与字、画的距离）全部低于教委规定的标准（眼物距30～35厘米）。绘画时，眼物距仅5～6厘米者占幼儿总数的56%，7～19厘米者占38.8%，20～30厘米者占5.2%；阅读时，眼物距为7～19厘米者占65.5%，20～30厘米者占34.5%。除近视外，患弱视、斜视的幼儿人数，近年也有增加。不少幼儿园中、大班幼儿视力不良率呈上升趋势。有的大班幼儿平均右眼视力不良率高达63%，左眼为60.5%。尽管幼儿期视觉器官发育尚不完善，眼球尚在持续而缓慢地长大，视觉功能还有很大的可塑性，是眼病矫治的最佳时机，然而，整个矫治过程，仍然会给幼儿带来许多不愉快的经验、痛苦的磨练与忍受。特别是有些幼儿养成的不良的用眼习惯，还可能造成性格和体质上长远的不良影响。如日本横滨市家庭教育研究所研究员土谷道子曾用两年时间对160名3岁幼儿进行追踪调查发现，每天看电视、录像2至3小时的幼儿，总是冷漠地静坐、被动地接受荧屏单方面的图像刺激，看电视时间超过了出外玩耍的时间，致使那些幼儿形成了“缺乏表情”、“拙于交往”、“无法与人沟通感情”、“不会玩积木”、“不会玩扮家家游戏”、“不会主动找人说话”、“看到别的小孩靠近就回避”、“视线不能与人相对”、“不喜欢户外活动”等行为特征。由此可见，保护幼儿眼睛已属刻不容缓。幼儿园必须认真培养幼儿的用眼习惯，家长必须限制幼儿看电视、录像的时间，每次在30分钟之内。当幼儿连续绘画、阅读，用眼达1小时以上时，就要教会幼儿适当放松，远望，做体育游戏或听音乐，以解除眼疲劳。同时，保证幼儿充足的睡眠时间，调节饮食，增加含维生素A和微量元素铬、硒、钙等的食物，以促进新陈代谢，提高视敏度。

其次，是牙齿的保健问题。世界卫生组织把龋齿列为世界范围内需重点防治的三大疾病之一。我国卫生部也已提出了“2000年口腔卫生保健规划目标”，要求3岁以上幼儿刷牙率达40%～80%，其中贫困地区40%，温饱地区50%，富裕地区70%，小康地区80%，要求5～6岁幼儿中无龋率达到30%。然而，据流行病学者调查，我国4～8岁乳牙龋齿患病率已超过70%，12岁儿童中恒牙龋齿率接近50%。也就是说，半数儿童在12岁前已有牙齿严重损坏。龋齿不仅给孩子带来疼痛，而且影响咀嚼，加重胃的负担，引起消化不良，影响营养物质的吸收。龋齿还会引起牙周组织的感染、肿胀、发炎。若病菌侵入机体，还会引起胃炎、风湿病、心内膜炎等。龋齿大都发生在儿童期，主要病因是致龋微生物、食物残渣和较多沟窝、隙缝的易感的牙齿三者互相作用。细菌作用于食物残渣就产生酸,酸使牙齿的釉质脱钙,随后产生龋洞。其唯一对策是养成良好的生活卫生习惯:每天早、晚正确刷牙(不采用左右移动牙刷的横刷法,采用沿牙缝上下移动的直刷法),每次刷牙 2～3 分钟;餐后要漱口,每年要查牙。保护牙齿还要依靠合理的营养和良好的饮食习惯。那就是不吃零食或过冷、过烫食物,睡前不进食,不含着食物睡觉;适当吃耐咬嚼的食物,用咀嚼来锻炼牙周组织和牙齿;增加含钙、磷、镁、氟等矿物质和维生素 D 的食物等。

三、生活自理能力偏低,生活卫生习惯未巩固。有秩序、有规律的生活是减少疾病、保障身体健康的根本保证。让孩子从小养成按时作息,按时进餐和排便,自己整理衣物、玩具,注意保护环境等一系列良好的生活习惯和独立生活能力,不仅有利于形成自立自强的个人精神面貌,对改进社会文明环境和风气也有一定影响。坚持科学的作息制度还会产生相应的生理节律,使内分泌系统自然地配合运行,孩子吃得香,睡得熟,精神饱满,心情愉快。这件事,需要家庭与幼儿园、社会共同重视,协同动作,才能做好。南京师范大学幼儿道德启蒙教育课题组 1993 年对六省市 1 600 多名 3 至 6 岁幼儿的调查,发现不少幼儿在幼儿园已经基本掌握的生活自理能力和生活习惯,在家里却时有违反,不能坚持,仍然要依赖父母喂饭、穿衣、代替整理玩具等。在幼儿园半数左右幼儿能做到的事,在家里就只有 1/3 左右的幼儿能经常做到。

	在幼儿园(%)			在家庭(%)		
	经常做到	有时做到	很少做到	经常做到	有时做到	很少做到
1. 吃饭不要别人喂	87	8	5	47	44	9
2. 自己穿脱衣服、鞋袜	81	15	4	63	28	9
3. 按时起床、入睡,遵守生活规则	74	22	4	57	34	9

续表

	在幼儿园(%)			在家庭(%)		
	经常做到	有时做到	很少做到	经常做到	有时做到	很少做到
4. 打针、吃药不哭	72	22	6	61	28	11
5. 自己能做的事尽量自己做	70	25	5	53	39	8
6. 不挑吃,不挑穿	62	31	7	40	44	16
7. 玩具用后归还原处	64	29	7	46	38	16
8. 不怕黑,不怕冷	59	33	8	39	42	19

幼儿期没有真正得到巩固的生活习惯和生活能力,随着岁月的推移,即使到了十二三岁时也容易动摇、反复或丧失,保健教育的作用付之东流。据上海市长宁区卫生防疫站 1999 年 2 月对 93 名初一学生的调查,对有些生活卫生习惯如刷牙、漱口、冷水洗脸和坚持体育活动等就很少做到。

行　　为	经常做到(占%)	未能做到(占%)
1. 每天吃早餐	96.7	3.3
2. 睡眠 9 小时	79.5	20.5
3. 每天大便 1 次	78.5	21.5
4. 每天早晚刷牙两次	76	24
5. 每天用冷水洗脸	62	38
6. 每天早晨饮水 1 杯	45	55
7. 进餐后漱口	39.7	60
8. 每天体育活动 30 分钟	26.8	73

由此可见，提高幼儿身体素质，既要反复练习，坚持不懈，家园协同，切实巩固，又要从长远考虑，培养幼儿的自我保护意识，真正理解这样做的意义和作用，依靠习惯的力量，自我监督，自觉执行。当良好习惯实现时，让幼儿有愉快、自豪的心情；当习惯不能实现时，让幼儿感到内疚、懊丧、不舒服。

四、户外体育活动时间不足。影响身体素质的因素是多方面的，而体育活动是其中最积极、最活跃的因素。幼儿尤其喜爱户外体育活动，喜欢到广阔的天地中去。对于他们来说，体育活动同吃饭、睡觉一样不可缺少，是生命的基本需要。《幼儿园工作规程》明文规定："积极开展适合幼儿的体育活动，每日户外体育活动不得少于1小时。"幼儿经常参加体育活动，可以使骨骼肌肉生长得更结实，心肺收缩力增强，胸廓扩张，血液循环流畅，新陈代谢旺盛，食欲增进。动作产生的生物电激发了大脑皮质细胞活动的强度和综合反应的力度。体育活动也是体力和智力、性格的自然结合，它使人精神振奋，性格开朗，勇敢、坚韧，行动迅速，注意集中，学习和操作的效率得到提高。然而，据国际教育成就评价协会(IEA)1995年对中国六省市学前教育机构的调查，在216所城市幼儿园中，户外体育活动时间不足1小时的占70%左右，体育活动时无任何操作材料的占40%，有材料但不许自选的占42%，允许选择的仅占17%；191所农村幼儿园的户外体育活动时间多数超过1小时，无任何操作材料的占48%，有材料但不许自选的占33%，允许自选器材的只占19%。秋冬季晨间锻炼时，有的街道办或村办幼儿园，10多个孩子围住两个轮胎或一个大塑料球，推推挤挤，无所事事。有的幼儿玩投掷或钻爬活动，排队时间超过实际运动时间。由于场地不足，时间划一，幼儿能在户外充分满足身体活动需要的时间和机会受到种种限制，有的幼儿园在添置了若干全园轮流分享的大型运动器械如海洋球、蹦蹦床、联合运动器以后，幼儿园对破损运动器械长时间只锁不修；有的放松、削弱了自制而幼儿特别感兴趣的小型、多样、可变化的活动器材，如绳、圈、球、镖、毽、沙包、风车、简易的拖拉物等。有的幼儿教师不许幼儿自由活动时间到户外去，唯恐照顾不到发生安全问题。凡此种种，使阳光、空气等对身体素质极其有利的自然锻炼因素被剥夺与隔绝。要懂得根据不同季节，合理安排户外活动时间的必要性。在阳光中，紫外线的照射，能杀菌，还可以促进体内维生素D形成钙质，改善钙磷代谢，预防佝偻病，并刺激骨髓制造红血球，提高机体的造血功能；红外线温度较高，能使血管扩张，血流通畅，提高皮肤适应气温的调节能力，加速新陈代谢。空气中的氧能提高大脑活力，促进呼吸、循环系统的发育。尤其对没有条件开展"三浴"锻炼的幼儿园来说，多让幼儿在户外进行体育活动或游戏，也能起到一定的增强体质的作用。IEA调查发现，由于城市幼儿园户外体育活动不足，幼儿的胸围和下肢体能的测量指标均明显低于农村幼儿园。这说明消极的保护只能使孩子跑不动、跳不起、走不快，而且体质下降，容易生病。由此可见，教师和家长应当全面调整，把尽可能大的空间、尽可能多的时间和活动器材留给幼儿。

五、体育教学中运动量偏低，基本动作的锻炼不够全面。体育教学是有计划有目的地通过基本动作的学习和练习，使机体承受一定的运动量，得到有益的发展的活动。所谓运动量，包括运动时间、运动强度、运动密度三个方面。运动时间是指每个幼儿在参加一次体育教学活动中实际参与锻炼活动的时间，不包括教师讲解、示范、维持纪律和幼儿等待、休息所花的时间。运动强度是指在单位时间内完成的功，常用脉搏(或心率)在活动中的变化以及活动后的恢复情况作为指标进行判断和评价。以4～6岁儿童为例，中等体质幼儿在正常情况下平均心率每分钟95次；运动强度剧烈时，平均心率可达170～180次/分；运动强度中等时，可达140～160次/分；运动强度较低时，可达120～130次/分。运动结束，幼儿安静坐于椅上三四分钟后，心率应当恢复为95次/分。3～4岁幼儿由于心脏容量小，心率更快，正常情况下平均心率为105次/分。因此，不能开展运动量大的活动，只宜进行轻松愉快的模仿动作或伴随儿歌的游戏活动。运动密度是指每个幼儿参加运动练习的次数和休息的次数。一般来说，运动量若过小，运动强度低，运动时间短和运动密度低，运动对身体的刺激相应减弱，从而失去了增强体质的作用，达不到锻炼的目的；运动量若过大（运动强度剧烈，运动时间长，运动密度高），动作刺激过度，又会超越幼儿身体和心脏、血管、肺等器官所能承受的负荷限度，产生不适反应，损害幼儿的健康。但是，有些幼儿园从不考虑运动时间和运动强度、密度，体育教学计划有很大的随意性，似乎只要选择一二个活动性游戏，时间到了，任务也算完成了。在这些幼儿园里，多数情况下幼儿的运动量偏低，时间不足，所学习的基本动作类型很单一，追求形式，忽视目的，忽视幼儿的运动负荷量及其对身体素质提高的实际价值和作用。可见，幼儿园应根据幼儿年龄、季节特点和环境条件，严格控制运动时间的长短，合理搭配运动的强度与密度，使不同运动类型和性质的动作交替进行，让双脚跳、翻滚、追跑等运动量大的动作和平衡走、滑步、投掷、钻圈等运动量小的动作各有一定的练习时间，并增加体育教学的趣味性、情节性。教师与幼儿应以角色的身份出现，有机地组织"袋鼠采果子"、"燕子回家"、"猫捉老鼠"、"老鼠钻洞"、"穿过浅滩"、"占领堡垒"等各种游戏，切实做到动静调节，使运动量大的与运动量小的活动很自然地结合在一起。运动量由小而大，再由大到小。在准备活动时，要充分动员、激发幼儿参与运动的积极性和强烈愿望。在练习需重点掌握的基本动作时，要示范和讲清动作要领，明确规则，提高幼儿的意志力、坚持性，保持运动的自觉性。在缓和、放松活动过程中复习或补充一些运动量较小、比较熟悉的活动性游戏，缓解幼儿身心的紧张和兴奋状态。必须严谨、认真地按一定的步骤、程序来设计每周体育教学中的基本动作训练内容，把握运动量，以达到全面提高幼儿身体素质的目的。

提高幼儿身体素质是一项长期而艰巨、复杂的工作。每个幼儿园都有自己不同的优势和经验，只要立足改革，面对现实，深入调查总结，找出自己存在的需要改进的环节，扎扎实实地去做好工作，就一定能使我们幼儿园的教养质量在现有基础上跨出一大步。时不我待，让我们携手共进，满怀信心地为塑造一代具有健康体魄的幼儿而努力吧！

本文发表于《福建幼儿教育》2000 年第 5 期

品德素质不容忽视

一、"品德"从何而来

提到品德，许多教师总有一种神秘感、畏难感，觉得认知素质和身体素质好像比较实在，容易掌握，而品德涵义博大精深，比较抽象，难见效，难衡量。其实，这是一种误解，是长期"美德袋式"的伦理教育带来的不良后果。

"品德"一词，指的是个人依据一定的道德规范行动时所表现的稳固的心理特征。道德规范起源于社会，是社会进化、社会选择的结果，是千百年来人类文化积淀所形成的社会生活所需的行为规范的体系结构，也是对个体行为规则的规定。这些规定可以使个人与个人之间、个人与集体之间相互协调，以形成和谐有序、文明进步的社会。所以，道德就是正常社会生活所必需的一整套的行为要求。随便杀人偷盗、欺诈说谎、破坏公共财产，会导致人类生存环境的混乱无序，人们就制订出"不准杀人"、"不许偷盗"、"不应说谎"等道德规范来约束、限制和引导社会上各种层面的人共同遵守这些有益大众的行为准则。因此，品德教育的最终目的是培养亿万个符合社会需要的人，社会化的人。体、智、德、美各育都很重要，但人品是第一位的。因为没有为人的正直、善良、诚实、勤劳，即使身体健壮、才华盖世，也不能有益于社会，有益于他人，反而作恶谋私更凶，危害更大。从古至今，"德者本也"，任何国家、社会、民族的教育无不如此。品德素质是个人的道德面貌，是社会道德现象在个体身上的表现。个人在一系列的道德行为中所表现出来的经常、一贯的倾向，便是他的品德。

幼儿的品德认识是从某些不成文的"规则"开始的。一岁的幼儿最初或许只有"好"与"坏"的简单的、零星的行为判断，但它依照自身的发展规律，会逐渐发展积累成为越来越多的规则体系。一岁半左右的幼儿就对某些行为产生具有一定道德意义的情感态度反应，认识到自己能做某些事情或不能做某些事情，体验到某些规范的权威性，形成了最初的规则意识和自我控制的意向。三岁以后，幼儿就逐步学着按照某种道德方式来接触世界，从道德的角度来观察世界，给周围的事情打上一些粗浅的道德的烙印。如“公园里的花不能摘，这是给大家看的”；“要说礼貌话，不说骂人话”；“坐在椅子上是好的，站在椅子上是不好的，把椅子弄脏，别人就不能坐了”；“冰棒纸不能扔在小河里，要扔到垃圾箱里，那位阿姨请别扔”；“书是我们的好朋友，不能损坏它”，等等。他们在探索物质世界的同时，也对生活中的道德现象充满好奇和关怀，他们正在建构自己的品德结构。皮亚杰认为，儿童是一个主动选择的学习者，所有的外来的信息刺激都要通过他内部结构的过滤才能输入。在主、客体相互作用的过程中，幼儿一方面运用已有的智能、情意结构去认识客体，或施加影响于客体，改造客体和发展新认识；另一方面，也对自身的内部结构不断地进行建构和重构。幼儿身处各种社会现象和社会关系的网络之中，是受社会道德影响的客体，也是有各自不同的品德结构的主体。他在认识、判断各种道德现象的同时，协调和探索着自身与外部世界的道德关系。如“老师教我们的歌曲说，在公共汽车里要让座，我想让座，可妈妈为什么骂我‘小笨蛋’?”“那个小弟弟明明在说谎，为什么大家还夸他聪明?”“为什么大人喜欢说谎?”著名的心理学家柯尔伯格说过，“儿童有其自己的道德，甚至有其自己若干系列的道德”。如果我们很少倾听幼儿对为什么要遵守某些行为规则的看法和他们遇到的内心的困惑，我们就很难真正理解幼儿正在建构的品德图式。如果我们仅仅满足于给幼儿灌输一些“美德”行为的条文，而不了解他们的真实思想、态度、言论、举动，就会使品德教育停留在“鹦鹉学舌”的水平上。

二、品德结构中知、情、意、行的辩证统一

品德是交往行为的逻辑。幼儿对品德的认知最初是从他们与外部道德主体的相互作用开始的。外部道德主体包括幼儿的父母、长

辈、直接照顾者、教师、保育员或社区邻居、上门商贩等等，他们是规则的倡导者或体现者，更广的还有亲友、社会不同职业的人们或小同伴群体，以及文学作品、电视、录像中的人物形象。正是在各种社会性交往中，幼儿观察与模仿某些社会行为，接受一些行为规则，对自己和他人的社会性行为进行有道德意义的判断或推理，主动地把外部道德主体所提出的规则纳入自己的行为。皮亚杰强调，规则或命令只有来自一个使幼儿同时产生爱恋和敬畏两种情感的对象，而不是仅具其中一种情感的外部道德主体，幼儿才乐意从内心接受该道德主体所期望和代表的规则。仅对成人或规则产生惧怕，只能引起幼儿外在的、表面的服从或不稳定的被动接受，而不能被幼儿认同、内化，纳入其品德建构，并形成个体对道德价值体系的一次次生活积累。

品德信息的选择、接受，常常伴随着情感。幼儿常以自己的满意或不满意、肯定或否定的情绪化态度作为最直接的行为反应，幼儿还具有趋向积极情感体验和回避消极情感体验的先天性倾向。在品德行为中，认识是基础，情感体验起强化、过滤和调节作用，意志则是一种动力状态，意志的生成和行为的实施离不开认识和情感，认识的起动又需要情感、意志的促进和动作的体现。由此可见，知、情、意、行是相互依赖，不可分离的。

三、幼儿品德素质培养的特点与基本规律

（一）幼儿对道德概念和规则的认识多从感性经验开始，带有很强的具体形象性。素质教育必须针对幼儿的思维特征和生活经验，采取生动活泼、幼儿乐于参与的活动，提供多个侧面（包括对人、对事、对物、对自然环境等各种关系）、多种形式（包括音乐、体育、故事、诗歌、舞蹈、戏剧、表演等各种内容）、多条途径（包括游戏、劳动、观察、调查、节日活动、联欢、竞赛等各种手段），让幼儿广泛接受社会信息，并结合具体的社会现象和情境进行比较分析，帮助幼儿逐步学会道德判断和行为决策。

（二）幼儿品德素质的发展，要建立在幼儿与教育者之间良好的感情关系上，建立在爱恋和敬畏两种交融的情感基础上，才能获得成

功。儿童对父母的爱恋是天然的，但常常缺乏敬畏；而对各方面比自己强大的教师的敬畏也是天然的，但要唤起爱恋就不那么容易。每个教育者都必须尊重、理解、热爱、信任幼儿，满足各个幼儿不同的心理需要，建立起亲切、和谐、民主的精神环境和真正的威信，使品德教育能和人格力量、榜样行为相结合，取得良好的实效。

（三）幼儿期正处于他律道德阶段，并逐步向自律道德转化，幼儿对社会行为的是非、善恶判断，开始摆脱完全依从成人指令和评价，慢慢地向形成自己明确而独立的价值标准体系迈进。到了大班后期，部分幼儿开始出现自律道德的萌芽，初步提出一些独立的见解。从道德启蒙的角度出发，这个时候的品德教育，要帮助幼儿学会从生活和游戏需要出发来制订规则。不再把规则看成是绝对不变的，而把规则当作保证集体生活中共同利益的相互约定，使道德判断从“是”转变到“应当”，成为发自自己主观的价值标准的产物，自己内部的道德命令。为此，我们要注意做到以下几点。

1. 教师对幼儿行为的评价，力求积极、公正、慎重。要以正面说理为主，了解幼儿的行为动机，考虑到幼儿的思维特点和道德观念的发展水平，不要轻易地给他们扣上“自私”、“偷窃”、“凶恶”、“懒惰”、“笨脑瓜”、“不学好”、“改不了”等挫伤幼儿自尊自信的不公正、不确当的语言。要针对幼儿规则意识弱、情感易冲动、行为技能缺乏等年龄特点，从知、情、意、行几个方面下功夫，有目的、有计划地引导他们小步前进。

2. 要鼓励幼儿在生活、游戏和劳动活动中，多与同伴交往，体验互助合作的乐趣，经常交流不同的观点。让幼儿有更多的机会学习换位思维，理解别人的思想、情感，接受别人的不同观点。通过观察、比较，提出疑问，学会修正自己的观点，认同多数人的意见，从而发展自己的归属感、友爱感和对事物的分析、判断能力。

3. 要引导幼儿自己思考和解决日常生活中的道德问题。通过对比调查、情境观察、角色表演和小组议论，引出社会认知冲突，教育者对儿童之间的冲突、矛盾，不要过早干涉或提指示、发命令，要留出时间让幼儿自己思考，依据所熟悉的道德规则来解决现实问题，必要时师幼共同协商，制订规则或确定一些行动方案，从中学会分析、判断、选择、决策和实施。

4. 要根据不同年龄段的行为要求，由浅入深、循序渐进地进行幼儿品德教育。例如，小班应以培养独立性和热爱幼儿园、热爱老师、热爱同伴、适应班级集体生活为侧重点，进行友爱、礼貌、勇敢和正确对待玩具图书、爱护公共财物、关心生活环境的态度的教育；中班应以培养友爱互助情感，学会与同伴交往和生活自理的社会技能为侧重点，进行自立自信、诚实勤劳、乐意为集体服务、关心同伴和家乡变化的态度的教育；大班应以培养活泼开朗的性格、初步的责任意识和热爱自然、热爱祖国、热爱学习为侧重点，进行自信自控、关心他人、关心环境、关心所能理解的国内外重大事件的态度的教育。即使是在同年龄群体中，各个幼儿品德素质发展的步伐也有快有慢。要支持发展水平快的，善待发展水平慢的。要把前一阶段作为后一阶段发展的前提和基础，把后一阶段作为前一阶段的继续和巩固。以"礼貌"教育为例，小班就开始学习"早、好、对不起、没关系、再见、谢谢"等礼貌用语，但真正理解与习惯运用在中班，能懂得礼貌语言中信任、尊敬与友好的含义，会自觉自愿地表达则在大班。

5. 品德教育是塑造灵魂的教育，它贯穿于幼儿园全部工作和各项活动之中。教育者既要安排必要的时间，设计集体性的系列的品德活动，又要通过自然的生活、学习、游戏、观察、散步、劳动等环节，时时处处渗透品德教育的因素，结合不同幼儿的性格特点，有针对性地因人施教。例如，热爱祖国的教育，它不仅体现在幼儿园的环境布置和升旗礼中，体现在认识祖国地图、国徽、国旗、国歌和国庆节的教学中，还体现在平时观察灯彩交辉的广场、街道，观看电视里各种庆典活动和认识不同民族、不同国家人民的生活、劳动、服饰特点等系列的活动中。尤其给幼儿以深刻印象的还有：游览家乡山水景物、著名建筑和祖国名胜古迹时的心旷神怡，体验亚运会、奥运会中五星红旗冉冉升起时的自豪感，为抗洪救灾的英雄行为所感动的泪花，参与富有民族特色的元宵、端午、中秋、重阳等节日时的欢乐，制作彩灯、纸扇、陶壶、扎染获得成功时的惊喜，欣赏国画、民乐和自己挥动彩绸演出民间舞蹈等的愉悦，等等。这一切点滴的积累，潜意识的印刻，就是在塑造、熏陶幼儿对祖国、家乡、民族的热爱眷恋和终生难忘的思乡、报国情怀。

6. 家长是培养幼儿品德素质不可缺少的力量，是与幼儿园教师协同一致进行幼儿品德教育的最佳合作者。美国心理学家霍夫曼和索尔茨坦曾对父母的三种抚育方式与儿童品德发展的关系作了深入研究。他们的研究成果说明，父母专断的养育方式（以体罚、直接暴力威胁、强制剥夺权利和物品等作为主要方式）会引起对儿童内在道德判断、内疚感和承担责任行为的严重的消极影响；父母撤回爱抚的养育方式（以愤怒、不满的语言和不理睬、孤立、拒绝说话或威胁要抛弃孩子等作为主要方式）会引起对儿童内在道德判断和承担责任的消极影响；只有热爱关心、运用正确的教育、诱导的抚育方式（以明确是非，讲述所作行为对别人身体、情感、物质可能造成的伤害，激发儿童羞愧、内疚和同情心等作为主要方式）对提高儿童内在道德判断能力和内疚、承认错误、承担责任、关心体谅他人等行为有积极的影响。一般来说，父母使用体罚手段越多，子女的攻击性、欺骗性行为水准越高，消极行为表现频率也越多。严肃的态度，温和的语调，有节制的轻微的惩罚，有时比大声责斥和严厉惩罚有效时间更长些。而说理诱导最能引导子女自觉地控制不良行为。家属之间的互相矛盾、争吵、不一致，也是造成子女是非观念不明、规则意识淡漠、行动无所适从的重要原因，是放纵子女，致使任性、骄横、为所欲为、抵触对立，养成缺乏自制力或见风使舵、欺弱怕强、焦虑孤僻等不良性格的心理基础。家庭和幼儿园是幼儿成长最重要的微观环境。在家园联系密切，家长与教师经常沟通、交流幼儿在家、在园情况，共同研究对策的情况下，幼儿的品德素质在原有基础上都会得到较好的发展。

四、正视当前幼儿品德素质培养中的薄弱环节

南京师范大学幼儿道德启蒙教育课题组在 6 个省、市（北京、江

苏、辽宁、四川、河北、甘肃)对 1 600 多名 4 至 6 岁幼儿道德行为的调查说明,在有礼貌、守纪律、爱劳动、诚实、勇敢、友爱和关心他人等 7 种道德行为中,得分最低的是关心他人、友爱和勇敢,农村幼儿在爱劳动、友爱和勇敢上得分优于城市幼儿,且有显著差异。这表示农村的传统美德在新生一代身上得到了保持。但 6 个省、市幼儿道德行为的弱项都是关心他人、友爱与勇敢,说明这一问题的普遍性,必须给予应有的重视。我们认为,造成问题的关键还在于教育者习惯于传统的德育模式,忽视了多样化的道德情感和经验的积累。只重视语言感染和记忆,缺乏理解性的情感和实践的经验。这种经验往往产生在一定的情境之中。教师要根据教育的需要,创设一些再造情境,让幼儿在感受、理解情境中把自身的情绪感受与实践联系起来。教师还可以启发幼儿表达自己的情感和行为的道德含意,把实践体验巩固下来。例如,充分讲述在游戏或劳动中享受互助合作行为取得的成果;在音乐歌舞中对视与动作配合所感受的友爱感;在体育、美工活动中协作取胜带来的欢乐。用扩展性描述语言加深幼儿的情感共鸣,进一步激发幼儿友爱之情与乐于助人的动机。内在的经验积累要比外部给予的表扬、批评,作用更长远,印象更深刻。

勇敢行为的训练需要行为表现性的道德情感经验,它体现为集体场合中积极的表演,大胆的发言,敢于尝试新经验、新材料,打针不哭,跌倒自己爬起,遇到困难自己解决,不怕寒冷、黑暗、虫子或陌生人等。教育者应帮助幼儿从观察他人的行为和模仿电视、录像中的英雄榜样入手,在日常生活中给幼儿创造反复练习某些勇敢行为的机会,让幼儿经历一次次的情感经验、一次次的行为练习及甘苦喜乐的过程,通过认知加工,自然地进入自己的记忆库,在相应的时机唤起自主的勇敢情感和行为。在初冬的早晨,幼儿一个个脱去外套,迎着寒风,一边呼喊"北风爷爷你来吧!我们不怕你",一边跨入晨跑队列,连平时最胆小的孩子也都显得精神抖擞,勇往直前。

在每个地区、每个幼儿园的品德素质培养工作中,都可能存在着不同的薄弱环节。这需要园长、教师们认真观察思考与发现,并对照

《规程》的要求，有的放矢地加以改善。在不同班级、不同幼儿身上，可能存在不同的道德行为的薄弱环节。这更需要教育工作者和家长协同努力，细致观察，精心培育。品德素质的塑造，是一项艰巨复杂的长期的工作，然而它也是一项特别有价值、有意义的工作，务必放在各项工作的首要地位，认真对待，切实抓好。

本文发表于《福建幼儿教育》2000 年第 7、8 期

幼儿园师幼互动行为研究初探

一、提出"师幼互动"的几点依据

我们查阅了从 1981 年到 1995 年这 14 年内我国的《学前教育研究》杂志和人大复印资料《幼儿教育》的全部八千多篇文章、文献，发现"师幼互动"这一概念并没有正式提出过、阐述过、介绍过。但不少学者已经明确意识到教师与幼儿的交往对幼儿发展的意义和作用，并开始关注和探索。

国外学者对师幼互动的研究范围却非常广泛，从师幼关系的基本特征与师幼关系对幼儿发展的影响到师幼互动的模式分类、影响师幼互动的诸因素等等。然而，国外学者强调的是幼儿情感、社会性与个性品质的发展，极少研究涉及教育思想与教学方面的问题。从文化渊源和教育规章制度来看，他们在教师观、儿童观、知识观、学习观方面与我们显然不同，在科研理论和方法方面，深度和广度比我们领先。如 1999 年，皮安塔、斯坦伯格和罗林斯以 400 名幼儿为被试的一项研究证实：幼儿园中形成的师幼关系特征预先决定了幼儿入小学后前三年的适应能力与行为。

在研究国内外文献资料的基础上，我们得到了一个共识：在当代中国幼教领域里，正式提出"师幼互动"这一概念是适时的，对于推进我国的幼儿教育改革具有积极作用和重要意义。

开展师生互动研究，有利于促进儿童观的转变。"师幼互动"揭示了教师与幼儿两者均是具有独立人格的有尊严、有思想的平等的个体。互动是双向的活动，主客体因时、因事而互换。因此，要辩证地看待教师的活动计划、专业技能和教育机智与儿童的动机、需要、兴趣、意愿、主张的相互协调。教师应从幼儿视角出发，协助幼儿吸收内在及外部的信息，建构为自身的认识、经验、态度、行为。在当前，尤其可以克服以教师为绝对权威，包办一切，轻视和忽视儿童的主体地位的思想倾向。

开展师幼互动研究，有利于促进现代教育观、学习观的理解和实践。"师幼互动"揭示了教育过程是一系列交互行为的连续发展的动态过程。师幼互动贯穿于幼儿在园的全部时段，包括集体或小组的教学、生活环节、各种游戏、散步、聊天、调查访问、种植饲养、艺术创作等等。幼儿期的学习，带有启蒙性，有强烈的情感色彩，好奇心强，想像与感知现实相联系，直觉行动思维、具体形象思维强于初步的逻辑思维。因此，提高教育质量关键不在于教了多少、教了什么，系统性与全面性如何，而在于学习过程中是否发展了幼儿适宜的经验、态度与能力，增强了学习者的自觉性、敏感性、坚持性和创造性，为终生学习打下良好的基础。在当前，尤其可以克服重知识轻能力，重集体教学活动(上课)轻幼儿自主选择活动的思想倾向。

开展师幼互动研究，有利于促进教育策略的选择和提高教育反省能力。互动作为一种最基本、最普遍的日常生活现象，有着多样化的表现形式，在幼儿园面对面的互动中可以利用语言、目光、体态、手势、表情、动作或形象、声音、文字、物品、标志、符号等作直接的交互作用，也可以借助于图书、报刊、录音、录像、电视、广播等各种中介手段作间接的互动。互动的类型也是广泛而复杂的。我们从中国幼儿园师幼互动的情况出发，根据美国社会心理学者琼斯与西鲍特关于以互动双方各自持有的行为动机以及对彼此行为的期待作为准则所划分的四种互动类型：假相倚互动、非对称性相倚互动、反应性相倚互动和彼此相倚互动的理论，将"师幼互动"划分为五类。

1. 假互动：互动双方各自坚持自己原有的活动打算，很少考虑或忽视另一方的所作所为和信息反馈，因而保持的只是自以为是的拒绝、冷漠态度。

2. 倾斜式非对称性互动：一方根据自己的计划作出反应，而且在权力和经验上占相对优势，对互动也早有准备，他引导和控制互动的发展方向和速度，另一方则是顺从的、被动的、受领导的，然而彼此保持相倚的姿态，在一定程度上被动一方积极或消极地配合着主导一方。

3. 平等式互动：互动双方既能根据各自的打算(或计划)作出反应，同时也考虑另一方的需要，调整自己的行动。彼此都是互动的控制者，通过对话或争论相互让步和配合。

4. 合作式互动：在活动开始前，双方已有共同商讨的计划或分工合作，密切联系，或出谋献策，互相调节，为完成一致的目标而努力，并能从中感到极大的乐趣与自豪。

5. 反应式互动：互动双方并无既定计划或者在互动过程中丢弃了既定的计划，而对现有的活动感兴趣，对另一方的言行积极反应。起初互动是随意的、偶然的，不存在明确的方向，一段时间以后，发展为倾斜式互动或合作式互动均有可能。

互动类型的多样性，有利于发挥教师与幼儿双方的主动性、灵活性、积极性，尤其可以克服教学中的“一言堂”、“模式化”和游戏中的天天摆老摊子、老牌子、老物品的固定、停滞倾向。我们倡导教师有意识地取消假互动，适度控制倾斜式互动的比例，增加平等式互动，参与合作式互动，积极鼓励反应式互动，为创造一个生动活泼的、有利于幼儿身心健康发展的良好环境而作出自己的贡献。

二、幼儿园一日生活中师幼互动事件的调查分析

1998 年，课题组在南京市 3 所不同级别的幼儿园的 6 个班(小班、大班各 3 个)中以连续 18 天时间(每天早晨 7 时半进园到下午 5 时半离园)，采取人种学的研究思路，在自然环境下，以现状观察和描述性记录为主，初步整理获得 589 个师幼互动事件的原始资料。由于这 589 个事件是由多个主体参与、为数众多、场景变换频繁，而且在各种事件的进程中，既有外显行为，又有无法直接观察到的个体的内心活动，为此对每个事件均及时补充了情景综合考察和个别访谈，使量的研究与质的研究相结合，直观变项与推定变项相结合。在反复阅读、辨析、修正的基础上，根据研究目的，最后制定了总体分析框架和具体

的主题项目以进行材料整理工作。

（一）师幼互动行为的主体：施动者与受动者

就直观变项而言，任何一个师幼互动行为事件的发生、发展总是由一方主体先发出启动行为的信息，从而引发对方的反应，经由双方主体间行为上的交互往来而形成的。对开启互动事件的主体，我们称为施动者；提供反馈信息的主体则称为互动过程中的受动者。

施动者与受动者并存，构成了互动行为发生的前提。他们同处一个互动场景之中，但由于目的和地位的不同，会显示出互动行为类型的差别。

表一　施动者在师幼互动事件中的频次分布表

施动者 班别	教师开启的师幼互动事件			幼儿开启的师幼互动事件		
	合　计	大　班	小　班	合　计	大　班	小　班
事件频次	407	211	196	182	78	104
百 分 比	69.1%	35.8%	33.3%	30.9%	13.2%	17.7%

就推定变项而言，在每一个师幼互动事件的进程中，作为施动者，他们发出的行为总是带有一定的目的性倾向，即借助行为以执行某项决定、计划或表达某一要求、主张、愿望。每个互动事件都是由施动者的行为目的与受动者的反馈行为取向所贯穿起来的行为序列组合。在时间持续、序列较长的互动事件中，行为目的与反馈取向可能有几对，但无论如何总有一对是处于核心地位的，它们是维系互动进程的主轴，也是区分不同互动事件的基本界限。我们把施动者的核心目的、意向称为互动事件的主题。

（二）教师开启的师幼互动事件的主题类别

在407个教师开启的师幼互动事件中主题有9种。

1. 指导活动。教师为了向幼儿传授知识、技能，提供某项信息、建议或帮助，指导幼儿达到教学、游戏、生活中的具体目标而开展的活动。例如：教师看了欢欢给小熊搭的房子后，建议说："欢欢，小熊家应该有个窗子，要不房间里就是黑洞洞的，什么也看不见。”

2. 约束纪律。教师根据日常生活或教学活动中的行为规范，或本班的某些规则，制止、改变或强化幼儿的某种行为。例如，集体教学时，教师面带微怒地对龙龙说：“我再说一遍：我讲话的时候，请你不要插嘴！”

3. 照顾生活。教师为了关心照料幼儿的进餐、排泄、盥洗、冷暖、安全而随时提醒幼儿。例如，早操中，教师走到佳佳身边，蹲下来帮她把散开的鞋带系好。

4. 抚慰情绪。教师发现幼儿悲伤、恐惧、忧郁时，给予安慰、爱抚。例如，午睡时间，大多数孩子已经脱衣盖被，荧荧忽然低声哭了起来。教师压低声音问道：“荧荧，哭什么呀？”“有什么不开心的事，告诉老师好吗？”老师帮荧荧擦眼泪，荧荧断断续续地抽泣着说：“我妈妈，我妈妈出差了，好，好几天也不回来。……”“原来为这事啊，妈妈出差是为了工作，等工作做完了，就会回来的呀！”荧荧停了一会儿，又问：“我妈妈会回来吗？”“当然会回来的！你想妈妈，妈妈肯定也在想你。她一定会回来的，还会带礼物给你呢！”老师微笑着对荧荧说，荧荧渐渐平静下来，老师陪了她一会，掖了掖被子，起身离去。

5. 提问。教师针对某一生活常识或学过的知识、技能向幼儿提出问题，了解幼儿的掌握情况。例如“佳佳，你来说，我们昨天听了一个什么故事？”“谁知道纸帽子怎么折呀？玲玲会回答吗？”

6. 让幼儿帮助做事。教师请幼儿做事。例如“欢欢，帮我把拖把拿来”，或者“悦悦，请你去告诉大一班×老师，今天中午，我们班小朋友想和哥哥、姐姐们一块散步。”

7. 共同游戏。教师以伙伴身份参加幼儿的游戏，共享交往的欢乐。例如，教师对玩汽车游戏的幼儿说：“我想去玄武湖公园，可以搭你的车吗？”教师看见小露连赢了两盘棋后，对小露说：“来，现在老师和你下一盘！”

8. 表达情感。教师向幼儿表达自己对他们的情感，不带有指导活动、约束纪律、照顾生活等其他目的。例如，佳佳慢吞吞地从室内走出来，教师大声对她吼道："大家都站好队了，你还在磨蹭什么？"

9. 询问交谈。教师以闲谈方式了解幼儿对某些经历的感受。例如教师知道佳佳昨天和爸爸一起去秋游了，问："你们是坐什么车子去的？看见些什么？"知道玲玲的外婆从外地来了，教师问玲玲，"外婆身体好吗？你以前去过外婆家吗？"等等。

（三）教师开启的互动事件中各主题的频次分布

表二　教师作为施动者对各主题的频次分布表

主题 班别	指导活动	约束纪律	照顾生活	提问	抚慰情绪	让幼儿做事	表达情感	询问交谈	共同游戏
小　班	72	55	35	11	9	5	2	3	4
大　班	79	59	26	18	1	15	7	5	1
合　计	151	114	61	29	10	20	9	8	5
百 分 比	37.1%	28%	15%	7.1%	2.5%	4.9%	2.2%	2%	1.2%

教师作为施动者、幼儿作为受动者的师幼互动主题有指导活动、约束纪律、照顾生活、抚慰情绪、提问、让幼儿帮助做事、表达情感、询问交谈和共同游戏9种，共计407个互动事件，其中指导活动、约束纪律和照顾生活最受重视，占互动事件频次总数的80.1%；出现次数较少的是抚慰情绪、表达情感、询问交谈，频次占总量的百分比均未超过3%；最少的是共同游戏，仅占总量的1.2%。

在互动事件中教师与幼儿各自所持的情感特征具有独特的价值，对互动进程具有决定性影响。所以，在分析数据时，我们把教师施动行为中表现亲切、喜爱、友好情感的正向情感行为，和存在明显的不满、厌恶、恼怒、愤恨的负向情感行为以及没有鲜明情感色彩的中性行为分类标明；同时，对幼儿反馈行为中大胆、积极的进取性行为，带有明显的退缩、害怕、焦虑倾向的畏惧性行为以及没有鲜明情感色彩的平和行为也分类标明。

（四）教师开启的互动事件中的情感特征和互动结果

表三　教师开启的师幼互动事件中的情感特征表现

	施动行为			反馈行为		
	正向	中性	负向	进取	平和	畏惧
小班	32	89	74	33	86	76
大班	17	73	121	28	105	79
合计	49	162	195	61	191	155
百分比	12%	40%	48%	15%	47%	38%

教师作为施动者在互动过程中对幼儿带有负向情感特征的行为频次极高，占48%；正向情感特征的只占12%。因此，幼儿指向教师的反馈行为中畏惧性行为频次也较高，占38%；进取性行为只占15%。卡方检验发现，不同年龄班的差异达到极其显著水平，小班教师对幼儿的正向施动行为显著多于大班，而大班教师对幼儿的负向施动行为显著多于小班。

表四　教师开启的互动事件中各主题的结果

主题 结果	指导活动	约束纪律	照顾生活	提问	抚慰情绪	让幼儿做事	表达情感	询问交谈	共同游戏
接受取向	142	107	59	29	10	20	9	8	5
拒绝取向	8	7	2	0	0	0	0	0	0

每个互动事件都可能导致接受和拒绝两种取向的结果，在教师开启的407个事件中，得到幼儿积极响应的事件为390次，占95.8%；而遭受幼儿拒绝的事件仅17次，占4.2%。这仅有的17次拒绝取向的互动事件主要集中于指导活动、约束纪律和照顾生活三个主题类别。

（五）幼儿开启的师幼互动事件的主题类别

在182个幼儿开启的师幼互动事件中，主题也有9种。

1. 告状。当幼儿受到同伴侵犯、发生争吵或发现同伴中有不符合教师规则要求的行为时会向教师控告同伴。例如，强强用脚摇动丹丹的椅子，丹丹无法阻止就大声向教师报告："老师，强强摇我的椅子。"游戏时，青青和余月一起玩泥，发现余月把橡皮泥抛落地上，就跑到教师跟前，说："老师，余月把橡皮泥乱丢。"

2. 请求允许。幼儿想做某事，先向教师征求同意。例如，青青今天被分配去玩娃娃家，但他很想玩沙箱游戏，于是在沙箱旁转来转去，终于鼓起勇气向教师请求道："老师，我想玩沙箱游戏。"

3. 寻求指导和帮助。幼儿遇到困难、问题或麻烦时，即向教师求助。例如，午睡时天天解不开鞋带，向教师求援："老师，我的鞋带解不开了。"又如，文文对无花果感兴趣，缠着教师问："为什么无花果没有花？没有花为什么还能结果子呀？"

4. 寻求关注和安慰。幼儿渴望教师注意自己或遇到挫折、伤害时需要得到慰抚。例如，龙龙在奔跑中被椅子绊倒后，一边大哭，一边把目光投向教师，希望得到安慰；佳佳送杯子时故意绕到教师面前跳了一下，希望引起注意。

5. 表述情况。幼儿向教师讲述自己遇到的经历、见闻，目的在于交流信息而不是要求指导、帮助。例如，思思喝完豆浆后跑到教师跟前激动地说："老师，我知道豆浆是怎么做出来的，昨天我爸买了一台豆浆机。我们家可以自己做豆浆了。"

6. 询问。幼儿对幼儿园活动或教师个人的某一方面情况进行询问。例如，小米听说别班去参观食堂了，就跑去问教师："我们班什么时候去参观食堂啊？"余月发现教师在写教学笔记，好奇地问："老师，你在本子上写的是什么呀？怎么写得这么小呀？"

7. 帮助教师做事。幼儿不等教师吩咐，主动帮助做事。例如，乐乐发现教师的铃鼓掉在地上，就快速跑去捡起交给老师。

8. 发表见解。幼儿力图表达自己对某一事件或现象的见解。例如，老师在讲到黑老鼠时，烨儿忽然插嘴说，"老师，老鼠不光是黑色的，还有白色的。我爸爸实验室里的老鼠就是白色的。"

9. 共同游戏。幼儿主动邀请教师参与自己的游戏。例如，理发店的丁丁见教师站在附近，便向她说："到我们理发店来理个发吧！今天是教师节，打八折收费！"

（六）幼儿开启的互动事件中各主题的频次分布

表五　幼儿作为施动者对各主题频次分布表

班别＼主题	告状	请求允许	寻求指导和帮助	寻求关注和安慰	表述情况	询问	帮助教师做事	发表见解	共同游戏
小　班	26	17	14	18	22	2	1	2	2
大　班	22	11	12	7	9	3	3	10	1
合　计	48	28	26	25	31	5	4	12	3
百分比	26.4%	15.4%	14.3%	13.7%	17%	2.7%	2.2%	6.6%	1.6%

在幼儿开启的师幼互动事件中，出现次数最多的主题是告状，占互动事件总量的26.4%；其次是表述情况，占17%；接下来依次是寻求指导与帮助、寻求关注和安慰和请求允许，三者出现次数比较接近，各占13%～15%左右；发表见解较少，占6.6%；询问、帮教师做事、邀请教师游戏三项均为2%左右。卡方检验发现，小班幼儿发起的寻求关注和安慰、表述情况的互动事件明显多于大班幼儿，而大班幼儿发起的向教师发表见解事件明显多于小班幼儿，三者都存在显著性差异。

（七）幼儿开启的互动事件中的情感特征与互动结果

表六　幼儿开启的师幼互动事件中的情感特征表现

	施动行为			反馈行为		
	进　取	和　平	畏　惧	正　向	中　性	负　向
小　班	61	28	15	19	70	15
大　班	41	36	1	5	51	22
合　计	102	64	16	24	121	37
百分比	56%	35%	9%	13%	66%	20%

在幼儿开启的师幼互动事件中，幼儿作为施动者所发出的进取性行为占56%，而畏惧行为不足10%。这说明，这种师幼互动行为对发展幼儿的独立性、主动性非常有益，教师应当积极鼓励幼儿有话敢对老师说，包括不同的意愿、主张、需要或建议。然而，作为受动者，教师的正向反馈行为却最少，多数是没有情感色彩、不置可否的表态。卡方检验发现，小班教师的正向反馈行为显著高于大班，大班教师的负向反馈行为高于小班，有显著性差异。

表七　幼儿开启的互动事件中各主题的结果

结果＼主题	告状	请求允许	寻求指导和帮助	寻求关注和安慰	表述情况	询问	帮助教师做事	发表见解	共同游戏
接受取向	21	22	22	21	23	4	3	2	3
拒绝取向	27	6	4	4	8	1	1	10	0

在幼儿开启的互动事件中，很明显地反映出不同主题导致教师不同的反馈，带来不同的结果。例如，幼儿发出的寻求指导和帮助、寻求关注和安慰、询问、帮助教师做事、邀请教师共同游戏等施动行为，教师正向反馈的比例较高，以接受取向为主；对告状行为则甚为反感，负向反馈占56%。教师最为反感的是发表见解，其负向反馈占83%。

（八）关于师幼互动情况调查的几点思考

综合我们借助自行制定的师幼互动行为分析工具所获得的整体感受，我们着重思考了以下几个问题。

1. 师幼互动呼唤教育思想的改革和教育行为的转变

倡导师幼互动的立足点在于师幼双方都是有独立人格的主体，应当得到民主、平等而且相互尊重的地位，然而在现实的师幼互动情景中，我们发现教师总是处于控制者、管理者、权威者的地位，幼儿总是处于服从者、依赖者、被动者的地位。这突出地表现在以下几方面。

在589个师幼互动事件中角色地位不在一个水平面上的、倾斜式互动类型占绝对优势，这包括教师开启的指导活动、约束纪律、照顾生活、抚慰情绪、提问、让幼儿做事等6个主题和幼儿开启的寻求指导与帮助、寻求关注与安慰、告状、请求允许、表述情况等5个主题，占教师开启互动事件中的94.6%，占幼儿开启互动事件中的86.9%。我们认为，不同互动类型的比例应当适当控制和调整，必须强化教师与幼儿处于平等地位，以交流信息和沟通情感体验为主的非控制性、非指导性、非管理性的互动事件，如教师开启的占总量5.4%的情感表达、询问交谈、共同游戏主题和幼儿开启的占总量4.9%的询问、帮助教师做事主题，以及幼儿开启的反应式互动类型的发表见解与邀请教师共同游戏等主题。

这次调查说明，尽管对《幼儿园工作规程》的学习、讨论、贯彻、试行已有9年时间，尽管多数教师在儿童观、教育观方面确有显著进步，但要彻底打破传统的师道文化的束缚，跳出对“传道”、“授业”职责的片面理解，真正承认儿童的学习权、发展权和表达权，接受“互动”观念，还存在着相当大的障碍和困惑。

教师心目中的“孩子”往往只是工作的客体，而不是能动的主体。你若问一位中国幼儿教师，影响她的教育活动的第一因素是什么？她的回答往往是“上课和教育计划”。据说，因为这是根据“规程”和“课程目标”制定的，是经过园领导审查和教研组集体讨论的，甚至上级督导人员也是要对照计划检查工作的。但是，你若问一个美国幼儿教师，影响她的教育活动的第一因素是什么？她的回答往往是“观察孩子的兴趣和倾听孩子的意见”。在那里，孩子有权和教师平等地互动，孩子成为真正的主体。

要根本改变广大中国幼儿教师的教育观、儿童观、职业观，看来是一件长期而艰巨的任务，认识“互动”的实质也是如此。在教师决策、操纵、指挥、包办一切的互动方式下，造成了幼儿完全按照教师的意志行动的习惯。事实证明，幼儿确实得到了教师、家长们所期待的“发展”，他们在不知不觉中培养了被动性而不是独立性，依赖性而不是主动性，服从性而不是创造性，他们力求达到与教师指令一致，而不是力求发挥自己的潜在智能。一旦遇到意外的情景，遇到困难或挫折，离开教师的指导与安排，不少孩子就会不知所措，面对一些很简单的问题也不知如何处理。

2. 在教学活动中，存在着教育要求一刀切，学习成果一律化，忽视幼儿本身的经验、意向、想像和创造的表达

这表现为两个方面：一是片面强调记忆与重现，要求幼儿所反映的知识、技能必须与自己教的内容完全符合；二是对幼儿所说所想的与他人不同的答案，都要及时"拉回"到教师预先设定的要求上来。

在一个班的自由活动时间，优美琴声引发幼儿想要把心中的感受通过身体表现出来，抒发自己的想像和激情，这应当是孩子的权利，也是音乐表现欲和才能的自然流露。然而，却由于没有和其他人的行动完全一致，引发了教师的一腔怒火，幼儿受到剥夺权利的惩罚。

3. 在生活环节中，存在着过多的规则、束缚与压抑，忽视不同幼儿身心需要的差异性与积极情感的引导

幼儿园日常生活中有许多必须遵守的行为规则，各项活动的具体规定以及行为规范等。遵从常规关系到幼儿良好行为习惯的培养，对初步的社会规范的理解与适应，并直接影响着集体生活和谐有序的进行。然而，班级人数的日益增多，规则种类的日益纷繁、复杂(一般有30～40条规则)，使理解与遵守规则、纪律成为幼儿适应集体生活中的一大难题，也是幼儿教师一项棘手的工作。它比较集中地反映在教师开启的"约束纪律"和幼儿开启的"请求允许"、"告状"等互动事件中。规则不仅监控着幼儿外表的行为举止，也监控着幼儿的自尊、自信与羞愧、恐惧等深层心理体验。但是，这么多常规的合理性、教育性却习以为常地无人敢怀疑、否定，甚至想个办法去加以改变。什么时候和什么事情真正需要常规和纪律约束，不同的教师也有不同的看法。孩子之间的争吵，有人认为是违反常规问题，有人认为是学习社会经验的正常现象；在不需要语言表达的活动中说话，有人认为是违反常规问题，有人认为低声交谈可以允许，也是儿童所需要的；不经允许去厕所，有人认为是常规问题，有人认为不必制止。教师本身的性格和情绪状态，也或多或少地影响到"纪律约束"和"请求允许"的宽严程度，

在心情不佳时，教师的忍受程度、宽容阈限在变化。至于环境嘈杂、空间局限、活动设备、材料的单一与匮乏、拥挤的人数和违反幼儿身心特点的活动本身所招惹来的违反常规问题更是幼儿无法抵抗的灾难。人们应当认真思考每项规则存在的合理性、影响幼儿违反规则的缘由和众多的影响因素，探求幼儿规则意识形成和发展的规律，而不是单纯采取训斥、强制、惩罚和剥夺权利的对策。

4. 在游戏活动中，存在着教师越俎代庖地安排角色、安排场地、确定内容的现象，忽视了幼儿对游戏的自愿选择、自主展开、自由交往的权利

众所周知，游戏是幼儿的基本活动，是不学就会的特殊活动。然而，在幼儿园中游戏却变成了越来越复杂的“任务”，营业员该怎么说、医生该怎么做都有固定的行为要求；各类游戏开展的空间、时间都有明确的指示，甚至演化为标准化、程序化的“表演”，不少教师认为，“游戏若离开教师的指导，孩子就玩不出水平来”。不少孩子说：“老师的游戏不好玩，我想玩的游戏不给玩。”孩子们似乎变得不会自己玩游戏了。

要尽量满足每个孩子的游戏需要，尽量让幼儿自由选择决策，坚决把游戏的主动权归还给孩子，让他们在游戏中充分享受身心的愉快，并以自己特有的思维方式再现经验，激发想像，操作材料，获得学习与成长。

5. 在师幼交往中，存在着“好孩子”模式的偏爱倾向，忽视因势利导地发展不同幼儿的个性与潜能

在师幼交往的具体过程中，在教师对幼儿施加影响的同时，幼儿也以自身的特点有意无意地、极大地影响着教师的教育行为。教育能力强的教师能自觉地反省教育过程，分析幼儿的特点，不断调整自己的教育行为；但也有的教师不能跳出自己对某些幼儿所形成的“刻板印象”，以致在一定程度上常被自己的成见和幼儿的偶然行为牵着走，不但难以进行针对性教育，也对自己和幼儿的身心发展产生许多不良影响。

热爱每个孩子,从理论上承认这一点是容易做到的,但要思想上真正接受每个孩子就困难了,尤其难的是落实到教育行为中去。不少教师说:“内心的偏爱是难免的,只要不说出来就行了。”然而,互动理论证实,人际交往除了运用语言以外,眼神、表情、姿态、动作,甚至一举手、一投足都能传递出互动的信息,教师的儿童观又怎么掩盖得了。弗洛伊德早就告诉我们:“被压抑到潜意识去的一些思想、情绪,会自觉或不自觉地从一个人的目光、姿势、语言中流露出来。”解决偏爱的唯一正确途径是教师要对自己所“讨厌”的孩子更多地接近和了解,发现每个孩子的闪光点,增进情感,加强信任,彻底改变自己的态度。

每一个孩子都强烈地需要教师的爱。普林格尔在《儿童的需要》一书中,特别探讨了儿童期的社会心理需要。他认为,生理需要出自儿童生存本身,它的满足与否关系着个体生命的成长与发展;社会心理需要则缘起于儿童的群居本能,要为社会所接纳,要成为一个社会的人。它主要为四类:一是对爱与安全感的需要——感觉到自己被他人关心、爱护着,处在安全而有照顾、帮助、支持的有保障的物质和人际环境之中;二是对新体验的需要——需要在好奇心与求知欲的驱动下,不断去尝试新鲜事物,获得前所未有的经历;三是对赞扬与认可的需要——需要得到他人特别是在自己心目中具有权威地位的人对自己的称赞与鼓励;四是对于责任感的需要——需要独立去做一些事情,有一定的行动与选择的机会,以便通过事情的后果确认自己的能力。对于弱小而又处于他律阶段的幼儿来说,基本社会心理需要若长时间的得不到满足,不仅会影响幼儿生理上的成长,也影响他们的信任感、安全感和自我意识的发展。受到教师偏爱的幼儿往往滋长骄傲、自满、依赖、撒娇、任性、霸道的性格;被厌弃的、相貌不佳、衣着较差、自制力弱、有不良习惯或接受能力慢的幼儿则会因冷漠、疏远和不公正的消极评语的伤害而产生缺乏自信、畏缩胆怯、紧张焦虑或怨愤对抗等不良性格。

三、对理想的师幼互动行为的实验与探求

经过5年来的实验研究,我们的主要体会如下。

（一）改革幼儿园的管理制度，是推进“师幼互动”实验研究的前提

“师幼互动”研究开展得较好的幼儿园园长们有一条共同的体验：必须改革幼儿园现行的某些管理制度，尊重和倾听教师意见，给教师松绑，把教育自主权交给教师，使教师感到自己真正是教育改革的主人，有权尝试多样化的教育改革活动。例如：(1) 调整对教师的考核标准，强调工作实效，减少不必要的案头工作，改变刻板的管理制度和高控制的检查、量化指标，让教师把精力落实到观察、了解幼儿，研究教育现象和记录师幼互动行为上去；(2) 全园作息时间不作统一规定，教师可以根据教育过程适度灵活地安排教育内容与时间，创造性地完成工作；(3) 发挥激励机制的作用，对教师分层培养，明确目标，通过拜师会、手拉手、换岗试岗等活动，增强教师的成功体验，增进同事间的交流和集体凝聚力；(4) 营造民主、宽松的氛围，领导要严以律己，宽以待人，客观、公正地坚持原则，对教师亲切融洽，把幼儿园各项工作置于群众监督、参与中，充分调动教职员工的主动性、积极性、创造性。

（二）正确理解、掌握各类型师幼互动行为的特点和作用，是实施教育新策略的重要条件

在反复讨论与研究师幼互动行为类型以后，我们认为师幼双方从本质上说是平等的、自尊的、独立的个体，都有着生存、发展、学习、娱乐和自我实现的权利，因而平等式、合作式互动应当占主流地位。然而，从职业的关系上说，教师曾受过一定的职业训练，具有对幼儿施加教育影响、传递社会文化、保护其身心健康的职责和能力。教师受社会的委托、国家的任命，必须在一定程度上贯彻教育政策法令，引导幼儿的全面发展方向，提供优化的环境、设施，把握教育过程，使之符合社会需要与幼儿身心发展的需要，因而倾斜式互动要占一定的比例，但这是第二位的互动关系，必须依从于第一位的互动关系。从当前状况看，要把倾斜式互动的比例迅速降下来，既要发挥教师的聪明才气和教育机智，又要尊重孩子的经验和潜能，

要充分利用合作式互动、反应式互动来调节教育活动的走向，尽量使事先考虑的有计划有目的的教育活动和孩子即时的学习兴趣、学习意向、自我表达、自我实现的需要有机结合起来，增加幼儿自主选择、操作、参与和表达交流的频率。教师要真正学会用孩子的心灵感受生活，用孩子的眼光认识世界，放下教师“全知全能”的架子，虚心向孩子学习，尊重、理解和信任孩子。每个幼儿都是生动活泼的个体，他们有善于吸收的心智和发展自己的经验、能力、态度、意志的内在建构机能，他们得到的信息来源的丰富，对自己感兴趣的活动的专注、探索，对偶发事件的思考、判断和解决问题的能力，常常超越教师的预料和想像。他们能看到成人忽略的美，表达出真诚感人的爱，心悦诚服地接受公正合理的规则限制。

（三）科研实践是推动幼教改革的动力

1. 在教学活动中，以隐性指导调节显性指导，使倾斜式互动、平等式互动和反应式互动相辅相成交错进行。“显性指导”意指有周密的组织安排，明确的教育目的和严格的计划、教材的教育行为，是教师作为主体单向施教的，幼儿则配合、参与，努力接受教育内容的行为，如学习优秀的诗歌、故事、歌曲、舞蹈、器械操等，它包括一系列讲解、示范、提问、操作教具和评价等活动。“隐性指导”意指以儿童的经验、问题和兴趣为取向的，非计划性的，非全班统一的教育行为。它是灵活利用潜在影响因素、环境或临时发生事件的随机的、非确定性教育行为 。

隐性指导的方法是灵活多样的。例如，(1) 提供信息资源。散步时看见消防车，孩子们非常感兴趣，几次要求再上街观察汽车。教师邀请一位家长把汽车开来，让幼儿分组对车自由观察、提出问题；同时，在科学角摆放出有关交通工具的图书。(2) 提供工具和材料。有个幼儿发现了一个泥洞，孩子们讨论可能是蚯蚓或蚂蚁的家。××捉到一只蚂蚁，×××等在花盆底下，找到两只西瓜虫、四只小蜘蛛，孩子们要求下午再去找虫，教师启发孩子讨论要带什么工具、到什么地方找。(3) 启发同伴互动。“老师，我搭的塔尖老倒下来，站不住，你帮我搭一下吧!”教师说:“小强、叶明都是出色的建筑能手,你就请他们来会诊一下,一定能找出办法来的。”(4)引发讨论和探索。幼儿园的一只母鸡要孵蛋了。教师准备了5只鸡蛋和幼儿一起送到鸡窝去。大家决定由值日生记录孵小鸡的过程。这时明明突然说:“我家的母猫嘟嘟也要生小猫了。”教师说:“请你一定带我们去看看嘟嘟,看看小猫是什么样子的。”并提问,“谁知道家里的动物是怎样繁殖小动物的吗?”“我知道得很少,很想知道得多一些,你们帮我问问家长、找找图书,再来告诉我,好吗?”

2. 在生活环节中,把选择权交给幼儿,让幼儿参与讨论制订本班规则。例如,实验幼儿园从小班入园起就由幼儿挑选自己感兴趣的标记,同样标记的幼儿成为一组,在共同活动中,认识熟悉同组伙伴,明确自己学习、进餐时的座位,并理解小组的含义;两个月后又再次选组,让幼儿真正独立思考和选择同伴,并扩大其交往范围。点心活动不要求定时定位集体统一吃,幼儿可以在一定时间内自己取点心、倒豆浆,一边和同伴聊天,一边轻松、自然地吃。珠江路小学幼儿园晨间锻炼时间,不再以班划分场地、器材,不再限制每个幼儿晨炼时只能按分配玩一两种器材,允许幼儿自选空间、自由结伴,使用当天本班提供的全部体育活动器械,教师还根据幼儿能力和季节不断更新活动材料,丰富锻炼内容。餐前,不再要求依组别进盥洗室,幼儿可自己盛饭、拿菜盘、自选座位、结伴进餐,吃饭有进步的幼儿轮流任桌长。午睡,不再过分严格控制时间,上床后有一定的缓冲时间,醒得较早的幼儿也不再需要睁着眼睛到处张望或因说话遭受斥责,可以提前几分钟起床。规则的简化不但没有引起秩序混乱,反而在讨论、修改规则的过程中,幼儿真正理解哪些规则不能改变的原因,提高了遵守纪律的自觉性,促进同伴间的相互提醒,增强了幼儿自我约束的能力。

3. 在游戏活动中,充分尊重幼儿的自主权,创设宽松、开放、愉悦的环境,让幼儿享受自主游戏和区域性活动的一切便利。自主游戏,是幼儿自由选择、自主展开、自愿组合的游戏。过去,教师对角色游戏的主题内容、游戏场地、玩伴人数和可供使用的配套玩具材料等都有种种限制，幼儿自主游戏的愿望常常得不到满足。经过实验改革，在游戏活动中只要求师生严格遵守安全、卫生的保健原则，玩具、材料的分层次保管原则，场地的协调安排原则，分步实施的指导原则，畅所欲言的讲评原则等，游戏的主题和角色数量再也不受限制，每天可以有几个娃娃家同时开展活动，效果也由幼儿自己评说，各个游戏之间可以互相交换和往来。这样，幼儿玩的是属于自己的游戏。教师不再讲究游戏规模、情节逼真、语言规范、几个游戏的配合联系等，纠纷、告状减少了，游戏的热情提高了，幼儿的专注、坚持、思维、想像和解决实际问题的能力有了显著进步。

师幼互动是发展变化的动态过程，总是带有时代的特征，具有与时俱进的特点。2001 年 6 月，课题组在实验园中再次进行了各主题频次的观察记录，随机抽样 8 个班（小班、大班各 4 个），每班观察 3 天。这次调查，让我们看到了一些令人欣喜的新变化。师幼互动的总频次增加，特别是幼儿开启的互动事件，从过去只占总频次的 30.9%，增加到 36.8%。这说明，幼儿的愉悦感、安全感、成功感比过去增强了，所以能显现出更多的自信心、主动性、创造性。正因为这样，幼儿在互动过程中出现了“主动展示成果”、“要求增添活动材料”、“主动和教师聊天”等新主题，“发表见解”、“表述情况”等原有主题的频次也增加了。教师的教育策略比过去符合实际、灵活多样；教师参与游戏和参与讨论的行为有所增加。互动过程能针对幼儿的需要、兴趣，有的班隐性指导的频次接近了直接指导。师幼互动类型之间的比例发生了变化，更趋合理。在教师开启的互动事件中，倾斜式互动，如约束纪律、直接指导、照顾生活、同情抚慰，占 54.6%，倾斜式互动与平等式互动交错、穿插的，如隐性指导和委托任务，占 32.6%；以平等式互动、反应式互动为主的，如参与游戏、参与讨论、闲谈聊天，占 12.6%。在幼儿开启的互动事件中，倾斜式互动，如寻求帮助、求得关注、告状、请求允许，占 32.2%；倾斜式互动与平等式互动交错、穿插的，如帮助教师、表述情况、共同游戏，占 25.3%；以平等式互动、反应式互动为主的，如发表见解、要求增添活动材料、主动展示成果、与教师闲谈聊天，占 38.8%。

当然，在实验园中，人们对师幼互动行为的理解和掌握，也是不平衡的。师幼互动的这项科研，在我国刚刚起步，还有许多工作要做，亟须继续研究下去。

本文系作者与刘晶波合作，发表于《中国教育科学(2002)》，人民教育出版社 2003 年 10 月版

让道德启蒙融入幼儿生活

日常生活，无论是在忠于职守的幼儿教师眼里，还是在关爱孩子的家长心里，总是从吃、穿、睡等日常生活中的保健环节或常规安排的角度考虑得多，从道德启蒙的教育价值方面考虑得少。然而，生活即文化，孕育着当代文明与传统习俗的碰撞；生活即社会，尤其对接触符号系统世界不多的幼儿来说，生活就是他学习待人接物的教科书。生活没有真空，生活中充满着无数个渗透着品德因素的事件。小玲今天忽然神色冷漠，无言地独坐在角落里，她有什么新的精神需要？小亮和小明在饮水桶旁争先后，杯中的开水泼洒了一地，他们对排队取水的纪律是怎么理解的？行动迟缓的丁丁，被谁推跌了一跤，他在哭泣，而小林、小华却在一旁笑话他，为什么他们能把团结友爱的故事讲得滚瓜烂熟，却没有自觉的友爱行为和感受？这一切说明日常生活中爱心的培养正是道德启蒙的前提和基础。

道德启蒙应当贯穿于生活，渗透在日常各种活动之中，表现在幼儿的喜怒哀乐、语言行为里。教育者若不是细心观察、耐心倾听和积极参与幼儿的生活，他们就会在有意无意间失去许多塑造学前儿童道德认识、道德情感、道德行为习惯以及良好性格和社会性能力的关键时机，甚至会带给孩子许多挫伤与打击，终生影响孩子心理素质的发展。

道德启蒙以生活为取向，就要为幼儿创造一种健康、愉快、安全、开朗、会自制、能分享、乐于合作，既有自信心，又有责任感、成就感的生活氛围；就要关注儿童的生存环境、所见所闻，他们的喜悦、兴趣、期望、困惑、挫折和痛苦，他们所真正理解和接受的规则和道理，他们行为习惯的自觉性，使道德启蒙充满亲和力、感染力和真实性，真正成为具有整体性、社会性、实践性、针对性、有效性的品德教育。长期以来，根据国家教育部体、智、德、美全面发展的教育方针，幼儿教育工作者们一直是在学习、宣传与实施品德教育的任务和“以德为重”的原则。然而，许多品德观念却没有根植于幼儿心目中，因为它比较抽象，幼儿无法真正认清和把握；作为榜样宣传的人物形象虽然非常感人，幼儿却很难理解和遵行，因为它过于高大，超越和脱离了幼儿的生活经验；我们给孩子灌输了太多的美德概念和道理，却没有把它融入儿童世界，与孩子的日常生活相结合，转化为幼儿自觉的情感态度和行为模式，成为习惯，成为内在生成的精神需要。例如，礼貌用语和文明行为，幼儿都知道应当如何做，但是仍需成人不断地提醒、督促，他们才去说去做。有的幼儿是缺乏内心感悟，没有想到这样实践的必要；有的幼儿是缺乏实践经验和技能，即使想关心和帮助他人，也不知在什么场合做、该怎么做；有的幼儿是缺乏家庭、社区的支持，文明行为反而引起周围成人的讪笑，对园内外成人的不同行为要求感到无所适从。有不少幼儿在幼儿园他们能做到，但在家庭、社区里因为情境变了，要求不同而难以巩固。凡此种种，极大地影响了道德启蒙实施的效果。现在看来，把道德启蒙贯穿于生活，化说教、灌注式的德育为内在生成式的德育，化“德”在嘴上为“德”在自觉的态度和行为习惯中，化幼儿园单方的努力为社会合力，才能根本克服“知行分离”“言行不一”，甚至“阳奉阴违”等种种弊端。

道德规范源于人类共同生活的需要。幼儿最初接受的就是生活中的某些规则。规则意识可以有多样化的启迪方式：讲故事、念儿歌、唱一唱、做一做等等。但真正能让幼儿牢记不忘的规则，需要有幼儿切身的经历和体验，反复实践和坚持不懈的保证。例如，在饮水桶旁发生争端后，大家要讨论：要不要排队，怎样才叫排队，不排队有什么坏处？再请幼儿回忆一下哪些地方、哪些时候特别需要排队——滑滑梯、骑童车、下楼梯、做操、喝水、洗手，还有成人在马路上等公共汽车、买电影票等等。然后，再让孩子们自己来解决纠纷，表演一下倒水时应当遵守的规则和按序进出的正确的过程，并要求大家今后要互相提醒不再犯规。又如，玩具、图书必须每天整理，玩后归还原处，但在区域活动和活动室里，到处可以看到乱放操作材料或玩具的现象。教师可开展一次比赛，由整理活动效果好的孩子来讲述自己整理得又快又好的办法，然后大家分头回家练习；并且要求幼儿在班级家长会上各显神通，表演整理衣物、图书、玩具，分别放进抽屉、纸箱、箩筐的做法。同时，要求家长配合教育，凡是幼儿自己能做的事不再干涉、包办。从此，整个教室里的材料柜、玩具架都会有条不紊，秩序意识显著增强，并感受到这样做的好处。由此可见，幼儿道德启蒙的整体性就表现在德性培养是自然而然地与行为习惯培养、情感意志培养、社会性和个性的培养有机地融为一体的。

生活中充满着各种交往，道德启蒙离不开社会性发展。只有在人际互动的背景中，幼儿才能学会认识自己、认识他人、认识周围与自己生活密切相关的不同的社会设施和不同职业的人员。实践证明，认识他人和认识自我，几乎是并行地发展的。对别人的行动、情感变化的敏感性、适应性较强的幼儿，自我认识的发展也较快。3～6岁幼儿的社会认知受“道德实在论”的局限，不善于分析和判断别人引发行为的不同动机，容易机械片面地看待别人行为的具体结果，对待事物带有或多或少的自我中心和他律性特征。然而，他们的自我意识毕竟已经逐步地从“物质自我”向“社会自我”过渡，他们渴望认识自我的优势和力量，需要成人给予肯定、赞许和鼓励，需要周围的人帮助他建立起自信心、自豪感和自制力。但要达到能够独立地察看自我、反思自己的言行，这种“内化”的心理运作方式需要较高的理性智慧和思维境界，幼儿还难以自主做到。因而，他们一方面需要倾听权威性成人和同伴对自己行为的评价来理解和认识自我所得到的“反馈”，同时不断调整自我、控制自我的不适当行为……可以说，他人对儿童的评价和态度是幼儿的一种“镜像自我”，幼儿常通过这些言行来理解和界定自己、发展自己。另一方面，幼儿也要依靠自己平时的随机观察，以他所理解的成人的品德言行和某些同伴在群体中的地位、兴趣、能力、行为表现作为“参照标准”，不断反照自身，模仿或衡量自己，以便逐步形成自认为合理的“自我形象”。他们必须经常看到自己和他人的优势和进步，理解并尊重自我和他人的权利、义务，必须学会克制和减少一些不利于人际交往的自卑感、依赖性、愤怒报复、委屈、嫉妒、骄傲、孤独等不良心理或行为的滋生。他们的成长自然是艰难而缓慢的。然而，人际交往终究是幼儿期一种强烈的内在需要，也是个性和品德发展的基础。因此，作为权威成人的教师和家长要热情接纳幼儿的一切正确或过失行为，公正而谨慎地作出评价。事实上，每一句正式或非正式的评价都包含着严肃的德育价值。例如，“你帮奶奶搬小凳，你真会关心人。”“你把自己喜欢的插塑分给小成一半，小成高兴极了。这就叫分享快乐。”或者是“你真笨，怎么别人都学会了，你还不会?”“像个猪脑袋。”“我看你的老毛病是一辈子也改不掉了。”“你这个尖屁股，我看你5分钟都坐不住!”“你什么也学不会”……仔细掂量一下，认同与赞许的评价增强了孩子的自信与自尊，而那种不负责任的挖苦、讽刺对幼儿自我形象会产生严重的伤害和打击。权威性成人在无意中随随便便地评价幼儿常常会严重挫伤幼儿的品德行为和自我意识的发展。为了促进幼儿品德素质和社会性发展，成人必须少作横向比较，多作纵向比较。让孩子以自己的过去比自己的现在，看到点滴的成绩和进步。尤其要经常发现一些自制力或能力较弱的幼儿身上的“闪光点”，看到他们在生活过程中付出的努力程度，体验他们在原有基础上的经验积累的困难，赞许他们偶然出现的积极尝试、思考和创意；并且要从多元智能的角度出发，在环境、材料的设置上让每个幼儿都能兴趣盎然地从事喜爱的活动，有充分的机会表现自己特有的潜能，获得成就感和体验自我满足感。要鼓励孩子们主动去发展社会适应能力、是非判断能力、自我保护能力和忍受挫折的能力，学会灵活运用文明语言进行交往，学会分享、协商、分工、互助、合作等行动策略。这样，道德启蒙就能脱离单一性的依赖教师说理、解释、演示的初级模仿执行层次，进入到自主分析情景和选择德行的理性决策思维层次，为将来进入到塑造良好个性的自我实现层次作准备。社会性特别是人际的情意交流，既是品德发展的动力，又是德行成长的沃土。

道德启蒙的实践性要遵循生活的逻辑，密切配合幼儿园原定活动的节律，同时在操作和实践中有机地渗透进品德认识、态度、情意、行为、能力诸因素。例如，在晨间锻炼和体育运动中可以培养勇敢、坚韧和不怕困难的意志品质；在生活自理活动中可以培养幼儿独立盥洗、穿脱、进餐、入厕，独立整理、打扫和美化环境，以及独立思考与决策等生存能力和不依赖性；在各种教学、散步、娱乐和区域活动中可以培养幼儿的集体意识、多元兴趣、同伴友情、纪律性和坚持性；在值日生工作和种植、饲养劳动中可以培养幼儿的勤劳朴素、生态观念和责任意识；在各种游戏中可以让幼儿体验不同社会设施和角色的功能，学会制定规则、相互帮助、宽容和合作。尤其要通过同伴间的不断的对话、协商、分享或争执、冲突，积累宝贵的社会经验和解决人际矛盾的能力，掌握换位思维和社会交往的策略、技能。总之，生活中的每一个环节都加深着幼儿对道德的认识和态度倾向。同时，教师也可以针对不同年龄幼儿品德行为中的重点和难点，策划和生成一系列的主题活动。例如，小班的“笑脸娃娃真可爱”，“妈妈请放手”，“我喜欢……”；中班的“你快乐、我快乐”，“我有一双灵巧的手”，“我们的小组”；大班的“规则和标志”，“小小升旗手”，“自己办展览”，“我爱中国”，“我想做个小学生”等主题活动，不但可以深化和组合从生活的方方面面获得的信息，也加深了幼儿的自主自信、独立性、合群性、责任感，促进良好的品德行为和社会性能力的综合发展。

要提高幼儿道德启蒙的有效性，关键在于家庭、幼儿园和社区教育资源在德育过程中的协同一致，形成有效的合力。教师群体要克服“重智轻德”的思想障碍，加强德育素养，提高对幼儿精神需要的敏感性，善于反思自己的教育行为，倾听和观察幼儿精神面貌的点滴变化，及时利用社区内一切有利的教育资源和力量、有教育价值的事件来保证幼儿的全面发展；家园之间要互相尊重，及时交流幼儿的情况和问题；家长要严格遵守国民公德和行为准则，要以身作则，为幼儿做出榜样。家园要共同重视培养幼儿的诚实、勇敢、勤奋、守信、助人、合作、公正和自爱自律等基本价值观；同时，通过权威性成人给予幼儿的微笑、爱抚，对积极行为的鼓励支持，对过失行为的理解、引导，形成教育生态环境的和谐氛围。这种环境的德育薰陶，其价值决不低于系列的德育课程。一般来说，成长在关系和谐、结构稳定、乐观开朗的家庭、社区环境中的孩子，容易建立对社会的亲善感、对集体规则的认同感、对教师和同伴的信任感。然而，幼儿在道德学习中"不犯错误"似乎是根本不可能的。承认幼儿做错事或违反规则是其学习过程和经验积累中的普遍现象，热情耐心地了解其想法、解开其困惑和引导其行为，是成人应当担起的责任。根据我们在六省、市（北京市和江苏省南京市、河北省石家庄市、四川省成都市、甘肃省兰州市、辽宁省沈阳市）对1 619 名幼儿道德行为现状调查，幼儿在园与在家的表现至少有 8 种行为有显著差异，如按时作息、文明礼貌、挑吃挑穿、及时整理玩具用品、遵守游戏规则、自己能做的事尽量自己做（吃饭不喂、自己穿脱衣服等）、打针吃药不哭不闹、不扰乱别人（不插嘴、不乱翻别人物品）等等。所以，幼儿园、家庭和社区在行为要求上的严格与一致性，至今仍是道德启蒙取得较佳成效的基本保证。

生活是幼儿道德启蒙的起点和源泉，但决不意味着德育就等同于全部的生活。杜威主张"教育即生活"，并不是指学校要迎合一般的社会生活，而是要求把学校办成特殊的社会生活，既反映社会生活，又高于社会生活，学校要在这一过程中起引导作用，用美好的、前进的生活培养人，激发个体的德行，推动和影响现实生活。幼儿道德启蒙正是一种生命的教育。生活的教育，是引导幼儿走好未来人生之路的起步。反证地看，美国在上个世纪 80 年代末，首次在公立中小学中大力倡导"品格教育"，被称为品德教育或人格教育新世纪的复兴运动。1989 年，老布什总统发表的《重视优等教育》一文中明确提出，"智力加品德才是教育的目的"，强调必须把道德价值观的培养和家长参与重新纳入教育计划。他们正是体验到在高科技迅猛发展、经济持续增长过程中未能重视道德的同步提高，以致造成德育的"真空"阶段。在当代，美国社会生活里物欲横流带来严重的道德危机，中小学生道德品质每况愈下，青少年吸毒、凶杀、暴力、盗窃、卖淫事件日益增多，引起各界人士的忧虑,已经爆发为公众严重关注的社会秩序问题。这一切,应当让全世界教育工作者引以为诫。

参考文献:

1. 诸洪启著:《杜威教育思想引论》,湖南教育出版社,1997年版。

2. 高德胜:《生活德育引论》,《道德教育研究》2002年第5期。

3. 卢乐珍主编:《幼儿道德启蒙的理论与实践》,福建教育出版社,1999年版。

4. 威尔逊:《美国道德教育危机的教训》,《国外社会科学》2000年第2期。

本文发表于《学前教育研究》2004年第9期

下卷

家庭教育

怎样教育独生幼儿

近年来，随着计划生育、控制人口工作的深入开展，独生子女在儿童总数中的比例正在逐年增长。据南京市部分幼儿园的不完全统计，独生子女的比例一般占20%～40%，在三岁幼儿中有的班达到60%以上。两岁幼儿的独生子女比例更高，有的达到80%以上。独生子女人数的增多，不但引起了家庭结构的变化，而且给家庭、学校和整个社会带来了一系列的新问题，需要研究、探讨和逐步解决。

有利条件和不利条件

与其他儿童相比，独生子女确有不少得天独厚的优越条件。因为是"独生"，他们在精神上能够得到爱的满足。世界上不少心理学家认为，婴幼儿的成长发展，不仅有生理上的需要，如饿了要吃，冷了要穿，累了要睡，更重要的还有感情上的需要，如感到自己是被人热爱的，有强烈的安全感和归属感，这是儿童心理健康的基础。每个孩子都力图获得别人的爱，这是一种正常的社会性的需要，特别是父母的爱更是关系重大。独生幼儿有着家庭的爱护，感情上得到满足与愉快，因此独生子女多数容易树立积极向上的心理，有利于激发探索认识世界的积极性、主动性。而在一些多子女家庭中，由于有些父母对子女的关系处理不当，或者子女过多，忽略了孩子在情感上的需要，孩子往往得不到爱的满足，甚至在智力发展上受到压抑。

因为是"独生"，他们在经济上有可靠的保证。在目前多数家庭经济并不宽裕的情况下，独生幼儿家庭经济收入按人口平均生活费比非独生子女家庭高，加上国家给独生子女的津贴照顾，他们的营养、服装、图书、玩具和学习用品等各方面的条件都比非独生子女优裕。特别是父母能以较多的时间和精力关怀孩子的成长，即使工作再忙，也要安排一些活动，开阔孩子的视野，活跃孩子的思维，增长孩子的知识，培养孩子多种多样的兴趣爱好。如带领孩子参观游览，和孩子谈话，解答各种问题，教孩子背诵诗歌，讲述故事，教孩子认字等。

由于有着这些有利条件，在多数情况下，只要教育得当，独生子女在德智体美几方面是能得到更充分的发展的。

然而，要做好这项工作，还必须正视和分析独生幼儿在成长过程中可能遇到的一些不利因素。例如：

一、独生子女的父母在家庭教育方面比较缺乏经验。多数家长是在毫无知识准备的情况下担当起做父母的责任的，因此，面临的困难比较集中。

二、独生子女容易成为家庭里的"中心人物"，容易发生一些由于溺爱、迁就而产生的行为问题。孩子会产生"以我为中心"的幼稚心理，习惯于享受特殊的优待，对家长也极不尊重；有的爱发脾气，要啥就得立刻给啥，欲望不能满足时就哭闹；有的挑食、挑衣，不爱惜东西；有的事事由成人代做，动手能力得不到充分锻炼，独立生活的能力比较差。

三、家庭教育不一致的情况比非独生子女家庭严重和尖锐。在生活习惯的培养上，如吃零食、看电影、睡眠时间等等问题，家长都会发生矛盾。尤其当孩子犯了错误时，常会出现"爸爸骂，妈妈护，爷爷、奶奶打圆场"等现象。有时甚至引起成人之间相互指责、争吵、埋怨。

四、独生幼儿没有兄弟姐妹，缺少和年龄相近的小伙伴互相爱护、互相帮助、互相合作的实践机会。他们很少有和别人一起分享食物、玩具、图书的愉快体验，因而容易养成自顾自、不合群的习惯，爱独占一切或者胆小退缩，不敢和人交往，同情心与责任感显得比较薄弱。

应注意的问题

在独生幼儿的家庭教育中，应当特别注意哪些问题呢？

第一，要建立合理的家庭关系，使幼儿处于正常的家庭地位。家长和幼儿的关系，应当是平等互助的关系。儿童作为正在成长的新生一代，是家庭中平等的一员。成人应当尊重儿童的人格，不因为他年幼无知而轻视他，欺骗他，并在关心、爱护的同时，教育他关心、爱护家庭中每个成员。在家庭里，每个人都是既有权利又有义务的。如果使幼儿长期处于只享受权利不尽义务的特殊地位，幼儿就不会懂得尊重别人的劳动，不愿帮助父母，不会关心别人，更谈不上助人为乐。让幼儿参加力所能及的劳动，看起来是微不足道的小事，但幼儿只有在这种劳动实践中才能真正产生同情心、责任感和爱劳动的思想感情。另一方面，家长与幼儿的关系又是教育者与受教育者的关系。孩子的饮食起居、生活制度、用品购买应当由成人科学合理地安排。成人应当逐步培养幼儿的自制能力，当孩子的愿望与成人的要求不一致的时候，要使孩子能自觉而乐意地服从正确的要求，教育他有做"好孩子"的强烈愿望，而不是集中在讲究吃穿上。

第二，尽早培养幼儿有益的行为习惯，有意识地强化良好的动型，决不迁就幼儿不合理的要求。我们从实践中可以看到，幼儿从学说话开始，就逐步理解"好"与"坏"、"美"与"丑"、"能干"与"偷懒"等语言的褒贬含义，这些词的信号加上亲人说话时的神态，构成了对某些行为肯定或否定的态度和评价。而幼儿正是从模仿家长对他或对别人的行为评价中，学会选择自己的行为方式，学会控制自己的欲望，掌握某些道德观念，形成道德判断能力的。成人的肯定的评价，愉快的情绪和满足的体验，使某些行为方式得到重复练习，而那些带来斥责和失败的体验的行为方式就得到改变和抛弃。在成人的正确教育下，幼儿就巩固良好的动型，反之，在成人的放纵下，幼儿就巩固不良的动型。所以，妥善处理孩子第一次的错误行为非常重要。家长既要坚持原则，又要循循善诱，要采取灵活生动的方法，帮助儿童分辨是非。当幼儿发现哭闹、发脾气、扔东西都达不到什么目的，还要受到成人的冷淡或批评时，也就会改正自己的行为方式。为了巩固良好的动型，家长要严格要求自己，事事时时以身作则，要教给幼儿正确的行动方法，经常检查，给予鼓励或纠正。

第三，家长们对独生幼儿的教育必须一致。父母、祖父母与外祖父母，都是幼儿最亲近、最信服的人，如果他们对儿童的要求互相矛盾，就会造成教育作用的互相抵消，正确的要求不能贯彻或巩固，家长的威信难以树立，而孩子也无所适从，正确的是非观念就不可能形成。因此，家长们对幼儿提出的教育要求和使用的教育方法，最好事先协商，互相支持，并耐心进行正面教育，做到要求一致、方法一致、态度一致。这样，儿童就会感到成人的意见是坚决的、有力的，必须服从，没有讨价还价的余地，良好的行为就容易得到巩固。

第四，帮助独生幼儿选择小伙伴，以促进他们的智力和体力的发展，丰富他们的社会性交往的经验。为了弥补独生子女没有兄弟姐妹的缺陷，家庭应当创造条件，给孩子找一二个年龄相仿、性格相近的小伙伴。有了比较固定的小伙伴，买了新的图书、玩具，可以让孩子请小伙伴一同来玩；养了鱼虾龟蟹，可以让孩子和小伙伴一同观察、交谈。在共同的游戏过程中，儿童才能锻炼肌肉和感觉器官，促进新陈代谢，提高机体的生命力；儿童互相出主意，想办法，巩固已得的知识技能，丰富了语言，发展了智力，可以进一步加深对周围环境的认识；同时儿童亲密无间，协调一致，遵守规则，可以增强独立性，培养团结友爱、互助谦让、热爱集体等良好的思想品德。自然，孩子之间难免会发生争吵或弄坏了东西等事情。这时，家长应作必要的指导，如帮助分工，教他们轮流使用玩具，建议游戏的内容或提出简单的规则，要求大家遵守等等，使游戏真正成为促进儿童身心健康发展的手段。有条件的家庭还应当让独生子女进幼儿园，接受集体生活的锻炼及有计划、有目的的社会教育，以弥补家庭教育的不足。

本文发表于《光明日报》1981年2月23日

重视幼儿创造能力的培养

邓小平同志提出的“教育要面向现代化，面向世界，面向未来”，同样适用于幼儿教育。当然，幼儿教育有它自身的特点。我认为，核心问题是要培养幼儿的创造能力，特别要注意动手和动脑两个方面。

一、培养幼儿动手操作的能力。手，是我们人类创造工具、把握物体的器官，也是认识事物的器官。手的动作的精确性、灵活性，对一个人从事创造发明、操作机械、进行各种文学艺术活动都有重大意义。从大脑机能定位的理论来看，人手的每一块肌肉，在大脑皮层上都有相通相应的“驻脑点”。在大脑迅速生长发育的婴幼儿期，手的肌肉活动越多、越丰富、越精细，就越能激发大脑皮层相应“点”的发展，越能开发大脑潜力，发展人的智力。反之，这些“驻脑点”就会处于沉睡状态，严重影响人的智力的发展。当然，在培养幼儿动手能力时，要注意贯彻兴趣性和力所能及的原则。根据幼儿的年龄、体力、知识和经验，我们可以组织幼儿自己动手做简单的玩具、标本、模型，做有趣的小实验，参加穿、插、拼、搭、挑等各种用手操作的游戏，以及绘画、泥塑、折纸、剪贴、雕刻、编结等活动，让幼儿承担一些力所能及的饲养、种植和料理自己生活的劳动。有些教师和父母不懂得“手的教育”在婴幼儿教育中的地位和作用，买了比较贵重的玩具，只是大人玩给孩子看，不给孩子玩；有的为了安全和卫生起见，不准孩子用剪刀，耍棍棒，玩泥沙、粉笔等；也有的过分溺爱，连孩子自己会的吃饭、洗脸、穿脱衣服和鞋袜，都包办代替，不让孩子自己动手。这样，实际上是剥夺了孩子动手的机会，也剥夺了孩子活动大脑、发展智力的机会。在孩子长身体、长知识的最佳时期——婴幼儿时期，每一个父母和教师，都要努力创设各种条件，尽量满足孩子好动手的需要，十分重视动手能力的培养。

二、培养幼儿动脑思维的能力。科学的启蒙要从培养幼儿智力开始。有人曾经这样形象化地比喻各种能力对智力活动的意义:观察力是智力活动的门户,记忆力是智力活动的仓库,想像力是智力活动的翅膀,而思维能力则是智力活动的核心。现实生活是发展想像力和创造力的源泉,而创造的第一要素是观察。历史上许多科学家都有一个共同的特点,就是善于从日常见到的普通的事物中发现有助于解决问题的启示。例如,从蜘蛛结网想像到利用交织的钢丝悬造大桥;从池塘表面蒸腾的水气想像到把大量的蒸气收集在一个大袋中做成气球,让人们乘坐气球飞上天空。而幼儿正是富有想像力和喜欢从事各种探索活动的,他们喜欢往水中扔石子,观察水纹散开的现象;喜欢把木板斜放,让不同的物体从板上滑下来。然而,有些家长和教师却往往片面地强调知识的训练和掌握,把这种带有试验性质的有意义的活动看作是无聊、淘气,是浪费时间,加以限制或禁止。当然,知识和想像、创造是有联系的。从一定意义上说,知识是想像、创造的原料,因为我们所说的想像、创造不是杜撰,而是知识在更高层次上的重新组合。但知识和想像、创造也是有区别的。正如爱因斯坦所说:"想像力比知识更重要,因为知识是有限的,而想像力概括着世界的一切,推动着进步,并且是知识源泉。"

鼓励幼儿从不同的角度思考,不满足于简单的模仿和统一的答案,是发挥幼儿想像力、创造力的重要方法。可是,有一些家长和教师却喜欢用自己的眼睛代替幼儿去观察,用自己的脑子代替幼儿去思考。有的教师甚至要求全班三四十个孩子处处一个样。画图作业强调要按照老师的范图画;语言只要求背诵原文或老师编好的话;唱歌表演总是由老师编好动作。示范与提示有时作为多元启发的一种是可以的,但是,如果不断干涉模仿,过多地让幼儿机械照搬和重复,甚至不允许半点走样和自编就会挫伤幼儿的想像力和创造力。

动手与动脑两者是密切相联的。不但是三岁以前的儿童处于直觉行动思维为主的阶段,手的动作对思维的发展具有特别重要的意义,就是在三岁以后的儿童处于具体形象思维为主的阶段,手的动作对思维的发展仍然有着重要的作用。但随着儿童年龄的增长,他们在做复杂的手指运动时,必须进行积极的思维,进行一系列的分析综合,作出各种判断和反应,使眼和手、视觉和动觉协调地运动。例如,幼儿在泥工活动——塑造一样动物的过程中,大脑神经细胞必须十分活跃,要进行积极的思维,确定塑造的目的,设计活动的程序,通过搓、拍、拉、捏、剪、贴等动作,准确地表达动物各部分的特征,要高度集中注意力,发挥想像力,才能实现创造的目的。

三、还要培养幼儿的自信心和独立精神。创造能力的发挥往往要受许多因素的制约,性格因素是发挥创造能力必不可少的心理品质。因此,在培养幼儿动手和动脑能力的同时,还要注意培养幼儿积极的成功的性格特征,如自信、勤奋、独立精神、坚持性等,并要防止幼儿产生消极的性格特征,如自卑、胆小、懒惰、骄傲等。现实生活告诉我们,培养幼儿的自信心和独立精神,是当前要特别引起重视的问题。

幼儿时期正是自我评价能力形成的重要时期,既容易建立自信心,也容易产生自卑感。幼儿在实践中,自身成功的经验和成人的支持、鼓励,是形成幼儿自信心的基础。有些家长和教师鼓励幼儿从小就自己动手,"你自己扣扣纽扣看!""你自己拿调羹吃吧!""宝宝真能干,一会儿就把事情做好了!"这样,幼儿在充满信心的条件下,就会饶有兴趣地去做。他也许会因步伐不稳而跌倒,也许会吃得满桌都是饭粒,甚至会把东西掉在地上,但是,他在实践中,会感到自己有能力,会在活动中充满喜悦之情,不怕失败,积极去做。而每当经过努力获得成功时,成人如果给予正确评价、鼓励和表扬,便是一种情感上的强化,会使幼儿形成正确的自我估价,并推动幼儿勇于尝试和努力。渐渐地,即使没有成人语言上的强化,幼儿自身取得成功的满足感、充实感也会成为主动去克服困难的动力,从而形成一定的独立进取精神。

幼儿缺乏自信心和独立精神的原因是多方面的,主要是:(1)成人的批评指责过多,形成幼儿自我估价偏低。幼儿缺乏自我估价的能力,他们只能通过别人的语言、表情、动作来认识自己、评价自己。有的家长和老师缺乏耐心，不能循循善诱、说服教育，当孩子做错了事或达不到成人要求时，就讽刺挖苦、打骂惩罚，伤害幼儿的自尊心、自信心。久而久之，幼儿就会形成一种“劣等感”、“缺陷感”，无论做什么事都得不到满意和愉快。这样做会致使一些能力较弱的幼儿仅仅注意到自己的缺点、弱点，只感到自己处处不如别人，对自己的优点、长处也不能发现，不敢肯定，很难从软弱的状况中解脱出来。这样的幼儿，情绪受压抑，紧张不安，甚至会用执拗、粗暴、孤僻、顶撞、冲动、欺侮弱小等行为来发泄自己精神上的不满。（2）成人给幼儿的禁令和保护过多，让他们实践的机会太少。不少家长特别是一些独生子女的家长不大注意独立精神的培养。须知培养幼儿的独立生活能力，是培养幼儿独立精神的第一步。那些生活中习惯于依赖、游戏中缺乏主动精神的幼儿，在学习上往往缺乏旺盛的求知欲和学习新事物的积极性，在做作业时，一遇困难，就会说：“老师，我不会！”“妈妈，帮帮我！”在工作和劳动中，一般缺乏自觉性和主动性，缺乏进取精神，如果在没有严格督促检查的情况下，就显得软弱无能，就不会把事情干到底。这些幼儿体验不到克服困难、解决问题的欢乐，碰到一点困难和失败，就感到很大的痛苦，尽可能设法逃避，根本谈不到什么独立进取，也就无法去创造了。

只有坚决改变以上情况，才能使幼儿在成长过程中不断地跨越力所能及的障碍，不断地提高创新的能力，成为有自信心和独立精神、有创造精神的人。长大以后，他们就能经得起任何困难与风浪的考验和新技术革命的挑战，就能适应四化建设的需要，出色地完成时代赋予的伟大历史使命。

本文发表于《福建教育》1986 第 1 期

独生子女独立能力初探

近年来，有关独生子女的心理与教育的实验研究，普遍引起了人们的重视。许多文章比较一致的看法似乎是：相对于非独生子女而言，独生子女的身高、体重双达标率均略高；智力发展良好，认识能力较强，知识面较广。但是，在行为习惯上却显得缺点较多。尤其是生活自理能力差、依赖性强等方面的问题比较严重。据上海、北京、南京、信阳等市在部分幼儿园的调查，独生子女中生活自理能力较差者平均占 34.6%；而非独生子女中生活自理能力较差者仅占 14%。有些 4～5 岁的独生子女不会自己吃饭、穿衣、叠被，玩具掉下地自己不肯拾，硬要老祖父蹲下去拾；有些 7～8 岁的独生子女连手帕都不会洗，甚至有的 10 岁的独生子女望着煮熟的鸡蛋不知如何剥壳。

独生子女的独立性发展前景将会如何？在学前期发生的独生子女生活自理能力不如非独生子女的现象是否会继续下去？变化的依据与可能怎样？生活自理能力与学习能力、学习成绩以及家务劳动能力的相互关系又将如何？这一连串的问题启发了我们进行探索的愿望。

表一　幼儿园中独生子女与非独生子女生活自理能力上的差异比较

地　区	独 生 子 女		
	调查总人数	生活自理能力较差者	
		人　数	百 分 比
上 海 市	70 人	23 人	33%
北 京 市	55 人	20 人	36%

续 表

地　　区	独生子女		
	调查总人数	生活自理能力较差者	
		人　数	百分比
江苏南京市	80 人	20 人	25%
河南信阳市	78 人	35 人	45%
平　　均	283 人	98 人	34.6%

地　　区	非独生子女		
	调查总人数	生活自理能力较差者	
		人　数	百分比
上海市	30 人	1 人	3%
北京市	60 人	10 人	16%
江苏南京市	80 人	18 人	23%
河南信阳市	91 人	8 人	9%
平　　均	261 人	37 人	14%

我们的调查

1985 年冬，我们在南京市清凉山小学一年级一班、三年级一班、五年级一班，同时用问卷法对 129 名儿童(其中独生子女 57 名，非独生子女 72 名)进行了调查。调查内容分三个方面：生活自理能力、独立学习能力和家务劳动能力，按五级记分分别统计出每个儿童的得分情况，并对每个年级的独生子女与非独生子女作比较，求得差异显著性检验。其目的是了解：(1) 不同年龄阶段独生子女与非独生子女在生活自理能力、独立学习能力和家务劳动能力等独立性行为表现上的差异情况;(2) 独生子女与非独生子女在学习成绩上的差异情况,学习成绩与独立学习能力的相关系数;(3) 分析得分最高与得分最低的部分儿童的情况,研究影响独立性发展的某些因素。

表二　独立能力的调查项目(24 项)

独立生活能力(共 10 项)	独立学习能力(共 7 项)	家庭劳动能力(共 7 项)
1. 穿衣	1. 包书皮	1. 洗碗
2. 系鞋带	2. 削铅笔	2. 拣菜
3. 洗手帕袜子	3. 整理书包	3. 扫地抹桌椅
4. 刷牙洗脸	4. 独立预习复习	4. 倒垃圾
5. 梳头	5. 自己看课外书	5. 为成人买东西
6. 收拾玩具用品	6. 独立完成作业	6. 煮饭菜
7. 叠衣服	7. 独立安排时间	7. 帮助邻居
8. 铺床		
9. 不陪睡		
10. 上学不接送		

调查结果与初步分析

一、生活自理能力。我们从日常生活的十个方面,对三个年级儿童的生活自理能力进行了调查,统计结果与以往几个幼儿园调查有明显的不同:独生子女的生活自理能力在一、三年级略高于非独生子女,但差异不显著;五年级独生子女的生活自理能力略低于非独生子女,但差异也不显著。这是由于生活自理能力的各个项目,大都是比较简单的日常生活技能,独生子女大都在幼儿园大班已经掌握了有关的技能。一般学龄初期儿童不需要付出很大努力,就能应付自如。无论是独生或非独生,在生理成熟相仿和练习机会相仿的条件下,在生活自理能力上并无显著差异。他们共同感到困难的项目,主要是收拾用品与玩具,缺乏自觉性;铺床叠被不能经常进行;女孩子自己梳辫还有一定困难。

表三　一、三、五年级儿童生活自理能力差异比较

<table>
<tr><th colspan="2">数据＼项目
类别</th><th>$\bar{x}$</th><th>s</th><th>n</th><th>t</th></tr>
<tr><td rowspan="2">一年级</td><td>独　生</td><td>35.73</td><td>8.54</td><td>15</td><td rowspan="2">0.34
$P>0.05$</td></tr>
<tr><td>非独生</td><td>34.69</td><td>7.62</td><td>13</td></tr>
<tr><td rowspan="2">三年级</td><td>独　生</td><td>41.92</td><td>5.81</td><td>25</td><td rowspan="2">0.87
$P>0.05$</td></tr>
<tr><td>非独生</td><td>40</td><td>9.12</td><td>27</td></tr>
<tr><td rowspan="2">五年级</td><td>独　生</td><td>40.65</td><td>8.18</td><td>17</td><td rowspan="2">1.8
$P>0.05$</td></tr>
<tr><td>非独生</td><td>44.25</td><td>5.76</td><td>32</td></tr>
</table>

随着年龄的增长，儿童独立精神的培养面临着许多新的课题，除了担负起他们力所能及的照管自己生活的内容如穿衣、盥洗、收拾、整理以外，在学校里应当发展独立的学习能力，在家庭中应当发展和父母分工合作，负责完成一定的家务劳动的能力。只有通过这些逐渐复杂的任务，获得充分的实践锻炼和经验积累，儿童的独立性才能更好地发展。

二、独立学习能力。我们从儿童学习的七个方面，对三个年级儿童的独立学习能力进行了调查，统计结果表明：在小学一、三年级儿童中，独生子女的学习能力略优于非独生子女，但差异不显著；而在五年级时，非独生子女的独立学习能力，反过来明显地优于独生子女，有显著差异。我们发现独生子女家长普遍比较重视启蒙教育，独生子女的学习能力发展得较早。在家长的积极指导下，在学习任务不太复杂的情况下，儿童的学习能力发挥得比较自然和充分；若在这个基础上循序渐进，努力引向自学、自律的方向，就能够使学习能力得到进一步的迅速发展。否则，停留在原有的指导方法和过多的干涉与限制，就会阻碍和压抑儿童独立学习能力的发展。

表四　儿童独立学习能力差异比较

类别		$\bar{x}$	s	n	t
一年级	独生	24.67	7.40	15	1.90 $P>0.05$
	非独生	19.15	8.16	13	
三年级	独生	28.12	6.26	25	1.12 $P>0.05$
	非独生	26	7.02	27	
五年级	独生	25.70	8.19	17	2.93 *$P<0.01$
	非独生	30.59	3.49	32	

就以自己理书包，自己预习、复习，独立完成家庭作业和自己选阅课外书籍等四项学习能力为例，一、三年级时，独生子女在这四方面的能力均略占优势，有较好的发展潜力；而在五年级时，却在父母过度干预下，大都有退步。有些家长对独苗怀着过高期望，过分关心，不允许儿童有自己的自由，加上不了解学龄初期儿童心理特点，缺乏良好的指导方法和教育机智，不注意培养子女一定的自学方法和习惯，有时采取生硬、急躁的态度和强迫限制的方法，结果往往事倍功半，效果不好。在五年级 17 个独生子女中，希望父母放手让自己干或减少指导的有 7 人，占 41%；而 32 个非独生子女中，希望父母放手让自己干或减少指导的有 6 人，占 19%。

表五　四项学习能力的发展对比

项目		一年级		三年级		五年级	
		人数	百分比	人数	百分比	人数	百分比
自己整理书包	独生	3	20%	0	0	1	6%
	非独生	4	31%	0	0	0	0

续 表

极少做到者 / 年级 / 项目		一年级		三年级		五年级	
		人 数	百分比	人 数	百分比	人 数	百分比
自己预习复习	独 生	5	33%	3	12%	3	18%
	非独生	6	46%	6	22%	2	6%
独立完成家庭作业	独 生	4	27%	1	4%	3	12%
	非独生	3	23%	1	4%	0	0
自己选阅课外书籍	独 生	5	33%	2	8%	5	29%
	非独生	5	38%	7	26%	1	3%

三、家务劳动能力。我们从七个方面对儿童参加家务劳动的能力进行了调查，三个年级非独生子女的家务劳动能力均优于独生子女。在一、三年级时差异尚不显著，在五年级时则有显著差异。

表六 儿童家务劳动能力差异比较

数据 / 项目 / 类别		$\bar{x}$	s	n	t
一年级	独 生	14.2	7.29	15	1.20 $P>0.05$
	非独生	17.69	8.31	13	
三年级	独 生	20.76	8.46	25	0.8 $P>0.05$
	非独生	22.63	7.58	27	
五年级	独 生	20.70	7.76	17	2.29 $^{*}P<0.05$
	非独生	25.59	6.82	32	

由此可见，非独生子女的家务劳动能力，是随着年龄与能力的增长而稳步提高的；而独生子女的家务劳动能力，则发展比较迟缓，特别

是到了五年级时，有些劳动项目如拣菜、扫地、抹桌椅和倒垃圾等，都出现了倒退现象。

一个健康的学龄儿童总是精力充沛，总想自己活动，喜欢尝试做各种事情。他们对家务劳动的反映是“喜欢做”，由于成功地完成自己分工的家务，受到父母的夸奖，感到很大的愉快和自豪，主动地帮助父母做事，减轻父母的疲劳，体验到自己长大了，有幸福感，而很少参加家务劳动的儿童，却感到自己“笨拙”，埋怨父母“不让做”，认为“还是读书要紧”，“做起来容易闯祸，不敢做”。在五年级，调查家务劳动得分最高和得分最低的16个孩子的情况，对我们很有启发。

表七　七项家务劳动能力的发展对比

项目（经常做到者／年级）		一年级		三年级		五年级	
		人数	百分比	人数	百分比	人数	百分比
洗碗	独生	6	40%	9	36%	10	59%
	非独生	7	54%	16	59%	21	66%
拣菜	独生	4	27%	17	68%	6	35%
	非独生	7	53%	15	56%	19	59%
扫地、抹桌椅	独生	8	54%	15	60%	7	41%
	非独生	5	38%	18	66%	22	69%
煮饭菜	独生	0				4	24%
	非独生	0		2	7%	14	43%
倒垃圾	独生	5	33%	16	64%	10	59%
	非独生	8	62%	23	85%	25	78%
为成人买东西	独生	7	47%	13	52%	9	53%
	非独生	5	38%	17	63%	19	59%
帮助邻居	独生	3	20%	9	36%	4	24%
	非独生	2	15%	8	29%	15	47%

表八　五年级家务劳动得分最高与最低儿童的情况对比

类别		人数	百分比	得分：10分以下	得分：11至15	得分：16至29	得分：30分以上	性别：男	性别：女	家庭结构：核心家庭	家庭结构：扩大家庭	家庭结构：残缺家庭	父亲文化水平：大专	父亲文化水平：高中	父亲文化水平：初中	父亲文化水平：小学	父亲文化水平：文盲
得分最高	独生	2	11%				2	2	0	1		无父1		1	1√		
	非独生	5	16%				5	4	1	4		无父1		2√	1	1	1
得分最低	独生	5	29%	3	2			3	2	4	1		1	4			
	非独生	4	12%		4			2	2	4			1	3			
备注		√表示一人父亲已故，填母亲文化水平。															

我们发现影响儿童家务劳动能力发展的主要因素是：(1) 家长的教育价值观和教养态度。在升学竞争日益激烈的今天，许多五年级儿童的家长重智轻德，片面加重子女的学习负担，尽量不让子女插手学习以外的事。有的独生子女家长，为了保证子女有足够的学习和休息时间，宁愿自己多承担本应由子女干的家务劳动。有的家长出于对子女的溺爱娇惯，觉得替孩子做事并不费时费力，多给孩子一点生活照顾正是自己的安慰，乐意为子女倒洗脸、洗脚水；到处奔波为子女买可口的点心、饭菜。他们不愿意也不舍得让孩子参加家务劳动。(2) 家长对培养儿童独立性的重要意义认识不足。许多家长认为子女才 10 岁左右，年纪小、体力弱，低估了孩子的力量，惟恐损坏东西或影响健康，不能随着子女年龄的增长而提高对子女家务劳动的要求。有的家长认为，家务劳动简单，孩子长大自然会做，做不做都没关系，看不到承担一定家务劳动对发展子女意志力、坚持性、责任感、同情心和社会适应性等方面的积极作用。有的母亲感觉到不参加家务劳动的子女不能体会父母劳动的艰辛，抱怨子女自私、依赖，表现出与年龄不相称的幼稚心理，却并未认识到正是自己的教育培养不得法，束缚和限制了子女参加家务劳动能力的发展。(3) 劳动实践的机会与家庭的现实需要。不少家长满足于包办代替，不给孩子足够的尝试机会，致使

儿童缺乏必要的家务劳动的技能，注意力不集中，缺乏责任感，受到父母的责怪和批评。孩子也感到自己“笨拙”，劳动愿望逐渐下降，满足于依赖父母做家务。与以上情况形成鲜明对比的是儿童得分最高的家庭。据反映，他们的父母无论是独生或非独生的，都热爱劳动，能以身作则，孩子也能理解父母工作很忙或身体欠佳。7 人中有 2 人父亲去世，靠母亲工资收入，孩子们感到需要他们参加家务劳动，父母需要帮助，通过相互关怀、体贴、帮助，亲子之爱得到了共鸣和交流，孩子也学会了适应未来的家庭生活的实际本领。

从发达国家大量科研资料来看，许多国家比我国更为重视对儿童家务劳动能力的培养。他们认为，儿童除了读、写、算的能力以外，还应当发展多方面的独立能力，这是社会性发展的重要课题。儿童应当承担一定的家务劳动，如洗碗碟、做糕饼、铺床、买东西以及修理自行车、制作东西等等，使他们进一步了解社会生活，锻炼意志和培养社会适应性。根据尼古拉·齐尔和詹姆斯·派特申两人 1976 年对美国 2 265 名 7 至 11 岁儿童独立能力的调查，美国儿童从事家务劳动的比例，要比我国同年龄儿童高得多。美国许多教育家认为，社会的迅速发展，对人的培养不断地提出新的规格要求。但是，在每个社会不论发展程度如何，首先需要的是能够自立的人、有独立精神的人，而且必须从家庭培养起。作为家长，应当看到每个孩子都是一个有血有肉的、不同于自己的“独立存在”的人。要看到孩子既是自己的，又不是自己的，既然他们已脱离母体，成为人类社会的一员，有着独立的人格和发展道路，父母就不可能永远伴随着他们。家长要担负起抚养教育孩子的义务，培养其适应社会生活的能力，尽可能让他们自己去获得知识、经验、能力，成为一个独立的人。

表九　美国儿童家务劳动能力的调查

类别 / 百分比 / 项目	7 岁		8 岁		9 岁		10 岁		11 岁	
	男	女	男	女	男	女	男	女	男	女
洗碗碟	60%	30%	64%	87%	70%	92%	66%	92%	76%	96%
做糕饼	8%	9%	8%	22%	18%	42%	18%	48%	26%	58%

续 表

百分比 类别 项目	7岁		8岁		9岁		10岁		11岁	
	男	女	男	女	男	女	男	女	男	女
铺 床	37%	52%	48%	62%	56%	70%	62%	76%	64%	78%
为成人买东西	60%	55%	72%	61%	73%	65%	89%	84%	92%	92%
装配、修理自行车	46%	22%	60%	24%	72%	30%	80%	36%	85%	40%
用工具做小东西	58%	26%	72%	26%	76%	33%	80%	36%	85%	40%

	与中国五年级儿童(相当于10～11岁)相应项目的对比			
	男		女	
洗碗碟	13人	45%	9人	45%
做糕饼	7人	24%	3人	15%
铺 床	14人	48%	11人	55%
为成人买东西	16人	55%	6人	30%

四、学习成绩的对比。比较三个年级独生子女与非独生子女的语文、数学两门课程的学习成绩,差异并不明显。在数学方面,一年级非独生子女的学习成绩略优于独生子女,但无显著差异;三、五年级独生子女又略优于非独生子女,也无显著差异。在语文方面,一年级独生子女略优于非独生子女,无显著差异;而五年级非独生子女略优于独生子女,无显著差异。只有三年级的语文成绩,独生子女优于非独生子女,有显著差异。在写作文时,知识面较广、观察游览机会较多的独生子女,发挥了一定的优势。然而,学习成绩的优劣尚不足以反映智力的高低。总的来看,在学习成绩的差异上,没有找到明确的发展规律。但是,三个年级儿童学习成绩与独立学习能力的相关系数表

明，独立学习能力与学习成绩是正相关。相关系数不高，说明学习成绩要受学习态度、学习目的、智力与非智力因素多种因素的影响。从正相关这一点来看，独立学习能力仍是影响学习成绩的诸因素之一。

表十　儿童学习成绩差异比较

类别 \ 数据 \ 项目		语文				数学			
		$\bar{x}$	s	n	t	$\bar{x}$	s	n	t
一年级	独　生	90.93	4.46	15	0.19	90.87	4.32	15	0.47
	非独生	90.5	7.32	13	$P>0.05$	91.92	7.45	13	$P>0.05$
三年级	独　生	85.88	7.07	25	3.20	87.56	7.19	25	1.51
	非独生	80.62	13.73	27	$P<0.01$	80.89	14.69	27	$P>0.05$
五年级	独　生	76.6	7.50	10	0.06	79.6	7.6	10	0.04
	非独生	76.81	11.02	32	$P>0.05$	79.38	14.15	32	$P>0.05$
备　注		五年级独生子女的学习成绩资料不全，减少了7个学生。							

表十一　学习成绩与独立学习能力的相关系数

相关系数 \ 年级	一年级	三年级	五年级
学习成绩与独立学习能力	0.11	0.33	0.32

结　论

独立性是一种可贵的个性品质，表现在个体决定行动动机，提出行动目的，寻求达到目的的方法、手段的过程中，不依赖外力的帮助，不屈从别人的暗示或压力，不受外界偶然因素的影响。独立性水平的高低，是衡量个体心理成熟和心理健康的重要标志。凡具有高度创造性的人才，一般都具有较高的独立性品质。要培养儿童的独立性，必须创造条件，提供机会，使儿童能自己选择、决策、判断与从事各种独立活动。发展儿童的独立能力，是培养独立性的重要途径。我们着重调查研究不同年龄儿童，在生活自理能力、独立学习能力和家务劳动能力三方面的行为表现，是为研究独生子女独立性的发展情况作一次探索性的尝试。我们希望通过这次研讨，得到大家的指导，为今后的研究打开思路，积累经验。

从调查研究的初步结果来看，我们有以下几点认识。

1. 独立能力不是固定不变的，在正常情况下，儿童的独立能力是随年龄与教育的影响而发展变化的。在进入小学后，由于生理成熟与练习机会的增加，独生子女在生活自理能力上，与非独生子女相接近。

2. 儿童的独立学习能力与家务劳动能力，也是随年龄的增长而逐步提高的。在一、三年级时，独生子女与非独生子女在各项能力上虽有差异，但差异不显著；在五年级时，独生子女的独立学习能力与家务劳动能力，出现了不同程度的下降。非独生子女在这两项能力上，都优于独生子女，且有显著差异。

3. 同样是五年级的学生，独生子女的独立能力下降，非独生子女则仍继续上升，形成了鲜明的对比。根本的分界线是独生子女家长的教育观、价值观和教养态度，独生子女家长对培养独立能力的重视程度，以及家庭给予儿童的实践锻炼机会。有些独生子女家长没有随着儿童年龄的增长，对儿童的独立能力提出相应的较为复杂的要求，仍停留于"扶着走路"的较幼稚水平，是抑制和束缚儿童独立能力发展的主要原因，第二位的原因则是有些独生子女缺乏良好的习惯与技能。

4. 应当向全体家长特别是独生子女家长，大力宣传培养儿童独立性品质与独立能力的重要意义，强调非智力因素对智力发展的影响，真正把下一代培养成为德、智、体、美全面发展的一代新人，而不是与此相反的人。高尔基有一句名言："只有当手教了脑，然后已经变聪明了的脑又教了手，而聪明的手更有力地促进了脑的发展的时候，人们社会文化的进步才能正常地发展起来。"这句话值得我们深思。

本文发表于《全国家庭教育研讨会优秀论文选》，
新时代出版社，1988 年版

提高幼儿思维能力的几种方法

发展幼儿的思维，很重要的一点是要引导幼儿的思维向正确的方向发展，即实现从无意性、兴趣性、不稳定性和具体形象性向有意性、稳定性、概括性过渡。在教育过程中采用各种方法有意识地训练幼儿分析事物之间的关系，根据事物的共同特征分类和通过语言有条理地表达事物的能力，逐步提高思维的条理性、灵活性和创造性。

1. 分析正误。运用改错的方法进行训练，可提高孩子发现问题的能力，养成孩子自觉地区别真假是非，寻求正确答案的习惯。如有的教师经常给幼儿讲粗心的小画家、笨财主、憨女婿的故事；把不应该同时出现的物体画在一张图画上，让幼儿改错与重新组合；设计一些10以内的计算题，出示错误的答案，让幼儿订正；故意减少某些物体的一些部分，让幼儿补充完整；在讲述故事或观察图片中故意加上错误的情节和形象，让幼儿更正等。诸如此类的问题，很受幼儿的喜欢，幼儿兴趣盎然，效果良好。

2. 归类综合。在充分认识单个物体的基础上，要求幼儿根据事物的共同特征进行分类整理。小班幼儿可要求他们能分清吃的、用的、穿的、玩的东西。中、大班幼儿可让他们进行家具、文具、餐具、交通工具、家畜、野兽、昆虫、鸟类、鱼类、植物、动物等的归类综合和类与类之间的比较的游戏。幼儿分类发生错误时，教师不要急于下结论，而要引导幼儿去观察、辨别、思考，说出自己的依据和想法。在一次进行野兽的分类的常识课上，教师指着图片问："哪些动物是野兽？它们为什么叫野兽？"有的幼儿回答说："因为它们吃小动物，所以叫野兽。"这显然是片面的，但教师不下结论，让大家继续讨论。结果，有人赞成也有人反对。接着教师提出:“小松鼠和大象是不是野兽?”这更引起了孩子们的热烈争论。有人说:“松鼠小,是小动物,不是野兽;大象不吃小动物,不是野兽。”有人说:“大象就是野兽,它们是成群地在森林里生活的。”“松鼠生活在森林里,不是在家里养大的,也是野兽。”为了激发求知欲,教师让幼儿把问题带回家去研究。讨论持续了两天,每天都有人提出一些新问题。最后,在教师的指导下,孩子们归纳出了野兽的共同特征。

3. 编排顺序。做分析事物顺序的游戏,可以发展幼儿整理归纳和推理的能力。如玩扑克游戏,要求幼儿按奇数、偶数或逢5从小到大进行排列。又如玩“对牌”游戏,一个出2、4、6,另一个出3、5、7;一个出1、2、3,另一个出4、5、6。这个游戏,前者每个数加2,后者每个数加1,可增强幼儿关于数的顺序的概念。随着计算能力的增强,排序可以逐步复杂化,如把3～5张有情节的连环画剪开,并把次序弄乱,让孩子根据画面的内在逻辑联系,重新组合,或者把主题鲜明的画面剪为6～8块,让幼儿复原拼合等。

4. 自编活动。主要有编故事、编谜语、编歌词、编舞蹈等。如给幼儿一个谜底,让幼儿找出它的特点,编成谜语。又如教师讲故事只讲开头部分,其余的让幼儿编,然后要求幼儿用泥工塑造或绘画、剪贴,把自己最喜欢的内容表达出来。

5. 接龙活动。用图画、数目卡片或语言,让幼儿联想与其相关的事和物。如教师说各种职业的人,幼儿回答“在什么地方”、“干什么工作”;教师说“大海”,幼儿说有关海洋的东西等。

6. 解决实际问题。教师可以提出一个适合幼儿能力的实际问题,启发幼儿去思考,提出解决的办法。如可经常向幼儿提这样的问题:“家里大人不在,邻居家失火了,你怎么办?”“走在路上,看见一个迷了路的小弟弟在哭,怎么办?”让幼儿自己解答。在一节教幼儿区别不同的物质材料制品的常识课上,教师要求幼儿自己想办法区别大小一样的木球和石球。有的幼儿提出用秤称,重的一个是石球;有的幼儿提出用铁锤敲击,声音脆的是石球;有的幼儿提出把两个球放在水中，沉的是石球，浮的是木球；有的幼儿提出用火烧，烧得着的是木球，烧不着的是石球等等，各种各样的方法应有尽有。最后让幼儿分组去实验。这种提出问题，让幼儿去推理、分析、判断和寻找答案的过程也就是幼儿增进知识、发展智力的过程。

本文发表于《福建教育》1989 年第 4 期

幼儿家长赏罚心理的研究

赏与罚是家庭教育中最为常见的教育手段。能否正确合理地使用赏罚,是衡量每一个家长的教育素质、教育能力高低的标志。在任何有孩子的家庭里,几乎没有一天不对孩子进行赏与罚。当孩子表现良好行为时,父母的奖赏给予儿童以肯定的裁决,起着促进与激励作用,可以提高他们再次表现类似行为的积极性;当孩子表现不良行为时,及时地给予儿童适度的惩罚,就是父母表示否定的表态,起着抑制与警戒的作用,可以防止重蹈覆辙。绝大多数家长认为,赏罚是家庭教育中所必需的,而且见效快、印象深。但是,也有不少家长对如何合理使用赏罚的重要性、科学性认识不足,在正确使用赏罚上存在着困惑与矛盾。

为了探索幼儿家长实施赏罚的心理规律,我们在中国儿童发展中心的赞助和方意英同志的指导下,于 1988 年 3 月至 5 月,对南京市 150 个幼儿家庭使用赏罚的情况进行了初步的调查研究。

一、赏罚在幼儿家庭教育中的地位和作用

关于赏罚的地位和作用,在教育史上,从来是众说纷纭、争论不休的论题。不少教育学家、心理学家如罗杰士(C. R. Rogers)、尼尔(A. S. Neil)等认为,人性本善,儿童有内在的自然发展的力量,成人如果不用暴力去强制,不以赏罚来干预,而是用良好的榜样与说理解释,儿童就更能追求美好、有益的事物,可以得到理想的发展。施金纳(B. F. Skinner)等行为主义心理学家则认为,惩罚是有害的。成人若能有效地控制环境,用适当的奖赏引导儿童,完全可以避免惩罚的使用。如果父母不得不惩罚儿童,往往是由于奖赏的方式使用不当而导致的结果。还有的心理学家则提出惩罚和奖赏都有副作用。著名的儿童心理学家皮亚杰,竭力主张成人不要用赏罚来控制儿童的行为,否则就

会削弱与压抑儿童内在的判断能力的发展。也有的学者认为,儿童过分追求奖赏,强烈地依赖成人的判断,甚至把奖赏作为所追求的最高目标,这会造成儿童为了奖赏而去迁就成人的喜怒好恶,丧失自己的信念,缺乏积极的创造能力,成为无独立见解的人。从我们的调查来看,赏与罚在实现儿童的社会化的过程中是极其重要、不可缺少的。儿童从自然的本能的人要发展成为符合社会需要的合格成员,需要学习和接受社会规范体系的教化与约束,把每个人独特的个性、欲望、好恶纳入社会生活允许的境界之中,需要通过外在的社会文化的熏陶、制约和内在动机的培养、引导。例如,知识的学习应该以儿童的学习兴趣和解决问题的欲望为基础,不应以消极的赏罚为目的。但是,当儿童学习的志向尚未明确,求知的欲望尚不强烈的时候,奖赏可以引导启发儿童的探究活动,促进学习的责任感与自信心;处罚可以制止与排斥对学习的干扰,以维护学习的正常纪律与秩序。赏罚本身不是目的,仅仅是为培养社会主义全面发展的合格人才服务的一种外在的制裁手段。如果掌握适当,就能促进内在学习动机的形成。要正确而合理地掌握赏罚的规律,不是一件易事。完全不懂得和不会使用赏与罚的家长,不是一个合格的家长。

我们的调查表明,幼儿家长使用赏罚的形式是多种多样的,从内容来看,有精神和物质之分;从程度来看,有轻微与强烈之分;从范围来看,有个别与当众之分。大体可归纳为四类。

(一) 精神的奖赏

1. 语言表扬,直接的口头赞许与夸奖。

2. 情感表示,用微笑、点头、拥抱、亲吻表示满意和赞赏的感情。

3. 当众夸奖,特地在亲属、朋友、同事面前宣扬儿童的好行为。

4. 增加幼儿所特别喜爱的活动,如讲故事、下棋、看电视、逛公园、作客等,给予增加一次的权利。

(二) 物质的奖赏

1. 满足儿童过去提出过的某种物质要求,如买食品或衣物等。

2. 给以微小的额外的物质奖励,如给予糖果、图书、玩具、文具等。

3. 赠送礼品(价格较贵重的物品)。

4. 给钱,让幼儿自己处理。

(三) 精神上的惩罚

1. 直接的口头批评与责骂训斥。

2. 要挟威吓、警告要告诉某人或将给予打、关、绑、杀等处罚。

3. 一个时间的关黑屋或疏远不理。

4. 取消某种权利或减少一次儿童特别喜爱的活动。

(四) 肉体上的处罚

1. 罚站、罚跪、罚饿饭等。

2. 责打体罚,用手或器械直接伤害儿童的身体,造成强烈的肉体痛苦等。

一般来说,家长文化程度较高的家庭使用精神上的赏罚较多,轻度的赏罚较多,个别地进行赏罚的较多,赏罚的方式方法也更多样化;而文化程度较低的家庭使用物质上的赏罚较多,强度的赏罚较多,如威吓、罚站、罚饿及体罚等,赏罚的方式方法也较单调。有的家长说:"听话就奖,买东西给他吃,不听话就打,这就是赏罚分明。"也有的家长说:"我们想不出什么奖励、惩罚的方法,罚就是打,奖就让孩子自己提要求。"

调查情况表明,当前家长对幼儿的赏罚情况有以下三个特点:(1)家长奖赏的方法是随着幼儿年龄的增长而相应变化的。3 岁时占优势的是口头表扬与情感表示,到 4、5 岁时有所减少,而增加活动、满足要求与物质奖励则随年龄的增长而有明显增加。(2) 责打在 3 岁时最多。这一方面反映了处于第一反抗期的幼儿要求自立活动的愿望强烈,增加了亲子间发生冲突的可能性,另一方面也反映出家长不理解幼儿心理,缺乏耐心与方法而急于采取强制压服的方法来控制孩子的行动。有的家长认为,孩子还小,讲道理也不懂,打了也不会记恨的。(3) 普遍存在的倾向是批评责骂的频率高于表扬和赞许的频率。这说明多数家长不能正确理解和掌握正面教育为主的原则,忽视子女良好行为的培养,只注意孩子错误、过失的改正。他们不懂得责骂是一种攻击性的刺激,常常会引起儿童消极的心理反应。在日本,有人向

300 名少年儿童调查被责骂后的感想，结果发现责骂常常会使儿童心理产生四种后果：一是后悔。觉得自己错了，决定改过反省，希望自己成为好孩子。有这种心理反应的有 70 人，占总数的 23%。二是无所谓。即听惯了，老一套，什么也不感觉，根本不知道为什么被责骂，很快就忘记了。有这种心理反应的有 12 人，占总数的 4%。三是畏缩。感到害怕、厌恶、委屈而哭、怨恨、想躲开家人，或悲哀、灰心、不爱说话，想死。有这种心理反应的有 102 人，占总数的 34%。四是反抗。感到气愤、反感、不服，想报复，想打人泄愤，想骂对方，厌恶对方，希望对方死掉，想做些使对方感到痛苦、烦恼的事情等。有这种心理反应的有 116 人，占总数的 35%。在我国，有些家长养成了随口批评与责骂的习惯，他们不在坏行为发生的当场予以责骂，不着重说明行为不对的理由，而是更多地发泄自己的不满情绪。这样，不但会损害亲子间相互信任、理解的关系，而且会使责骂逐渐失去作用。责骂的时间拖得越长，越是用比较式来批评对方不行，对对方的侮辱性越大，儿童越难以忍耐，表现也越麻木。有些家长往往以成人的标准来衡量儿童，而不是站在发展的立场上，从儿童必须经历许多错误和尝试才能长大的观点出发，宽容地接受幼儿由于缺乏经验与能力而犯的过失，他们不懂得表扬的时机应该多于责骂。

二、家长对幼儿进行赏罚的频率和原因

为了探究家长对幼儿进行赏罚的频率和原因，我们重点调查了 150 名家长在一个月中对幼儿使用最广泛的两种赏罚手段——表扬与责打的情况。

表一　150 名家长在一个月中表扬幼儿的次数

频率 各年龄段幼儿的家长	幼儿数	从不表扬	1～2 次	3～5 次	6～9 次	10～19 次	20 次以上
3 岁幼儿的家长	50	7	12	16	8	2	5
4 岁幼儿的家长	50	8	9	16	6	7	4

续表

各年龄段幼儿的家长 \ 频率	幼儿数	从不表扬	1～2次	3～5次	6～9次	10～19次	20次以上
5岁幼儿的家长	50	5	9	13	9	10	4
合　计	150	20	30	45	23	19	13

$\bar{x}=6.32$；　　$s=7\cdot77$

表二　家长表扬幼儿的原因

表扬原因	品德表现好						学习好		文明行为好	生活习惯有进步		其　他
	帮助他人	谦让	做事认真	诚实	拾到东西交还	在幼儿园受表扬	努力学习	表演好	对成人有礼貌	能改正缺点	吃药打针很乖	
家长人次	25	26	34	34	19	25	53	29	50	51	47	17
百分比	39.8%						20%		12%	23.9%		4.1%

表扬是家长用口头语言肯定与强化儿童好的行为表现，鼓励儿童上进的一种评价手段。正确而合理地使用表扬，能使幼儿感受父母真切的关心，产生自我实现的喜悦，增强自信心和安全感，促进身心的健康发展。表扬的程度应与儿童的个性和实际付出的努力相符，如果表扬的次数太多，效果就会逐渐降低。因此，要特别防止不切实际地乱表扬。轻度的表扬，如适时的抚摸孩子的头部、微笑或以温和的语调说“你帮助奶奶做事，真叫人喜欢”，往往是效果良好、心理压力最小的教育方法。从调查的情况来看，一般家长每周表扬子女2次左右是比较适宜的。但是，现在有33%以上的家长从不表扬子女，或者每周表扬不足1次，也有9%的家长每周表扬子女达5次以上。这种畸轻畸

重的偏向，都会对幼儿性格的发展产生不良影响。父母表扬过少，会使孩子缺乏自信心与温暖，而父母表扬过多，又会使孩子娇气、受不起挫折与批评，自我估价过高，缺乏成熟的心理承担能力。

惩罚是和奖赏相对应的一种教育手段。它的积极意义在于使有不良行为的儿童，经历一种不愉快的体验，包括肉体的剧烈的痛苦，从而意识到羞愧、内疚和认识自己错误的严重性，这可以帮助儿童抑制不良的动机或冲动，努力自我控制，不再去做坏事。

表三　150 名家长在一个月中责打幼儿的次数

各年龄段幼儿的家长 \ 频率	从不责打	1～2 次	3～5 次	6～9 次	10～19 次	20 次以上
3 岁幼儿的家长	7	19	18	2	3	1
4 岁幼儿的家长	20	17	9	2	1	1
5 岁幼儿的家长	23	13	10	2	1	1
合　计	50	49	37	6	5	3

$\bar{x}=2.51$；$s=3.92$

表四　家长责打幼儿的原因

责打原因	违反生活常规				文明礼貌行为差			不听话		不肯好好学习	品德表现不好			由于疏忽或缺乏经验造成过失行为		父母心里不高兴	其他
	不好好吃饭	把衣服弄脏	乱吃东西	出去玩不告诉成人	不尊敬长辈	没有礼貌	发横蛮脾气	叫他干的事他不干	拿东西		打人，骂人	说谎	拿别人东西	遗失东西	打碎东西		
家长人次	57	19	1	12	8	15	38	30	11	22	7	5	4	5	5	3	6
百分比	36.4%				24.4%			16.4%		8.8%	6.4%			4%		3.6%	

223

责打在我国家庭中相当普遍,“棒头上出孝子”的思想,在有些家长的头脑中根深蒂固,像夏菲、刘玲那样被亲生父母责打致死的惨案则属个别。然而,不少家长以自己打孩子作为“不溺爱”的证据;有的家长还认为打孩子不犯法,以此作为可以随意责打孩子的所谓理由。他们不懂得父母的责打强烈地影响着儿童的性格、行为倾向。一般来说,在以下几种情况下是不宜责打孩子的:一是儿童能力不及的事;二是正确与错误还没有弄清的事;三是由于疏忽或缺乏经验造成的过失;四是儿童已经认识错误,诚实地说出了情况,并道了歉、很努力地用做好事来补偿,有羞愧内疚的表现。这在一定意义上说,责打的目的已经达到。同时,责打如果不能使受教育者心悦诚服,就很难产生良好的教育作用,而且常常会带来“反效果”。有专制主义思想的父母,往往会为维护自己的权威或命令,不分青红皂白地责打子女。子女由于力量薄弱,只能忍受、屈服,或以说谎、欺骗的手法逃避责打,或以欺软怕硬的态度把愤怒发泄到比自己更弱小的人或物上,而其人格容易趋向懦弱或反抗两个极端。许多研究证明,对于幼儿良好生活习惯的培养,用游戏或故事的方式训练正确的行为模式,说明错误行为的危害,所得的效果要比用体罚压制不好的习惯要更有效得多。最令人吃惊的是,由于孩子不好好吃饭而被责打的达 57 人次,占被打总数的 22%以上。这说明许多家长根本不懂得幼儿的饮食心理,要知道幼儿吃饭不好的原因是极其复杂的。这与进餐是否定时,是否乱吃零食,健康是否欠佳,活动量是否过少,是否因龋齿影响咀嚼吞咽和食欲,进餐习惯是否良好等等都有关。有的父母或是恳求孩子吃饭,使吃饭成为幼儿讨价还价的机会,儿童要求越来越高,而食欲却越来越差,有的父母或是逼迫孩子吃饭,以大声责骂、吓唬、数落、甚至责打、胁迫孩子挂着眼泪吃饭,孰不知吃饭时情绪紧张或不愉快,会导致肾上腺素分泌增多,抑制胃肠的消化功能,使孩子更加厌烦、拒绝进餐,责打对不好好吃饭的幼儿,只能形成恶性循环,严重损害幼儿的健康。

三、不同赏罚对幼儿发展的影响

为了探究不同赏罚对幼儿发展可能产生的影响,我们在 150 个幼儿家庭中选出四组家庭：

第一组　x_1，共19户，家长责打少、表扬多，即在一个月中责打0～1次，表扬10次以上者。

第二组　x_2，共10户，家长无责打、无表扬，即在一个月中责打0次，表扬0次者。

第三组　x_3，共10户，家长责打多、表扬少，即在一个月中责打5次以上(150户责打均值为2.51)，表扬5次以下者(150户表扬均值为6.32)。

第四组　x_4，共9户，家长责打多、表扬也多，即在一个月中责打5次以上，表扬7次以上者。

对上述四组家庭进行方差分析和对比，结果表明：

(一) 在自制力方面：生活在责打少、表扬多的家庭中的幼儿的自制力发展优于责打多、表扬少的家庭中的幼儿，有极其显著的差异。

(二) 在亲子关系方面：生活在责打少、表扬多的家庭中的幼儿的亲子关系优于责打多、表扬少的家庭中的幼儿；生活在责打多、表扬多的家庭中的幼儿的亲子关系优于无责打、无表扬的家庭中的幼儿，两者均有显著差异。

(三) 在智力水平方面：生活在责打少、表扬多的家庭中的幼儿的智力水平优于责打多、表扬少的家庭中的幼儿，有显著差异。

为了探究家长情况与赏罚方法的关系，我们将四组家庭父母的年龄、文化、职业、关心子女并共同活动的时间、为子女购置玩具图书的经费支出数量、家庭结构等情况，逐项进行了比较分析。结果证明，造成赏罚差异的主要原因有两个：一是父母文化水平的差距。无责打、无表扬和责打多、表扬少的家庭，其父母的文化水平显著低于责打少、表扬多及责打多、表扬也多的父母，有极其显著的差异。二是父母关心子女，为子女讲故事、同游戏、看展览、逛公园等所花费的时间不同。无责打、无表扬和责打多、表扬少的家庭，其父母较少花时间关心子女的成长，与其他组比较有极其显著的差异。

总之，家庭教育是培养人、塑造人的灵魂的综合工程，常常是在人与人的密切交往中产生效果的。奖赏与惩罚应视具体事情的轻重、参与人物的相互关系、地点、时间、责任和儿童的个性特点来考虑采取什么方式。实践证明,赏与罚都具有两重性,使用得当,就可起积极的教育作用;使用不当,则会对幼儿的发展产生消极的影响。因此,无论是赏还是罚,都应深思熟虑,谨慎从事。在赏的方面,应多用精神少用物质;在罚的方面,应尽量避免体罚和威胁。适宜的赏罚方法,既不是抽象的,也不是绝对的。它一方面受父母的生活方式、人生观、价值观的制约,另一方面又受儿童行为的发展变化的影响。凡是符合这两方面实际情况的,并在动态中有所创新、有所前进的方法,才是理想的赏罚方式。也只有这样的方法,才能真正收到赏罚得当、教育下一代的良好效果。

本文系作者与钱小燕合作,发表于《学前教育研究》1990年第1期

家庭教育与幼儿自信心的培养

前几年，我们曾在南京市鼓楼幼儿园进行了培养幼儿自信心的实验研究。两年来的调查、观察和个案研究的实践告诉我们，家庭教育对幼儿自信心的形成、发展至关重要。

一、温暖、和谐、愉快的家庭环境和良好的亲子关系是建立幼儿自信心的前提

在一岁多的婴儿逐步学会用“宝宝”和“我”来表达自己的情感和需要时，他们已经出现了朦胧的自我意识；父母的拥抱、逗笑、亲吻和慈爱的语言，以及寒冷饥渴时给予的温饱，惊吓不安时给予的抚爱，这些，使孩子感到安全。有安全感的孩子有充分的把握相信父母对他的爱和保护，即使父母暂时离开也不慌乱，他们愉快地探索世界，信心十足地迈出自主的第一步。安全感是由婴儿与周围人们的积极关系引起的，而这也是产生自信心的前提。假如婴儿最初得到的体验是冷漠和忽视，他们的基本需要常常得不到满足，甚至无人理会，他们的牙牙学语、动作和哭笑情感若不能及时得到相应的回答和注意，孩子的恐惧感和不安全感就会增加，就会变得不相信自己，不信任周围的世界。我们调查了自信心较强的 9 名幼儿的家庭，发现他们的家庭关系都比较亲切、和谐，父母的教育方法比较民主，能信任和理解幼儿，他们都对幼儿有明确的行为要求，从不随便打骂孩子，教育方法以说服引导为主，并且能经常挤出时间带孩子游戏、谈话、讲故事、上公园等。而自信心较弱的 9 名幼儿中，有一户父母离婚，父亲从不来探望女儿，母亲每两周回家一次，幼儿寄居外祖父母家，和表兄妹相比有低人一等之感，因而更觉得孤独无依。还有 4 户是放任型的家庭，家长整天忙于自己的经济活动，他们只注意孩子的物质需求，忽视幼儿的情感与

智力的需要，对孩子没有明确的行为指导与要求，极少和子女谈话、游戏、讲故事，使幼儿缺乏安全感，压抑了幼儿自信心的发展。

二、获得成功体验是幼儿形成自信心的基础

二三岁的孩子特别好动，有时会拒绝成人的帮助，大胆地提出“我来”、“我自己做”、“不要……”等表现自主、自立精神的言行。成人正确对待这种幼稚的独立意愿，保护儿童的主动性、积极性是培养幼儿自信心的一个重要条件。

——有的父母帮助孩子在家庭生活的每个细节上发展独立能力，常常给孩子以各种练习的机会。例如，“妈妈给你扣第一颗扣子，剩下的你自己扣，要从最下面扣起。”“在幼儿园里自己铺床、搬椅子、收玩具，在家里也应当自己做，不要妈妈提醒你。”当孩子做成功一件事，学会一项新的本领时，心里会充满愉快的胜任感。当然幼儿在学习做事的过程中，也会不断地出差错和闯祸，需要家长耐心地指导与共同分析原因，帮助幼儿找出失败的教训和继续努力的方向。这样，随着独立能力的发展，孩子的自信心就会不断增强。

——有的父母总是觉得孩子还小，对他们的能力估计偏低，担心让孩子做事会增添麻烦。他们不顾孩子的要求，强迫孩子听从自己的摆布，无论穿衣、洗脸、吃饭、睡觉，样样包办代替。日子久了，孩子的抗议声消失了，习惯于依赖成人，勇于尝试的动机和独立行动的乐趣完全被扑灭了。

——有的父母偏重孩子的安全和健康，有的则受传统的育人观的束缚，认为听话安静是幼儿最重要的美德，喜欢“小大人式”的好孩子。他们常常过多地限制孩子的行动，不懂得好动、好问、好奇是幼儿的天性，在摆弄物体和与同伴交往的过程中，孩子遇挫折受欺侮不完全是坏事，而是丰富社会经验、学会操作物体和学会与人相处的技能的必经过程。为了防止孩子盲目冒险，可以讲清危害，建立必要的原则，在一定范围内允许幼儿自主活动。父母应尽量减少不必要、不合理的干涉与束缚，让孩子在克服困难、解决力所能及的问题的过程中，有足够的时间去自己思考、尝试和操作，增长各种能力，获得成功体验，发展

自信心。

三、积极的评价是发展幼儿自信心的重要手段

在幼儿期，幼儿的自我意识正处于从生理的自我向社会的自我过渡的时期。幼儿这个时期的自我体验带有强烈的自我中心期的痕迹，以为世界是围绕“我”而存在的，总是以自己主观的想法来解释外界现象。他们的自我评价带有明显的他律性、表面性和片面性。正因为这样，幼儿对于自己力量的认识和自己可能达到的成就的估价常常是片面的、肤浅的、不稳定的，完全从属于成人的评价。实际上这时的自我评价往往是儿童心目中的权威人物评语的翻版。因此，有些幼儿所表现出来的信心不足，只能看作是尚未形成自信心，而不能武断地认为就是自卑感。从幼儿自我意识发展的历程来看，幼儿期自我意识虽已萌发，但尚处于朦胧阶段。他们往往通过别人的眼睛来认识自己，依靠自己心目中的权威人物的评价来评价自己，且年龄越小的儿童受成人评价的影响越大。即使是常常能够取得成功的孩子，如果成人不以积极的赞许为反馈，他们也不懂得相信自己的力量；即使是能力落后的孩子，如果成人经常肯定他的长处，给予应有的支持，他们也不会小看自己的力量。老师和父母说他们是好孩子，他们就会感到十分自豪和保持相当的自信心。

——有的父母能够正确认识子女的实际发展水平，积极评价与支持孩子的进步，平静地分析孩子的不足与问题，并引导孩子克服自己的缺点，帮助孩子通过自身的努力，真正获得成功感和胜任感，树立坚强的自信心。

——有的父母往往贬低孩子的努力，不尊重孩子的人格，粗暴打骂，随意当众议论孩子的缺点或故意夸大和揭短，讽刺打击。这样做，不仅会伤害孩子的自尊心、自信心，而且会引导孩子按成人所描绘的形象去选择自己的行动。有的父母公开说：“我的女儿真笨，学什么都记不清，还不如隔壁三岁的毛毛”；“这孩子活像他叔叔，长大不会有出息的，也是一个留级坯子”，有的父母责骂子女是“木瓜”、“笨蛋”、“蠢猪”等。这种消极评语，经常地重复着，就会成为幼儿评价自己的依据。他们就会自

觉或不自觉地实现这些预言。有个自信心较弱的幼儿上课从不举手，问她："为什么你不能试试看?"她说："我不行，我笨，妈妈说我'天生脑袋小，所以笨'。"邻居小朋友在旁补充说："她爸爸老骂她笨猪。"

——有的父母对孩子的期望过高，要求超过了孩子的实际水平，或者以成人的目光去评价孩子，因而对子女的成绩总是不满意。孩子才五六岁，就要他们每天写字、计算、绘画、弹琴等，剥夺了幼儿玩耍游戏的时间，尽管孩子十分努力也很少能看到父母满意的脸色和适当的表扬。有的孩子因为拿不到"第一"和"优秀"，即使他已作出了努力，取得了进步，仍然难以避免遭受父母的责骂和批评。如果经常受到挫折感、劣等感的威胁和精神压力，就会影响幼儿自信心的发展。有时两个智力才能相仿的幼儿，自信心却有很大差别。如在同样完成某项绘画任务后，一个幼儿回家拿给父母看，因得到了赞许而体验到了成功，并对父母指出的不足之处继续改进着；另一个回家拿给父母看后，母亲惊讶地说："你画的什么呀？一塌糊涂，进了一年幼儿园，我看你什么也学不会，白费钱。"幼儿放下图画，再也难以鼓起绘画的兴趣。家长把期望全寄托在子女身上，他们偏重智育，从难从严，千方百计向子女灌输文化知识，加班加点布置家庭作业，节假日也不放松，再加上方法简单，态度粗暴，动辄责怪。这种过高要求，超越了子女的实际水平，结果压制与失败影响了孩子自信心的形成和发展。

四、正确的儿童观、教育观是培养幼儿自信心的关键

每个家长要学会教育子女的艺术，善于体察幼儿的特点，不仅要关心他们的冷暖饥渴等生理需要，关心他们体格的健壮和正常发育，还要关心他们的精神需要，尊重与理解子女。同时，要认识每个孩子都有自己的发展速度，不要强求孩子符合自己的要求和只看到别的孩子的"成绩"。人的能力资质有着许多个侧面，所有侧面都优越的人是没有的，优越面较多的人容易形成自信心；优越面少的人，只要在某些领域中保持着坚定的自信，以此作为心灵的支柱而得到补偿，也能始终保持奋斗的勇气，不让劣等感埋没他们的聪明才智。家长要帮助自信心较弱的幼儿寻找自身的发光点，使他们学会相信自己的力量，认

识自己的长处，从自信心较弱的状态中自拔。

家长要积极培养幼儿的独立能力，放手让幼儿早些练习基本的生活技能，独立完成简单的委托事务，友好地与别的孩子交往与游戏，并在一定范围内给予幼儿自我决策和选择的权利，善于倾听他们的意见，满足他们的合理要求，尊重他们的兴趣和特长。无数次的实践就能锻炼幼儿的体力、智力和社交应变能力，增强他们的自信心。

家长要学会正确使用评价的教育艺术，做到：(1) 公正合理，使用积极或消极评价应根据幼儿的个性倾向和能力水平，因人因地而异，需采取合理的评价原则和不同的表达方式，防止副作用。(2) 提倡纵向比较，即从幼儿原有基础出发，把今天的幼儿与昨天的幼儿比；少作横向比较，即不顾条件地硬和同班、同龄或同院的其他幼儿比。在比幼儿的同时，先要比自己的教养态度、教育方法、教育效果，总结作父母的经验和教训。(3) 成人要以多侧面的价值观来要求幼儿，避免把积极评价仅限于狭小的界限之中，如只注重智力、知识、技能，或只注重听话、服从、守纪律，不要忽视幼儿的潜在能力和成就动机。(4) 既要实事求是又要恰如其分。过高的表扬、过多的物质刺激、过头的批评都是有害的、危险的。积极评价也要使用适度，要在肯定的基础上指出继续努力的方向；消极评价更要运用得公正，要使子女心服口服，有利于激发上进心。

家长还应树立对自身的自信心，锻炼自己的意志，学会控制自己的感情冲动，耐心而理智地调节夫妇之间、亲子之间发生的冲突与矛盾，在追求理想、好学上进方面做子女的表率。

总之，在生命的早期，自信心正处于形成发展的过程之中，只要家长们及早注意观察、培养与引导、塑造，发现幼儿自信心形成的趋向，摒弃错误的教育观与教育方法的干扰，防止幼儿骄傲、退缩、孤僻或自卑等不良性格倾向的滋长，进行有目的有计划的德育影响，必然能使幼儿的自信心向着健康的方向发展。

本文发表于浙江《幼儿教育》1990 年第 7、8 期合刊

漫谈建立家规

“我的孩子为什么脾气特别坏，为了吃饭、睡觉，每天都要闹一场，拿他怎么办?”“为什么家里这么多好玩具，他还不称心，到了商店里，打骂都拉不走?”“为什么我的孩子这么自私，他的东西别人不许碰一下，亲友的孩子来，玩了他的东西，闹得叫人难堪，真没治了。”这些家长在教育子女问题上的困惑，说明了对孩子建立家规，严格要求的必要性。

古代《颜氏家训》指出：“当及婴稚，识人颜色，知人喜怒，便加教诲，使止则止，使为则为。”这就是说，在家庭中，从婴幼儿开始，家长就要有明确的行为规则的要求和执行家规的制度。

家规，就是家庭中的规矩。在封建社会中，仅仅是家长训饬子女的法规。而在当今社会，则是全家人民主议定的每个家庭成员都要共同遵守的家庭生活规范和行为准则。家规的内容，涉及到家庭生活的方方面面：有的是生活、保健方面的；有的是品德、劳动方面的；有的是学习、亲子交往方面的；也有的是家庭消费、家庭决策和教育方法方面的。每个家庭都有自身的特殊性，在家规的具体要求上，可根据家长的职业类型、兴趣爱好和子女性格特点而强调不同的侧面。家规的形式也多种多样，有的写成条文，贴在墙上，有的写成家信，以书信来表达。建立和执行正确的家规，有利于子女的健康成长，也有利于建设民主、和睦、进步的现代家庭。

瑞士著名儿童心理学家皮亚杰说：“从婴儿最早的时刻起，他就沐浴在一种规则的气氛之中。”“父母要求婴儿执行若干道德义务，这是取得进一步规则意识的根源(如按时进餐、准时睡眠、保持身体清洁、不许动父亲的办公桌等等)……”

我国著名幼儿教育家陈鹤琴在《家庭教育》一书中，曾提到他教育儿子一鸣严守“不准自己随便拿食物”的家规经验。他家有时在饭后允许子女吃两块糖。有一次，一鸣吃完了还要吃，独自打开橱门，又拿了两块，正在吃的时候，被陈鹤琴先生撞见了。一鸣立即把嘴里的一块糖吐了出来。陈先生认为，孩子自己乱拿食物是不好的行为，若第一次不禁止，下次他就会再犯，甚至可能发展到偷，后果是不堪设想的。所以，陈先生把一鸣叫到房里给以处罚。自从那次以后，再没有发生一鸣自己乱拿食物的事情，即使把装食品的罐子拿来，他也从不自己打开去取；一鸣看见有客人来，桌上摆了食品，也不随便拿，要吃就向大人说。而现在有些家庭往往放纵孩子，不注意建立合理的家规，每当有客人来，孩子不经允许便乱拿食物，甚至哭闹，使客人感到难堪。再如定时睡觉、定时进餐的家规，上街购物的家规，与来访的小朋友共享玩具、食品的家规等等。在婴幼儿期就注意严格要求、坚持不懈，“可爱的小天使”就不会变成“不讲理的小霸王”，家长再也不会为矫正孩子的恶习而陷入困惑与矛盾之中。实践证明，建立正确的家规是提高家庭教育质量的最基本、最有效的手段之一。

家规作为家庭成员共同遵守的生活规范和行为准则，常常是一种无声的命令，是潜在的教育力量。它不仅可以影响一代人，甚至可以影响好几代人。我们在南京市城区和江苏宿迁、武进的农村对 200 多个家庭三代家规的调查表明：家家有家规，多少不同，内容各异。

在思想品德家规方面：祖辈与父辈都受过热爱祖国、服从父母、尊敬长辈、礼貌待客、诚实正直和节约粮食等的家规教育。这些道德品质已成为我国文化的优良传统。但同样的道德品质却带着不同的时代烙印。例如，祖辈的爱祖国要求常常伴随着强烈的民族和阶级的仇恨感，往往是从流离失所、家破人亡的悲惨遭遇中接受教育的，而父辈的爱祖国要求，伴随的却是美化家乡、建设祖国的期望和为国效劳的嘱托。这两代人在思想品德的家规方面的差别是：(1) 祖辈生活在战乱频繁的动荡年代，处世较谨慎、重安全；父辈生活在社会主义的新中国，受到社会主义精神文明的思想熏陶，视野较开阔，能关心他人，重视助人为乐等的品德行为。(2) 祖辈强调闭门读书，视游戏为浪费时间，不鼓励子女与同伴一起出外玩；父辈则认为，游戏是孩子童年的权利和欢乐的源泉，主张子女与同伴一起玩。（3）对家务劳动的认识，两代人比较相似，但在开始参加劳动的年龄问题上，是有差别的。祖辈因绝大多数祖母不工作，操持家务，对子女照料多，子女参加家务劳动一般在十岁以后，而父辈因双职工增多，子女参加家务劳动的年龄不断前移，有的家庭，孩子四五岁就开始参加家务劳动了。

在亲子交往与家庭决策家规方面：祖辈亲子共同活动的时间与范围有限，由于受家长制传统观念的影响，母慈父严的思想十分突出。祖母照料子女生活，但并不参与子女游戏，祖父保持疏远的庄严形象，忙于谋生，很少与子女游戏或谈话；父辈亲子交往较祖辈亲密得多，共同活动多，内容丰富多彩。在家庭决策方面，祖辈以父为主占 71.4%，以母为主占 5.5%，平等协商的只占 23.1%；父辈以父为主占 42.5%，以母为主占 20%，平等协商的占 37.5%。这说明，男女平等、相互尊重的家庭关系已占主导地位。父母尊重子女的人格、倾听子女的意见，已经蔚然成风。

通过调查，我们得到了一些有益的启示。

一、家规的内容，既要科学、合理，又要明确、具体。家规涉及到家庭职能的各个方面，涉及到家长自身的文化、道德、思想等方面的素养和对子女全面发展的教育要求。有些家长对家规的要求比较全面，既有品德、劳动的内容，又有智育与健康的内容；既有学习制度的规定，又有游戏、娱乐时间的保证。但是，也有些家长把家规作为限制子女行动的紧箍咒，缺乏自我约束的勇气。他们对子女的要求，连自己也做不到或不去做。有些家长违反儿童身心发展的规律，不顾子女的年龄与能力水平，提出过高的学习要求，不顾子女渴望与人交往的心理需要，做出不准与同伴一起玩等的规定。也有些家长制定的家规内容不明确、不具体，不便检查执行，要求若明若暗，使家规形同虚设。这一切都可能给家庭关系和子女成长带来不利影响。

二、家规的建立要注意发扬民主，增强全家人的自觉性、责任感。实践证明，只有在家庭全体成员民主讨论基础上集中起来的、可以长期执行、定期检查、赏罚分明的家规，才能真正具有生命力，才能真正规范、约束全家人的言行。也只有这样的家规，才能调动全家人执行家规的自觉性，增强全家人遵守家规的责任感，才能避免家规仅仅停留在嘴上、纸上，形同虚设和放任自流等现象。

三、家规是动态的教育因素，要随着时代的变迁、社会的进步、子女年龄的增长和教育观念的变革而不断纳新。家规要与幼儿园日常行为规范、社会公德和法制要求相互协调、相互呼应，应作为家庭教育、幼儿园教育、社会教育合力中的一项措施，进行情感陶冶、正面引导的教育工程中的重要组成部分。

四、家规的建立和执行，贵在坚持。在现实生活中，有些家长缺乏执行家规的坚持性，实施不坚决、不严格，检查时有时无，或者朝令夕改，或者前紧后松，或者赏罚不明，或者要求不一，使家规失去了严肃性。

五、增强家规的权威性，关键在于提高父母本身的威信。以身作则，是提高父母威信的首要条件。父母对社会的贡献、充实的生活、优良的品德、言行一致的作风等，是威信的根本所在。苏联著名教育家马卡连柯说过："父母对自己的要求，父母对家庭的尊敬，父母对自己一举一动的检点，这是首要的最基本的教育方法。"

家长们，让我们从自身做起，加强自我修养，提高自身素质，坚定不移地把家规作为促进下一代健康成长的重要手段。

本文系作者与方观容合作，发表于《启蒙》1992 年第 5 期

家长教养态度及其对幼儿发展影响的对比研究

摘要　在当代中国，不同社会环境中家长的教养态度及其对幼儿发展的影响，是幼儿家庭教育中的一个具有重要意义的课题。本课题的研究目的是，在改革开放的形势下，从南京（南方、沿海、文化历史名城）与石家庄（北方、内地、年轻城市）两市独生幼儿家长教养态度及其对幼儿发展影响的异同的对比研究中寻求幼儿家庭教育的一般规律和途径，借以改进、优化独生幼儿的家庭教育，提高家庭教育的质量。

关键词　父母教养态度　亲子关系　关心子女时间总量　购买花费总量

1　目的

年幼一代的健康成长，离不开家庭、学校的精心培育和社会环境的良好影响。我国地域辽阔，幅员广大，地处南方的江苏省会南京市和地处北方的河北省会石家庄市，都受我国社会主义的政治、经济、法律制度的制约，都受华夏文化的熏陶和影响，因而两地独生幼儿的家长在教养态度与教养方法上有其相似的因素。但是，从宏观环境看，两地不同的历史文化与地理条件形成了迥然不同的城市风貌、生产节奏和早期教育基础；从微观环境看，两地家长在育儿态度、亲子关系、教养方法上又反映出一定程度的差异性。在我国，不同社会环境中家长的教养态度及其对幼儿发展的影响，是幼儿家庭教育中一个具有重要意义的研究课题。因此，我们两市携手合作，对我国南北两地家庭教育环境、家长教养态度的一致性和差异性及其对独生幼儿发展的影响进行了对比研究，寻求提高家庭教育质量的一般规律。

2 方法

为达上述目的，我们以相仿的时间、相同的问卷，在两市各调查150名3～6岁集体机构中的幼儿，对象是3、4、5岁各50名，男女各半，非独生子女30名，独生子女120名。我们的大体做法是：

2.1 选择调查对象

由于南京、石家庄两市独生子女领证率达到90%以上，所以非独生子女的调查对象较难寻找。因此，我们就在全市范围内寻找符合规定年龄、性别要求的非独生幼儿30人，然后再按1与4的比例，在同一个幼儿班中选择独生幼儿的调查对象。为了突出独生幼儿与非独生幼儿在家庭教养态度上的对比，我们还注意了配对的独生幼儿与非独生幼儿的出生年月与性别相当，他们父母的文化水平完全相同，以防止其他因素带来的差异影响调查的客观性和准确性。

2.2 确定调查内容

2.2.1 家长素质的调查包括家长年龄、文化、职业以及家庭结构等基本情况由父母合填。

2.2.2 家长教养态度的调查问卷包括：(1) 家长带子女游览，讲故事、做游戏等所付出的时间总量(简称"关心子女时间")；(2) 家长为子女购买玩具、图书和各种礼物所花费的金钱总数(简称"购买花费")；(3) 家长每月责打子女的频率与原因；(4) 家长每月表扬子女的频率与原因；(5) 亲子相互关系，包括子女对父母的尊重、体贴行为与父母对子女的评价、满意程度等，由父母合填。

2.2.3 家长教养态度的选择问卷，根据家庭生活中典型情况与亲子交往中的事例，由父母分别选择处理这种情境与事件的答案，得到溺爱态度与民主态度的评分。

2.2.4 幼儿智力与个性发展的调查包括以下因变量：个性方面的独立性、自制力、合群性、对成人态度；智力方面的提问的创造性、观察的敏锐性、学习成绩与困难等。问卷一式两份，分别由家长和教师填写，综合计分。

2.3　数据整理

所有数据按统一程序，由河北师范大学心理实验室按中国科学院计算中心的《多元统计分析系统》上机计算。

2.4　撰写论文

根据调查情况和对比研究，进行科研论文的撰写。

3　调查结果与分析

3.1　两市的地区特点

南京、石家庄两市虽然都是省会所在地，但因历史文化与地理条件不同，所以在城市风貌、生产节奏和学前教育事业的基础方面都有明显差异，可以说是代表着沿海与内地两种类型的中国城市模式。两市经济的蓬勃发展，推动了学前教育事业的发展，南京市 1989 年全市(包括郊县)3～6 岁幼儿入园率为 63%，石家庄市为 58%。然而，从我们调查的家庭教养态度中可以感到石家庄市部分家长的“多子多福”、“传宗接代”的思想和“子代优先”、“重男轻女”的行为，都比南京市严重，这在一定程度上影响了新生一代的健康发展。

3.2　两市幼儿家庭的基本情况和家长教养态度的一致性与差异性

调查所得的数据，说明了这样一些问题：

3.2.1　从两市家长的文化水平看，多数家长属于双方高中、一方大专一方初中或一方高中一方初中的文化背景。南京市均值为 3.75，石家庄市均值为 3.31，有显著性差异。

3.2.2　从家长的年龄看，南京市父母年龄均值为 3.32，即多数家长年龄处于 35～40 岁之间；而石家庄市父母年龄均值为 2.97，即多数家长处于 30～35 岁之间，存在极其显著的差异。这也反映了在竞争性、挑战性较强的城市，父母生育子女的年龄延迟。

3.2.3　按一般推理，与父母文化水平密切相关的其他变量，如父母关心子女的时间、父母为子女的购买花费、民主态度、亲子关系，以及家长期望等均应是南京市优于石家庄市。但是，调查数据表明，这几项都是石家庄市优于南京市，并有非常显著的差异。特别是在人均国民收入方面，南京市比石家庄市高30%，而为子女购买花费反而不如石家庄市。其原因是石家庄市家长存在较为严重的“重男轻女”、“子代优先”等的育儿观。例如，比较两市家长对待男孩、女孩的关心时间、购买花费、亲子关系、民主态度等方面，表现在男孩方面都存在非常显著的差异，而在女孩方面则全无显著差异。同时，这也说明生产节律较为紧张的城市，虽然居民的平均收入水平较高，但其生活的其他费用如文化、技术、学习、社交和文体活动的支出也相应增加，并不直接导致为子女购买花费的相应增加，在亲子关系、对子女的期望等方面，南京市也较为开放，与石家庄市之间有非常显著的差异。

表一　两市部分项目男、女孩情况对比

项目与地区		男孩				女孩			
		人数	$\bar{x}$	s	z	人数	$\bar{x}$	s	z
亲子关系	宁	75	35.49	6.68	2.97	75	37.46	5.99	0.289
	石	74	38.34	5.01	石>宁，差异非常显著	76	37.75	6.19	无差异
民主态度	宁	75	24.18	5.00	3.10	75	25.68	4.32	0.30
	石	74	26.31	3.25	石>宁，差异非常显著	76	25.88	3.62	无差异
关心子女时间	宁	75	9.25	3.57	4.56	75	10.09	3.00	1.80
	石	74	11.58	2.65	石>宁，差异非常显著	76	11.03	3.44	无差异
购买花费	宁	75	2.78	1.66	2.83	75	2.62	1.65	1.88
	石	74	3.59	1.54	石>宁，差异非常显著	76	3.18	2.00	无差异

3.2.4　从家长使用责打与表扬的每月次数看，两市家长每月平均使用责打2次，使用表扬6次，两市之间无显著性差异。然而，在责打方面，两市家长存在着一些差异，例如：南京市家长对男孩的责打次数高于女孩，有显著性差异，而石家庄市则无；石家庄市家长非独生子女的责打次数高于独生子女，有显著性差异，而南京市则无。两市家长在对3岁幼儿的责打方面，存在非常显著的差异。

表二　两市家长责打子女情况对比

	总人数	责打均值	儿童年龄	人数	责打均值	儿童性别	人数	责打均值	独生与非独生	人数	责打均值
南京	150	2.5	3岁 4岁 5岁	50 50 50	3.18 2.18 1.96	男 女	75 75	3.01 2.00	独生 非独生	120 30	2.40 2.94
石家庄	150	2.02	3岁 4岁 5岁	50 50 50	1.86 2.04 2.18	男 女	74 76	2.05 2.00	独生 非独生	120 30	1.85 2.7

在表扬方面，南京市对女孩的表扬多于男孩，而石家庄市反之；石家庄市对独生子女的表扬多于非独生子女，而南京市反之，均无显著性差异。

表三　两市家长表扬子女情况对比

	总人数	表扬均值	儿童年龄	人数	表扬均值	儿童性别	人数	表扬均值	独生与非独生	人数	表扬均值
南京	150	6.32	3岁 4岁 5岁	50 50 50	6.12 6.64 6.20	男 女	75 75	5.88 6.76	独生 非独生	120 30	6.43 5.86
石家庄	150	6.90	3岁 4岁 5岁	50 50 50	7.44 7.10 6.16	男 女	74 76	7.4 6.4	独生 非独生	120 30	7.15 5.86

3.2.5　从家庭结构类型看，两市均值比较接近。说明在城市中核心家庭占优势是一致性的倾向。

3.3　两市幼儿智力与个性品质的发展情况

我们将两市被调查幼儿在智力与独立性、自制力、合群性、对家庭以及其他成人的态度等方面的情况进行了逐项对比。

调查所得的数据，揭示了四个发人深省的问题：

3.3.1　总的来看，两市被调查幼儿在智力发展上无显著性差异。从两市不同年龄幼儿智力发展的对比中，我们发现3岁幼儿的智力，宁优于石，有非常显著的差异；4岁幼儿的智力，石优于宁，有显著性差异；5 岁幼儿的智力，两市无差异。不同年龄幼儿之间的智力发展情况，呈现出不稳定的曲线。

表四　两市被调查幼儿智力与个性发展情况对比

项目与地区		$\bar{x}$	s	z		项目与地区		$\bar{x}$	s	z	
自制力	宁	34.07	6.52	4.17	宁>石，非常显著差异	智力	宁	20.16	4.29	0.04	无显著差异
	石	30.88	6.77				石	20.14	4.46		
独立性	宁	30.76	6.16	1.93	宁>石，接近显著差异	对成人态度	宁	34.27	5.63	3.95	宁>石，非常显著差异
	石	29.37	6.38				石	31.78	5.26		
合群性	宁	35.20	5.80	0.3	无显著差异	亲子关系	宁	36.48	6.40	2.26	宁>石，显著性差异
	石	35	5.66				石	38.04	5.63		

数据表明，影响智力发展的因素极其复杂，不仅有家庭教育的影响，还有学前教育机构各种教育刺激的影响。在家庭教育方面，石家庄市被调查幼儿的家长文化水平低于南京市，关心子女时间和购买花费则多于南京市。但感情和物质上的满足，仅仅为子女智力发展提供了某些有利条件，还需要其他条件的配合，才能达到智力最优化的发展。美国心理学家赫斯（1968 年）为研究母子关系如何影响儿童认知发展，曾考察了父母与孩子之间的相互作用，研究发现，言语交往方式、控制系统等方面的差异，对儿童认知发展起着积极的或消极的影响。日本的伏见猛弥教授在《怎样培养儿童的聪明才智》一书中，一再强调不能把喜爱儿童和理解儿童混为一谈。理解儿童就是要知晓童年期的特殊本性，给予必需的指导和帮助，并创造一种让儿童主动学习的环境，以促进其发展；而喜爱儿童常常是视儿童为令人愉快或好玩的对象而已。他严厉批评过分爱护、过多干涉、过于严格的“教育妈妈”会妨碍儿童智力的发展。遗憾的是，要在千差万别的家庭教育环境和灵活多样的家长教养态度中，调查和鉴定哪些是最直接最有效地影响儿童智力发展的因素，至今

还不能作出准确的科学结论。

3.3.2 两市被调查幼儿在自制力发展上有非常显著的差异。从不同年龄幼儿自制力发展的对比中，我们发现两市 3 岁幼儿的自制力，无显著差异；而随着年龄的增长，差异达到了非常显著的地步。

3.3.3 两市被调查幼儿在对成人态度方面存在非常显著的差异。这是因为城市开放程度越高，社会交往环境越丰富，交往频率增加，幼儿对家庭以外的其他成人如教师、客人、陌生人等的应变能力也越强。石家庄市的社会环境较南京市单纯，幼儿对家庭以外其他成人的注意力和交往积极性、灵活性也就略低。同时，石家庄市亲子关系的得分高，也会影响父母忽视对子女这一方面的训练，亲子的过分依恋会减少对其他成人的兴趣，父母对子女的过分宠爱、宽容会影响子女接受父母及其他成人的限制、服从成人要求的能力。

3.3.4 两市幼儿在独立性方面接近显著性差异，说明石家庄市幼儿的独立性不如南京市幼儿。

3.4 两市独生幼儿、非独生幼儿家长教养态度与幼儿发展情况的逐项对比表明，有五项变量存在显著性差异。

调查所得的数据表明：A. 无论南京或石家庄，非独生幼儿家长已生育过一二胎，其平均年龄均高于独生幼儿家长，有非常显著的差异；B. 无论南京或石家庄，非独生幼儿的平均智力水平低于独生幼儿，有显著性差异；C. 石家庄家长对独生幼儿的关心时间、购买花费均多于非独生幼儿，有显著性差异，而南京则无显著性差异；D. 南京独生幼儿家长期望高于非独生幼儿家长期望，有显著性差异，而石家庄则无；E. 两市独生幼儿与非独生幼儿在家长文化、职业、家庭结构类型、家长溺爱与民主态度、责打与表扬方法、亲子关系等条件以及幼儿的独立性、自制力、合群性等方面，均无显著性差异。

独生幼儿与非独生幼儿差异较少的主要原因在于：A. 我们特别严格地掌握了配对被试的选择条件，使家长的文化水平完全相同，使配对幼儿的出生年月尽可能处于同一月份或差距在 3 个月之内，因而控制了由于家长文化素质不同或幼儿年龄差距可能带来的差异性。B. 在当前两个城市独生子女领证率均已达到90%以上的情况下，非独生子女处于比较宝贵的特殊地位，一方面，非独生幼儿家长或多或少受“多子多福”的传统生育观的影响，有的甘愿罚金，有的获得再生一胎的权利得来不易，使家长重视非独生幼儿；另一方面，非独生子女家庭多数只有两个孩子，在现有物质条件下对他们的宠爱并不亚于独生子女。C. 独生幼儿与非独生幼儿之间并无天生固有的特异性。我们认为，差异主要不是生长序列所造成的，而是家庭教养条件不同的结果。由于计划生育政策允许“二胎”的家庭为再婚家庭及头胎有缺陷家庭，这类非独生子女人数逐渐增多，又由于部分文化较低的家长坚持多生，因而有相当数量的非独生子女处于不利的教养条件下。

表五　两市独生幼儿与非独生幼儿情况对比

项　目	地区与独生		$\bar{x}$	s	z	
家长年龄	南京	独　生	3.21	0.60	2.85	非独＞独，非常显著差异
		非独生	3.95	1.00		
	石家庄	独　生	2.84	0.68	4.25	非独＞独，非常显著差异
		非独生	3.50	0.78		
关心子女时间	南京	独　生	9.56	3.42		
		非独生	10.00	2.88		
	石家庄	独　生	11.64	2.70	2.14	独＞非独，非常显著差异
		非独生	9.96	4.06		
家长期望	南京	独　生	1.30	0.90	2.14	独＞非独，显著性差异
		非独生	1.03	0.55		
	石家庄	独　生	1.60	1.02		
		非独生	1.33	0.48		

续 表

项 目	地区与独生		$\bar{x}$	s	z	
幼儿智力	南京	独 生	20.62	4.05	2.41	独>非独，显著性差异
		非独生	18.33	4.79		
	石家庄	独 生	20.53	4.17	1.94	独>非独，接近显著性差异
		非独生	18.60	5.30		
购买花费	南京	独 生	2.73	1.65		
		非独生	2.60	1.07		
	石家庄	独 生	3.59	1.86	2.51	独>非独，显著性差异
		非独生	2.56	2.03		

3.5 从两市家长教养态度与幼儿智力、个性发展的总相关矩阵看共同具有显著性相关的变量。

3.5.1 两市家长均与为子女购买玩具、图书的花费有显著正相关。石家庄市家长文化还与关心子女时间有显著正相关。南京市家长文化还与幼儿智力、独立性、自制力、合群性等有非常显著的正相关。

3.5.2 两市家长溺爱态度均与民主态度呈非常显著的负相关。石家庄市家长溺爱态度与幼儿自制力有显著的负相关。南京市家长溺爱态度与家长年龄、家庭结构大小以及幼儿的合群性有非常显著的负相关。

3.5.3 两市家长关心子女时间与表扬方法有显著的正相关。

3.5.4 两市的亲子关系与幼儿智力、独立性、合群性、自制力有非常显著的正相关。石家庄市亲子关系还与民主态度呈非常显著的正相关。

3.5.5 两市家长表扬与关心子女时间均呈非常显著的正相关。南京市家长责打与幼儿自制力形成非常显著的负相关，与女孩的合群性、独立性也呈显著的负相关。

3.5.6　两市幼儿智力均与幼儿的独立性、合群性、对成人态度有非常显著的正相关。南京市的幼儿智力还与自制力有非常显著的正相关。

3.5.7　两市幼儿独立性与自制力、合群性等心理品质之间有非常显著的正相关。南京市幼儿自制力与家长责打有显著的负相关。

相关矩阵揭示：父母应当进一步加强自身文化修养；发扬家庭民主；多一些相互沟通，少一些责打；重视培养良好的个性品质；尽量不要代子女做事或溺爱、娇惯他们。

4　主要结论

4.1　在改革开放的形势下，人们的价值观念、生活方式、教养态度都随着经济的迅速发展而不断变化，因而经济越发达的城市对早期教育事业越重视，家长的育儿态度越能突破"重男轻女"、"子代优先"等观念的束缚，从而促进家庭教育质量的提高。

4.2　家庭是幼儿生活的主要场所，幼儿生活中的大部分时间是在家庭中度过的，在家庭环境中，影响幼儿发展的因素极多。家长的文化素质是决定其教养态度、教养方法最关键的因素，关心子女的时间和购买花费是影响亲子关系的重要条件，赏罚方法是影响子女个性发展的基本手段。这些因素都是不能忽视的。

4.3　根据数据对比，独生幼儿与非独生幼儿并无天生固有的差异性。由于我们严格控制了独生幼儿家长的文化条件和幼儿的年龄条件，所以在总的对比中只发现两项达到显著性差异，即独生幼儿家长年龄低于非独生幼儿家长，独生幼儿智力发展高于非独生幼儿。然而，当我们按文化水平组合，将两市双方大专水平的家长与一方高中、一方初中的家长的教养态度与其子女的智力、个性发展作对比时，有九项可达到显著性差异(家长文化、关心子女时间、购买花费、亲子关系、民主态度、使用责打方法及幼儿智力、自制力、合群性等)。在当前多子女家长大多文化水平较低的情况下，若不加控制地作独生幼儿与非独生幼儿对比，将会造成很大的误会。

4.4　在石家庄，"重男轻女"的育儿观还统治着相当数量的幼儿家庭，这不仅反映在两市家长教养态度与幼儿个性发展的对比中，还反映在石家庄市家长对男女幼儿的教养态度与幼儿智力、个性发展的相关矩阵中。石家庄市男孩比女孩多九项显著性的相关(亲子关系、民主态度、关心时间、购买花费、责打与表扬次数及子女对成人态度、自制力、合群性)；而南京市在男、女幼儿对比的相关矩阵中，男孩只比女孩多三项显著性的相关(自制力、合群性、家长责打次数)。

4.5　从两市家长教养态度对幼儿发展的影响的共同规律看，家长以一定时间带子女游览、讲故事、做游戏，有利于亲子关系及幼儿智力与个性的发展，有利于理解幼儿与正确使用表扬方法。但是，亲子之间过分依恋，关心子女时间过多也容易发展为父母过度干涉、过分保护和子女习惯于依赖、缺乏自制力的倾向。这都不利于发展幼儿的社会性行为和对其他成人交往的适应性能力。

参考文献：

1. [日] 中野佐三：《孩子和家庭成员的关系(中译本)》，北京：人民教育出版社，1985 年版。

2. [日] 森重敏：《孩子和家庭环境(中译本)》，北京：人民教育出版社，1984 年版。

3. [苏] 瓦·阿·苏霍姆林斯基：《家长教育学(中译本)》，北京：中国妇女出版社，1982 年版。

本文系作者与陶岚清合作，发表于《中国儿童发展》1992 年 8 月第 7 卷第 3 期

离异家庭对子女的影响

父母离婚对子女身心发展的影响，远远超过离婚者本人，尤其是幼儿。这种影响是随父母矛盾的激化而不断发展的。具体地说，大致可以分为四个阶段。

第一阶段：父母不和阶段。由于夫妻矛盾的日益激化，愤怒情感逐渐增强，夫妻时常发生争吵、斗殴，甚至拿孩子出气。这时，在孩子的心目中，原来温柔、和蔼的父母，变成了语言粗鲁、行为专横的人，好端端的和睦家庭，变成了充满仇恨、吵闹不休的场所。这种由于父母感情破裂使家庭气氛日趋紧张的环境，势必给孩子带来痛苦、不幸和心理创伤。多数孩子由开始惶惶不安进而出现精神萎靡不振，心情压抑，注意力不集中，在生活上无规律，吃饭不定时，患病也无人关心；有的孩子会恐惧万分，怕失去父母，怕被抛弃；有的以为父母争吵是自己的过失，有沉重的内疚感。他们由父母的冷淡、疏远而痛苦，进而怀疑世界的温暖和人间的真情，感到一切都充满了虚假和敌意。这种家庭的孩子往往比别的孩子更早地失去无忧无虑的幸福童年。

第二阶段：父母离婚，孩子处于“推”和“拉”的争夺之中。当夫妻矛盾发展到双方都认为婚姻已无法挽回时，孩子往往成为这场婚姻谈判的一个焦点。有的父母立足于“推”，把孩子当作包袱或负担，踢来踢去，谁都不想在另觅新欢时，再带上孩子。孩子陷于遭遗弃、遭拒绝的无援状态，觉得自己是个没有人要的多余的包袱，这样就从极度的悲伤而陷于绝望。有个孩子对我说：“我一年当中换了三个住的地方，姑姑家、舅舅家、婆婆家。换来换去，人家都嫌我、骂我，说我是‘晦气星’。”其心情可想而知。有的父母立足于“拉”，把孩子当作财产一样来争夺，为赢得孩子的喜欢和支持，买糖果，做衣服，要啥给啥，千方百计诱骗孩子表态站在自己一边。有的父母甚至在孩子面前恶毒中伤对方，把成人世界的虚伪、欺诈统统展现在孩子面前。有的父母分居后就禁止孩子和另一方来往，孩子与对方相会或接受了衣服、玩具和其他礼物，就骂孩子"没良心"、"背叛"、"白养活你"。这种情况，要一直延续到法院宣判离婚。在这期间，孩子的自尊心严重受挫，有的和小伙伴发生口角，或听到别人的讽刺就躲到角落里，脸色苍白，半天不说话；也有的一听到别人提他家的事，就不管三七二十一，跳起来就打人，表现出一副蔑视一切的神气。多数孩子则会变得孤独、忧郁，看到别人有父母接送或谈论礼物，就难过地落泪，严重的还可导致行为问题或精神疾病。

第三阶段：父母离婚之后，孩子思念失去的亲人，思念往日的幸福。在一般的核心家庭中，父母亲通常总以不同的方式教养子女。母亲是子女天然的保护神和物质生活的照料者。孩子对母亲的感情强烈而依恋；父亲似乎是力量和权威的象征，子女对父亲总比较坦诚，遇到困难和祈求外出时就找父亲帮助。父亲和母亲与子女交往的方式也各不相同。母亲往往喜爱吻抱、依偎，或与孩子娓娓交谈；而父亲一般比较开放，常常喜欢把孩子举起或让孩子跳跃、翻滚或奔跑，允许孩子随便跑、尽情闹，有时自己也像个大孩子似的与孩子一块玩。他们确实都是孩子所需要的好伙伴。家庭破裂后，孩子只能和一方同住了，这时就会深感失去另一方的痛苦。6岁的小芳流着泪说："爸爸走了，我真难过。爸爸会讲好听的故事，会抱着我在房里打转。我扑在爸爸宽大的肩膀上多么快乐。有时，妈妈做了好菜，我们抢着吃，津津有味；有时，开了收音机，三个人抱在一起跳舞，高兴死了。现在家里冷清清的、空荡荡的，我常常从梦中哭醒，我想爸爸回来。"

第四阶段：重组家庭阶段。这时，孩子的内心冲突和痛苦，随时间的推移逐渐平复，可是他们又面临父母重组家庭的考验，要学会适应新的家庭生活，正确处理与继父母以及由他们带来的兄弟姐妹的关系。而且，这时父母如果不能正确认识上次婚姻失败的原因，缺乏对再婚的适应能力，有半数家庭可能还会重蹈覆辙。这对一个年仅几岁的幼儿来说，又增加了困难和痛苦。有个5岁的女孩，当父亲带她去认识一位阿姨，奶奶却说那个阿姨要做她的新妈妈，她听了大吃一惊。继而产生了对新妈妈的极大的不满："是她把妈妈赶走的，我不要新妈妈，我要自己的妈妈。"这时孩子往往把自己亲妈妈离开时所遭受到的伤心、委屈，无形中变成了对新妈妈的不满和仇视。

综上所述，父母离婚给幼儿带来的伤害尤其明显，也特别严重。这是因为学龄前儿童，对母亲依恋感强，情绪反应强烈，生活自理能力弱，心理调节能力差，常常为找不到离去的父母而不吃不睡，使身心都遭受创伤。9岁以上的少年儿童，逐渐学会掩饰自己的感情，控制自己的行为，他们对父母的依赖性减弱，能通过与同伴交往来缓解悲伤，但内心的痛苦比年幼者更深，且常常表现为性格变异。他们对继父母的成见也更固执，当得不到新家庭成员的充分爱抚、谅解时，严重的还会流向伙伴集团，以致走入歧路。据笔者对南京市40名5～13岁离异家庭儿童与40名同龄完整家庭儿童在身体健康、认知水平、同伴关系、品德表现等方面的调查对比看，离异家庭子女的发展总体上明显不如完整家庭子女。在离异家庭中，身体健康、智力及学习成绩优良、同伴关系及品德表现好的少年儿童，只占15%左右，而完整家庭中的这类少年儿童，要占25%以上。

为了弥补离异家庭儿童的心理创伤，缓解这一社会问题，幼儿园要加倍重视对他们的教育，广大教师要同情他们、关心他们，应用爱去抚慰他们受伤的心灵，使他们感到人间的真情和集体的温暖。同时，全社会都要关心这类离异家庭儿童的教育问题，要办好家长学校、婚姻家庭学校，帮助家长树立正确的婚姻观、教育观、子女观，使离异家庭儿童与完整家庭儿童一样健康地成长。

本文发表于浙江《幼儿教育》1993年第1期

正确使用惩罚手段

与奖赏一样,惩罚是家庭教育中最为常见的一种教育手段。能否正确而合理地使用惩罚手段,是衡量家长的教育素质、教育能力高低的一个标志。在任何有孩子的家庭里,几乎没有一天不对孩子进行奖赏或惩罚。当孩子不遵守生活常规、无故发脾气、欺侮他人,或有不诚实行为时,及时给予适当的惩罚,明确表示父母的否定态度,可起抑制与警诫作用。但是,许多家长不能正确认识和使用惩罚手段,存在种种困惑与矛盾。我曾对南京市部分幼儿园的幼儿家长惩罚孩子的情况进行调查,不少家长认为,惩罚就是"体罚",如责打、罚跪、饿饭等。在被调查的150户幼儿家庭中,近70%的家长都打孩子,平均每月3.77次,少数家长每月高达10次以上,个别家长在20次以上。

调查情况表明,家长责打孩子的态度,大体有三种:(1)"棍棒派"。这部分家长相信"棒头底下出孝子",认为"十句好话不如一个巴掌"。(2)"矛盾派"。这部分家长犹豫不定,搞不清责打孩子的利弊得失,有的主张轻打、少打,或者偶尔重打,起点吓唬作用,以免孩子无所顾忌。同时,他们又担心打伤了皮肉,打坏了感情,打疏了亲子关系。(3)"反对派"。近三分之一的家长坚决反对体罚,主张以正面教育为主。

父母惩罚孩子的原因,非常类同。3至6岁幼儿挨打,主要是由于:(1)违反家庭中的生活常规。如不好好吃饭,把衣服弄脏,独自外出不告诉父母等,这类情况占责打总数的36.4%。(2)文明礼貌行为差。如发脾气,对长辈不尊敬,对同伴不友好等,占24.4%。(3)不听话,不服从。如大人叫他干啥偏不干,乱拿东西等,占16.4%。(4)不好好学习。这是4～5岁幼儿被责打的又一个重要原因,占8.8%。

(5) 品德不好。如打人、骂人、说谎、拿别人东西等,占 6.4%。还有因遗失或损坏东西和父母不高兴迁怒子女等原因而被打的。

调查情况启示我们,许多责打都是父母气头上的冲动,缺乏循循善诱的耐心,不懂教育孩子的方法和艺术。那么,如何正确使用惩罚手段呢?我提出以下建议,供家长们参考。

一、区别不同情况,采取相应的惩罚手段。惩罚的手段是多种多样的,它包括制止、约束、说理批评、警告、冷淡、孤立、暂时取消孩子的某些权利,以及要求儿童用自己的行动来补偿过失造成的后果等。家长应根据孩子的个性特点,错误的性质、程度,认错态度等情况来采用适宜的惩罚手段。在一般情况下,不宜使用体罚手段,尽量不要打孩子,应多用说理批评等非体罚式的惩罚手段。这是因为,责打会造成儿童皮肉痛苦,影响心理健康。即使是轻度的责打,也会造成儿童心理挫折,提供暴力行为的不良榜样。体罚比起其他惩罚手段来说,是最强刺激,使无力抗拒的儿童感到暴力就是取胜的"法宝",特别是面对那些是非不明、处罚不公、家长从利己出发的责打等,更会导致儿童情感冷漠,感觉麻木,亲子关系疏远,并迫使儿童学会用虚伪或欺骗的手段来逃避处罚,或者把愤怒发泄到比自己更弱小的同伴身上,其人格容易趋向懦弱或叛逆两个极端。

二、分辨是非,分析原因。父母惩罚孩子,主要是为了教育孩子分辨是非,理解行为后果,认识错误行为给别人造成的痛苦和困扰,引发后悔之心。这一切比惩罚本身更重要。而教育的目的,在于帮助儿童学会掌握社会规范,增强自我决策和道德判断的能力。这就要求家长要冷静、客观、公正地分析错误和过失行为的严重程度、后果等事实,就事论理,使儿童懂得错在哪里,应该如何改正,为正确行为打下基础。在平时,家长要与孩子建立亲切关系,这样,一旦需要惩罚时,就有利于使孩子知道惩罚是从关心、爱护自己出发的,具有接受惩罚、承担错误行为责任的心理准备;在惩罚过程中,要注意对事不对人,不能用语言刺伤儿童的自尊心,更不可侮辱其人格。惩罚的着重点应放在"心理效应"上,重视培养儿童的内疚感、羞愧感,不要急于催迫儿童在思想不通、是非不分的情况下认错、受罚或者赔礼、道歉。

三、惩罚要准确、适时、适度。为了使惩罚做到罚当其错、罚当其时、罚当其度，每个家长都要注意掌握惩罚的艺术和效果。(1) 不要在狂怒、酒后等情况下惩罚孩子，以防处理过重或失手伤人。(2) 不能重复警告、训斥、威胁、唠叨，这样反而会强化非预期行为。(3) 不宜翻旧账、炒冷饭式的说教，任意扩大训斥的范围。一般来说，惩罚应在不良行为刚开始或正在进行时进行，效果就比较好。(4) 不可讽刺挖苦，让孩子因在众人面前出丑而产生伤自尊、受侮辱的痛苦和委屈。(5) 不应站在维护成人权威、面子的立场上惩罚孩子。

四、注意儿童受罚后的情绪状态。惩罚带有抑制性、强迫性，经常使用或使用不当，会使儿童一直处于紧张、恐惧状态；惩罚过度或不公正，则会使儿童误解、委屈、反抗。每个儿童都有好胜、上进和企求赞扬的心理需要，就是在帮助儿童认识错误以后，家长仍应给予一定的鼓励、信任和改正的期望，唤起他们奋发上进的信心和决心。

实践证明，惩罚只是一种教育手段，使用得当，可以有效地降低儿童不良行为的发生；使用不当，就会产生副作用，损害儿童的身心健康。每个家长都要努力学习正确使用惩罚的策略与方法，改进管教的手段，发挥惩罚的最佳效果。

本文发表于江苏《早期教育》1993 年第 6 期

培养幼儿的学习兴趣

兴趣是儿童学习的向导，是儿童扩大视野、获得知识、发展智力、培养能力的动力源泉。正如大科学家爱因斯坦所说："兴趣是最好的老师。"兴趣可以使儿童在整个学习过程中充满情感，具有更高的自觉性、主动性、积极性；兴趣还可以促使儿童的观察更敏锐，思维更活跃，意志更坚定，学习和做事的成效更显著。相反，那种没有丝毫兴趣的强制性、填鸭式的学习，只能导致儿童情绪抵触，精神不振，学习效果事倍功半，甚至扼杀儿童探求真理的愿望，严重的还会影响儿童身心的健康。许多实践证明，只有当幼儿有兴趣、有需要的时候，家长或教师的教育才能与幼儿的愿望、努力自然地融会起来。有时，伴随着学习过程所产生的学习兴趣和求知欲望会比所学的知识、技能本身更持久、更深刻地影响着幼儿一生的学习和工作。因此，家长们应当十分重视幼儿学习兴趣的培养，不能掉以轻心。

下面，就幼儿学习兴趣的培养问题谈一些意见，供广大家长参考。

一、认真观察，了解幼儿的兴趣倾向

了解幼儿的兴趣是培养幼儿兴趣的前提。而幼儿兴趣的产生、发展是有其一定的规律的。一个正常的孩子，早在婴儿时期，就会对色彩鲜艳或会移动的物体表示出浓厚的兴趣，产生短暂时间的"定向"反应，或者用眼去注视，或者用手去抓握。2岁左右的幼儿开始对物体的名称、用途感兴趣，常常会问"这是什么?""那是什么?"这种好奇心是幼儿求知的心理需要的自然表现。再大一些，就会探索事物之间的关系，常常提出"怎么样?""为什么?"等问题，并会寻根究底、乐此不疲。幼儿学习兴趣的一个重要特点是多样性和不稳定性。有的幼儿一个时期爱绘画，一个时期爱唱歌，忽冷忽热，变化多端。兴趣的多样和不稳定在幼儿期是正常现象。这说明孩子对自己的爱好和能力倾向正处于积极尝试的体验过程。它是在为未来的兴趣定向打基础。为了有的放矢地培养引导幼儿的兴趣，家长应该通过观察、提问、谈话等方式，有意识地了解孩子在各种情况下的活动能力、活动情绪、活动习惯等，看孩子最爱做什么，最不喜欢做什么，在哪一类活动中兴趣最浓、情绪最稳定、坚持时间最久，从中发现其真正的兴趣趋向，并创造一定的环境条件加以引导，使健康有益的兴趣得到保持和发展，把不健康的兴趣消灭于萌芽状态。在一般情况下，孩子幼年时期的兴趣会随着时间的推移、知识领域的扩展、经历的丰富而不断转移。即使如此，幼年时的强烈学习兴趣仍然是十分宝贵的，因为它有益于幼儿个性的整体的发展。酷爱绘画的幼儿长大不一定成为画家，但是，在成人的积极支持和引导下，绘画的需要推动幼儿更自觉地去观察周围世界，留神自然和社会现象的变化，孩子的注意力、记忆力、想像力、表达和概括能力以及不怕困难、集中专注的学习习惯都得到了锻炼，这对孩子以后的成长会产生不可估量的积极影响。

二、因势利导，保护幼儿的兴趣

家长在正确对待幼儿兴趣方面，有许多工作可做。

（一）要保护兴趣，不要扼杀兴趣。有位家长曾和我谈起他对4岁儿子的一次成功的引导。儿子忽然对写字产生了突发性的兴趣。他虽然不认得字，更不会写字，但是常看到成人以纸条互相提醒事情的做法，就用直线、曲线、圆圈，还有一些像汉字的图形写成字条，贴在门上、柜上。开始，家长曾想把儿子做的纸条撕掉，禁止他乱画乱贴。后来想想如果不准孩子模仿写字，就会扑灭孩子学写的兴趣。孩子制作字条说明他已认识到书写是表达思想的一种方法。他就耐心询问儿子写的是什么。儿子告诉他贴在门上的字条写的是："不敲门，不许进来。"贴在柜子上的是物品分类的名称。显然，儿子是把字作为一种无声的、奇妙的语言在运用，这种对书写的感受使他到处忙碌，兴趣盎然，干劲十足。以后，孩子发现家长写的字与自己写的不同，是别人能看懂的符号，又要求家长帮他写字条。他模仿书写的兴趣一直保持着，到入小学时，已能认识几百个字，书写也比较认真端正。相反，有个孩子对昆虫很感兴趣，每见到一只昆虫，都喜欢捉来看看，养在瓶里，观察变化。一次，他母亲的一个同事来访，看到他养的蜘蛛便吓得尖叫起来，母亲急忙把蜘蛛踩死了。自此以后，这个孩子对蜘蛛、飞蛾等昆虫也害怕起来，避而远之了。他对这部分世界的好奇心和信任感不复存在了。由此可见，家长正确对待和切实保护幼儿学习兴趣的重要意义。

（二）多鼓励、表扬，不要轻易批评、指责。家长兴致勃勃的支持和鼓励是发展幼儿兴趣的精神力量。它能使幼儿的兴趣稳定，并沿着正确的方向前进。幼儿刚开始从事某项活动时，其成品总是粗糙的、不像样的。小金喜欢剪纸，开始剪的图案形状都很简单，剪线也不平整。但妈妈为他买了各色的蜡光纸，每次作品注明时间，并选出较好的作品用纸盒保存起来，一定时间以后，贴在稿本上。两年多的时间，小金的剪纸逐渐完美、新颖，成为他的一项特长。但是，不少家长常用成人的尺度，不切实际地要求孩子，当着孩子的面尖锐地指责："这像什么东西？"批评作品这里不好，那里有错，使孩子灰心丧气、不知所措，接着就以"我搞不好"为借口，不肯再去努力。家长不需要夸大成绩地表扬孩子，只要从幼儿的实际水平出发，实事求是地指出比以前有所进步的地方和值得保持的优点。这样，幼儿既可以从成人的评价中获得成功的喜悦，保持旺盛的兴趣，又可以明确继续努力的着力点。有个幼儿第一次制作纸盒船时，辛苦几小时，弄得一团糟，勉强粘成了一个船形的模样。而机敏的家长对孩子仍采取宽容、鼓励的态度，说："你把这边裁小了，所以放不稳，但是，你不怕困难还是做成了一条船，你这种坚持到底的决心很好，我感到很高兴。"这样，他帮助孩子从失败的经验中找成绩、找问题，使孩子鼓起勇气，继续努力。家长和孩子一起搜集材料，先后做了三条船，一条比一条更进步。

（三）要启发自觉，不要强加于人。大多数孩子都有自发的兴趣，但不稳定、不深刻，家长的启发引导在于扩大视野，帮助孩子丰富有关的知识，创造良好的环境，提供充分的练习机会和成功的体验，孩子就会很自然地提高兴趣强度，激发从事有关活动的自觉性、积极性、坚持性。如发现孩子喜欢小虫，有的家长就买了《蚂蚁王国》的图书给孩子阅读，让孩子饲养蟋蟀、金铃子、叫哥哥等会鸣叫的昆虫，和孩子一起去捉蚱蜢、纺织娘，鼓励孩子用放大镜观察昆虫，画昆虫鸣叫、格斗时的姿态等，讲昆虫生活的故事给孩子听。这样，既满足了孩子的活动兴趣，又能培养孩子运用多种手段表现兴趣与认识事物的技能。在现实生活中，也有的家长不是从孩子的角度来发展幼儿的兴趣，而是从成人自己的愿望、能力、兴趣出发，强制性地要求幼儿学乐器、学书法、学舞蹈。学习得好，物质嘉奖；学习得不好，打骂威胁。这些做法反而会引起孩子的反感，兴趣下降，效果不佳。有的孩子起初是有兴趣学习某项活动的，但由于难度增加，进度跟不上或时间紧迫、训练要求高，一时难以适应，表现出怕学、厌学，不愿再学。这时，家长应当慎重考虑孩子的实际情况，晓以利弊，让孩子自己作出选择和决定。有时，暂时的退却，还有可能使孩子在以后重新萌发起新的兴趣。有时，孩子确有潜能，而缺乏意志力，家长要借助许多科学家、艺术家与困难作斗争、对事业持之以恒的榜样，反复引导与教育孩子，激发其继续努力的愿望。无论如何，要避免采取粗暴的强制、责打、命令，或以取消孩子喜爱的其他活动作为惩罚等做法，防止使孩子厌恶、反抗这项活动。一般来说，依靠强迫而使孩子坚持兴趣的做法，是很少有成功的。有的孩子兴趣过于多变，家长可根据子女的能力倾向，有意赏识或支持他的某些兴趣活动，忽视他的另一些活动，帮助孩子逐步定向，并使孩子知道大千世界丰富多彩，可以从事多种多样的兴趣活动，但是人的精力和时间毕竟是有限的，适当地集中注意于一些兴趣活动，更能有效地发挥自己的潜能。有的家长喜欢把自己的兴趣强加于孩子，他们无视子女自己的爱好，阻止他们，想代之以父母的愿望，但越是阻拦，孩子越偏爱被禁止的活动，或者表面上应付成人的要求，暗地里把主要精力用于自己的爱好，把自己的兴趣变成隐秘的、不公开的活动，结果是“两败俱伤”，什么也没学好。

三、通过活动，深化幼儿的学习兴趣

游戏、实验、阅读、提问是促使孩子学习兴趣深化的有益而有效的

手段。例如，孩子对计算感兴趣，家长可用各种贝壳、豆子、纽扣、瓶盖等和幼儿做“比多少”、“猜数”、“看谁排得快”等计算游戏。家长还可以和孩子一起制作数字卡片、数字骰子、计算棋等。孩子对音乐感兴趣，可以购买一些有价值的音乐磁带给幼儿欣赏、评论，伴随音乐开展想像性、创造性的音乐游戏，如“假使我是一只小鸟”、“我们走在田野上”、“雪花飘”，等等。孩子对物理知识和自然物感兴趣，家长可以做“小电珠发亮了”、“电磁铁的本领”、“热胀冷缩”、“光的反射”等实验，也可以在家庭中开辟自然角，养蚕、养鱼、种植花草，要求孩子用图画记录动植物的发展历程。

兴趣活跃、爱独立思考的孩子往往会向成人提出各种各样的问题。这是幼儿主动求知的反映、积极探索的结果，也是初绽的智慧花蕾。家长对孩子的提问应当耐心听、仔细想，不厌其烦地协助他们寻找答案。在探求过程中可以引导孩子进一步观察、试验，也可以提供书籍或实验材料。有个家长在带孩子散步途中，看见小羊在吃草，孩子问：“小羊吃草，草吃什么呢？”这位家长就让孩子在路边拔了一些粗壮的草带回家，把草插入装有红墨水的瓶子中，过了几天，孩子看见红色从根部升到了茎部，就高兴地说：“我知道了，草在吃有营养成分的水。”

孩子的提问往往是五花八门的，如“人是从哪里来的？”“月亮上有没有人住？”“气球为什么会升起来？”“星星为什么不往下掉？”“电车上为什么要装两条辫子？”等等。提问没完没了，家长不能单纯地提供答案，好像孩子提出问题，以后就是家长的事情了。而应根据幼儿的经验进一步引导思考，引导发现，甚至用反问的方式来激发幼儿更多地思考。家长更不要忙于作概念性或不科学的解答，如“人是从腋下生出来的”，“星星是靠一种吸引力吸在天空中的”。有些问题，是幼儿暂时无法理解的，有待掌握一定的科学文化知识，可以告诉他们等上学以后学到有关的知识就会明白的；有些问题，家长也不知道，可以坦诚地告诉幼儿，需要查阅书籍或请教别人。家长也可以带孩子到图书馆或书店去，共同翻阅和朗读有关的章节，得到清晰、直接的答案，使孩子感到无比的喜悦和满足。对于幼儿能力所及,能够通过具体、形象的图书、故事、实验,很快解答的问题,家长可以带孩子一起去做。如购买《月球探险家》的图书,晚上观察月亮,进一步使幼儿了解月球。共同活动既可增进亲子之情,也能巩固幼儿探索自然奥秘的兴趣。可惜,不少家长往往强调工作忙、时间紧,轻视孩子的提问,甚至责怪孩子:"真烦人,你自己去想想吧!""我管不了你这么多的事,去问老师去。"家长厌烦孩子的提问,孩子求知的兴趣就会逐渐减弱;成功的家长则常常会抓住提问的良好时机,让孩子在观察和思考中发现问题,在探索问题中发展智力。在一般情况下,家长向幼儿提出问题,大体有三类:

1. 事实性问题。它要求幼儿进一步观察事实,说出简要的信息,如卖气球的人是怎么操作的?他们往气球中充些什么?

2. 理解性问题。它比事实性问题前进了一步,要求孩子辨别、比较综合、分析一些信息。如气球和皮球有什么不同?电车和汽车有什么不同?幼儿必须找出异同,比较差异,分析原因。重要的不是要求幼儿作出简单的回答,而是要求幼儿努力去思考和比较。

3. 开放性问题。它能促进幼儿的发散性思维和解决问题的能力的发展。例如,在一形多物、一物多用、一题多解、一事多因方面提出问题,让孩子做游戏等。

四、扩展领域,支持幼儿的探索活动

好奇、好动、好探索,这是幼儿期的心理特征。家长对幼儿的兴趣,经常提供一些新鲜的课题,扩展其视野,丰富其知识领域,就会使探索活动常有常新、生动活泼地开展起来,坚持下去。要注意探索活动中的安全,要提供一些工具、材料和活动场所,参观一些展览会、博物馆,尽可能地参加少年宫的有关活动,看大哥哥、大姐姐的有关竞赛和表演等。

当幼儿由于缺乏经验,遇到挫折或困难时,更要满怀信心地给予帮助、支持。有个家长下班回到家里,发现孩子为了看看闹钟里面的结构,而一下子拆坏了两只闹钟,并且不知道怎么装起来。这个家长

不是发火、打骂孩子，也不是听任孩子破坏，而是带了孩子找到熟悉的钟表店，请钟表师傅示范装配给孩子看。事后，向孩子指出探索活动既要有勇气，还要有一定的知识、技能和必要的工具，要有谨慎、务实的态度。家长这种关心支持的态度，使孩子对机械的兴趣得到了强化。后来，这个孩子在成人的指导下，在年仅 8 岁的时候，终于独立地拆装了一只旧闹钟。

总之，家庭是培育人才的摇篮，家长的态度是激发幼儿学习兴趣的基础和源泉。孩子如果从小养成了稳定的兴趣和爱思考、好探索的性格、习惯，可以肯定，这是在成才的道路上迈出的可喜的、关键的一步。

本文发表于《福建幼儿教育》1993 年第 6 期

让孩子变得更聪明

孩子不是生下来就聪明的。一个人的聪明才智是由先天的遗传基因、后天的生长环境和教育三方面的因素综合作用的结果。遗传基因只是个体身心发展的物质前提，环境和教育在个体身心发展中则起着决定作用。而有目的有计划的教育，尤为重要。在狼群里长大的狼孩卡玛拉虽然具有人的遗传基因，但因为缺乏良好的环境和教育，十几岁时也不会说话，不会直立行走，仅会赤身裸体爬行奔跑，撕咬食物，半夜狼嚎。经过几年的耐心教育，也只能达到3、4岁孩子的智能。鲁迅先生说得好："其实天才，在生下来的时候的第一声啼哭，也和平常的儿童一样，决不是一首好诗。人虽有禀赋上的差异，但是人的才能和智力大都是后天得来的。"世界著名的"发明大王"爱迪生，一生有过两千余种发明创造，但他曾被他的老师恩格尔认为是"愚笨"的孩子。恩格尔当着爱迪生的面向来校视察的督学说："爱迪生是个不折不扣的糊涂虫。"因为他提出了"二加二为什么等于四"的问题。但是爱迪生的母亲坚信自己的孩子是会成才的，她坚持良好的家庭教育，支持爱迪生的创造愿望，终于使爱迪生成为世界上最伟大的科学家之一。那么，怎样的孩子才算是聪明的孩子，怎样才能使孩子变得更聪明呢？

一、聪明孩子的标志

人人都希望自己的孩子聪明，可是对聪明的理解却众说纷纭，莫衷一是。有人认为，聪明孩子应当有丰富的知识。这样的家长着重多读多记，常常要求孩子完成过量的学习任务，每天要读唐诗，写汉字，做算术题，节假日或晚上还要学英语，学绘画和书法等。也有人认为，对于幼儿来说，发展智力比学习知识更为重要。如果不符合孩子的心理发展水平，单纯地灌输知识，孩子只会死记硬背，不会理解也不会运用，这样的知识对孩子智力的发展有害而无益。事实上，家长如果在日常生活中注意引导幼儿勤观察、多思考，学习独立解决问题的方法，就能发展幼儿的智力，增强手脑并用的能力。

知识和智力，既是有联系的，又是有区别的。知识是人们对于客观世界的事物及其规律性的认识。智力，又称学习能力，是各种认识能力的综合表现。美国心理学家韦克斯勒指出："智力是一个假设的结构。它是一个人有目的地行动，合理地思维，并有效地处理周围事物的整体能力。"我国多数心理学家认为，智力不是一种单一的能力，而是以思维能力为核心的一种综合性的整体结构，包括观察力、注意力、记忆力、想像力、思维和语言的能力等。对于3～6岁的幼儿来说，他们还未进入系统学习文化知识的时期，他们所应当掌握的是周围生活中最常见的、最基本的知识。而这些知识的获得，应当通过幼儿感官的接触和自身智力的操作，才能理解、记忆、联想，并运用知识解决一些实际问题。幼儿期是智力发展最迅速的时期，智力发展得好的孩子，学习知识既敏捷又牢固，且能举一反三。例如，要求一组都学过10以内加减的6岁幼儿从20根游戏棒中拿出18根来，看谁拿得快。有的幼儿一根一根地数，有的幼儿2根或5根一起数，但是最敏捷的幼儿一下子就举起18根。他是根据"20减2等于18"的规律，只要留下2根，就完成了任务。这几个幼儿在计算上的差距不在于知识，而在于智力。大家都知道水往低处流的道理，但是，当小同伴跌进水缸时，最先想到破缸救人的是能够运用水流的规律去解决问题的司马光。由此可见，决不能认为学得多，智力水平就自然会提高。只有在掌握、消化、积累、运用知识的过程中，自觉地在发展智力上下工夫的人，才能充分地发挥智力的潜能，死记硬背、机械模仿得到的知识再多，也无助于发展智力。

看一个孩子是否聪明，主要应从以下五个方面来衡量：1. 知识、经验是否丰富；2. 观察事物是否敏锐；3. 注意力是否集中而持久；4. 思考问题是否灵活、有创造性；5. 操作动手是否协调、灵巧。如果这五个方面都发展得优良，这个孩子必将会成为一个聪明的孩子。

二、怎样使孩子变得更聪明

（一）丰富幼儿的生活经验，使幼儿获得基本的知识技能。幼儿是世界的生客，他们正处于从不知到知、从不会到会的启蒙阶段。幼儿对周围的一切都充满好奇，都想问个明白。家长应创造条件，满足幼儿的要求，调动幼儿学习的主动性、积极性，使之获得基本的知识、技能。幼儿可以也能够掌握的周围生活中的粗浅知识，主要包括：1. 有关社会生活的常识。例如，正确说出日常生活用品，常见的玩具、用具等的名称、外形特征、属性、制作材料和用途；认识周围环境，如家庭、幼儿园、中小学、工厂、商店、车站、邮局、医院、救火站，以及家乡的名胜古迹等；认识成人劳动，知道不同职业的成人使用的工具、材料，懂得成人劳动和自己生活的关系；掌握独立生活和适应集体生活、与人交往的基本技能；认识国旗、国徽、国歌的特征，知道一些国内外的重大事情。2. 有关自然的知识。例如，了解常见的动植物、各种自然现象、四季特征；知道一些家畜、家禽、野兽、昆虫、鸟类、鱼类和树木花草的特征、生长过程及其和人类生活的密切关系；懂得保护自己的一些安全、卫生知识和日常生活中的科学常识。3. 有关数学的初步认识。例如，知道 10 以内数的概念、顺序、组成与加减的基本知识；认识一些几何形体和有关时间、空间、长度、重量等的知识；会比较大小、多少、长短、粗细、高低、宽窄、深浅、轻重等。4. 有关文学艺术的知识。例如，认识颜色、形状、画面、结构和声音的轻重、节奏、旋律，掌握一些朗诵诗歌、讲述事情经历、唱歌、舞蹈、绘画、纸工、泥工、制作小玩具和敲击乐器、表演儿童文学作品等的初步技能。

（二）培养幼儿敏锐的观察力。观察是一种有目的和比较持久的感知活动，是幼儿认识客观世界的开端和门径。它是幼儿发展智力、获得知识的前提和基础。幼儿认识事物主要是通过眼、耳、鼻、舌、身五种感觉器官进行，依靠直接的操作和形象化的语言，而不是依靠抽象的文学符号。家长要善于利用一切机会引导幼儿学会观察。1. 有目的、有顺序地从多方面感知一个事物。任何一个物体都有颜色、形状、结构、性质、重量、气味、声音等的属性，幼儿运用多种感官去感知，才能真正获得对这个物体的全面、整体的认识。在观察过程中，应根据事物的特点，按照一定的顺序，如从左到右或从上到下、从外到里或从整体到部分，促进有条理的思维和语言的发展。2. 学会比较、分析，边看边说，找出事物之间的相同点、不同点及其内在联系，抓住事物类别的本质特征，提高观察的水平。比如，年龄小一些的孩子可以区别苹果与梨，它们都属于水果，但颜色、形状、味道、质地软硬是不同的；年龄大一些的孩子可以区别野兽与家畜、益虫与害虫，从分析比较中使孤立的、个别的属性得到整理与综合，形成知识的体系化。同时，结合观察内容的叙述，使幼儿熟悉相应的词汇和连贯的语句，借以充分表达所获得的印象、感受和经验。3. 自由观察要与系统观察相结合。生活中可供观察的事物是极其丰富的，家长应让幼儿多到大自然中去活动、玩耍，多观察街道、邻里和不同职业的人物特征，接触各种社会现象。幼儿有自己的生活经验和观察特点，家长不要过多干预，让孩子有充分自由观察的时间，然后，选择重点内容引导幼儿进行对比。在庭院向阳处和背阴处各种一棵花，同样的施肥、浇水、管理，但生长情况不同，借此观察阳光条件对植物生长的影响。又如，当附近地方有较大的建筑工程施工时，家长可以经常带幼儿去观察楼层的递增，外部装修的进展，最后的竣工，用以培养幼儿持续探索的兴趣和系统观察的习惯。

（三）发展幼儿集中、持久的注意力。注意是人们心理活动对一定对象的指向和集中。注意的稳定性、持久性与幼儿的年龄、兴趣、经验、身体状况、注意对象的特点、周围环境的干扰等都有密切的关系。发展幼儿的注意力是保证幼儿智力活动积极连续地进行的必要条件。家长应重视幼儿集中注意的能力和习惯的培养。1. 逐步发展有意注意。注意有两种：没有预定目的，为新奇刺激所吸引，不作任何努力就萌发的注意是无意注意；有预定目的，要作一定的意志努力的是有意注意。在幼儿期，无意注意已达到高度发展，而有意注意正在逐步形成中。家长应了解，不同年龄幼儿有意注意的时间是不一样的，要求幼儿的学习时间不宜过长，并要尽量使无意注意与有意注意交替进行。一般说，3～4 岁幼儿的有意注意可保持 7 分钟左右，5～6 岁幼儿为 15 分钟左右，7～9 岁幼儿为 20 分钟左右。如果充分利用形象生动的教具、图片、语言和游戏化的活动，幼儿集中注意力的时间可以适当延长。平时幼儿的注意力容易随兴趣而转移，常常是不细致、不深入、不全面的，家长要善于提出一些有趣的问题，激发幼儿的好奇心，引导幼儿仔细观察事物的细节，以有利于注意力的发展。2. 提出适当的任务，使幼儿保持较长时间的集中注意。例如，让幼儿画一张有主题的画，听一个故事并复述给父母听，背诵一首儿歌或练习写两行数字，看一个连环图画故事，然后回答父母的提问："这个故事中的主人公是谁？他们遇到了什么困难？是怎样解决的？"等等。这些活动都需要幼儿在一定时间内高度集中注意去完成任务。在活动过程中，要防止可能分散幼儿注意力的干扰因素的影响，并要注意任务的难度要适当，使幼儿兴致勃勃、有信心去完成，愉快而专注地贯彻始终，决不能虎头蛇尾，拖三拉四，敷衍了事。有时，提出的任务要延续一定时间才能完成。比如在养蚕、种向日葵的过程中，要求幼儿绘画或记观察日记，更可以培养幼儿持久的注意力和责任感。3. 对少数注意力不很稳定的幼儿要进行个别指导。例如，多采用他喜爱的游戏方式如下棋、搭积木、玩拼图等，适当降低时间要求，使幼儿容易集中注意去完成任务。每次活动后，给予积极的表扬、鼓励，激发幼儿自我控制的力量，增强其成就感。

（四）发展幼儿的思维能力。人们对通过感知觉获得的大量材料，只有在头脑中进行分析、综合、比较、推理、概括、判断等加工过程，才能真正掌握事物的本质和内在联系。思维是智力活动的核心。3 岁以前幼儿的思维主要是借助于动作而实现的，叫直觉行动思维；3 岁左右的幼儿依靠事物的具体形象的联想来进行思维或根据事物的外表特征进行概括，叫具体形象思维；5 岁左右的幼儿，抽象逻辑思维开始萌芽。家长应区别情况，帮助幼儿灵活运用这三种思维方式来完成各种思维任务。在活动过程中，应有意识地让幼儿分析事物之间的关系，增强思维的条理性、灵活性、创造性，提高用语言表达事物的能力。1. 开展多种活动，启发幼儿思考。例如，(1) 提问和调查。思维总是从提出问题开始的，家长可以从幼儿的实际水平出发，向幼儿提出一些有趣的问题，诱导幼儿动脑筋。如发现有的花长得好，有的花长得不好，就问幼儿"这些花为什么长得不好？"又如在洗衣服、晒衣服、收衣服的过程中，问幼儿"衣服上的水分到哪里去了？"(2) 尝试和操作。在整理物品的过程中，让 3～4 岁的幼儿进行分类，把吃的、用的、穿的、玩的东西分别送到不同地方去。5～6 岁的幼儿在野外捉了虫子回来，可以让他们找出昆虫的共同特点，分辨益虫和害虫。(3) 编排顺序。把主题鲜明的图片剪成 5～7 块，让幼儿复原拼合，也可把有情节的连环画剪开，打乱次序，让幼儿根据画面内容重新组合。还可用扑克牌要求幼儿按单、双数排列成队，或玩"比大小"、"接龙"等游戏。(4) 创编活动。在讲故事、念儿歌、背诗歌、唱歌曲等活动中，让幼儿增编一段类似的内容或思考不同的故事结尾，或对原有的作品进行改编、创编，把"夏天"改成"冬天"，把人物改成动物等。这种在原有思路的基础上的模仿创造，更容易激发幼儿活泼的兴趣和思维。(5) 解决实际问题。家长可以提出一些适合幼儿能力的实际问题，让幼儿思考解决的办法。比如，"家里大人不在，邻居家忘了关煤气，失火了，你怎么办？""走在路上，看见一个迷路的小弟弟在哭，你怎么办？""遇到较宽的小沟挡住去路时，你怎么办？"又如，要求幼儿区别两个大小相同、颜色一样的球是石球还是木球，幼儿可以用秤称，石球重，木球轻；也可以用水试，石球沉，木球浮；还可以用火烧，木球能燃烧，石球不能燃烧。幼儿在对提出的问题进行推理、分析、寻求答案的过程中，不仅获得了知识，同时也发展了智力。2. 在一日生活中培养幼儿的动手能力。手，是人类制造物体、把握物体的器官，也是探索世界、认识世界的重要工具。手与脑有着千丝万缕的联系。根据大脑机能定位的理论，人手的每一块肌肉在大脑的运动中枢都有相应相通的"驻脑点"，手的动作可以刺激大脑，大脑又随时调节着手的活动，所以手和脑是相互作用、同步发展的。手的活动越多、越准确、越精细，越能开发大脑的潜力。反之,这些“驻脑点”就会处于沉睡状态,反应迟钝,影响人的智力发展。培养幼儿的动手能力,要根据幼儿的年龄、体力、知识、经验和兴趣,如承担力所能及的生活自理活动,制作简单的玩具,做有趣的小实验,进行穿、插、拼、搭、挑等各种操作游戏,以及绘画、泥塑、折纸、剪贴、编结等活动。有些家长不懂得“手的活动”的意义和作用,不准幼儿用剪子、耍棍棒、玩泥沙;有些家长对幼儿过分溺爱,连孩子自己会干的吃饭、洗脸、整理玩具、图书、穿脱衣服等都包办代替,不准孩子动手。这样做,实际上剥夺了幼儿动手动脑的机会,减少了幼儿获得成功的愉快体验。3. 进行专门训练,发展幼儿的多向思维。平时的学习活动,大多是有方向、有范围、有条理,对同一问题只寻求一个正确答案的集中性思维活动过程。多向思维也称发散性思维,则要求儿童思维广泛发散,自由联想,提出多种有价值的设想。例如,家长画一些圆形的图,让幼儿添画并说出它像什么,有的幼儿会说出像足球、乒乓球、气球、排球等,速度快,数量多,这是发散性思维的“流畅性”;有的幼儿会改变思维角度,从餐具、食品、用具多方面考虑,说出像锅、碗、盘、镜子、衣袖口、领口、纽扣、糕、饼等,这是发散性思维的“变通性”;还有的幼儿能想到别人注意不到的圆形物体,如石磨、水中的漩涡、锯倒的树干(横切面)、瓶盖、数字中的“0”和人脸等,这是发散性思维的“独特性”。这些都说明了幼儿思路的灵活和新颖。家长发展幼儿的多向思维,要经常启发和鼓励幼儿敢于发表自己的意见,特别要重视幼儿的与别人不同但又是合理的见解。对5、6岁的幼儿,还可以有计划地进行一些专门性的练习。如以颜色、形状、动作、材料、功能、因果关系等作为发散的依据,互相比赛,设想得越多越好。具体的做法有:(1) 颜色发散。以某种颜色为出发点,设想与这种颜色有关的物品。如绿色,有交通灯、吉普车、邮包、邮筒、绿头巾、绿军装、绿豆糕、绿纸、绿丝线、绿旗、绿叶、绿花盆等。(2) 形状发散。以某种形状为出发点,设想这种形状像什么物体。如半圆形,像花篮、电灯、帽子、摇船、初升的太阳、甲虫、门洞、伞、蘑菇等。(3) 动作发散。以某种动作为出发点,设想与这种动作有关的事情。如吹,可以吹灰尘、吹气球、吹鸡毛、吹肥皂泡、吹笛子、吹口香糖、吹口哨、吹口琴等。(4) 材料发散。以某种物品为材料，设想它的多种用途。如砖头，可以造房子、砌围墙、铺桥面、作锤子敲钉、压纸头、代尺画线、当武器砸狗等。(5) 功能发散。以某种功能为目的，设想达到这一目的各种方法。如晚间停电时，用什么照明；桌子断了一条腿，如何继续使用；天气冷了，不增加衣服如何使身体变暖和；或在体育运动中变换方法拍皮球、套藤圈等。(6) 因果发散。以某种结果为出发点，推想造成这一结果的各种原因。如玻璃窗是怎么碎的，花瓶是怎么跌倒的，弟弟的帽子是怎么不见的，等等。总之，家长应鼓励孩子积极大胆地联想，有意识地培养幼儿思维的速度、广度、深度、灵活性和新奇性。

每个家长对自己的孩子都应当充满信心。只要你给孩子提供更多的爱心和理解、鼓励和支持，即使孩子的先天遗传不理想，也能成为出众的人才，也可以变得比先天遗传优秀的孩子更聪明。

本文发表于《福建幼儿教育》1994 年第 1 期

家庭中的幼儿游戏

游戏,是幼儿的主要活动。它永远是同幼儿的生活和学习紧密联系在一起的。哪儿有幼儿,哪儿就有游戏。在人类社会中,从古到今,任何国家、任何民族的幼儿都有丰富多彩的游戏。据《史记》记载,我国杰出的思想家、教育家孔子,在公元前500多年,就曾做过学习礼节的游戏。古希腊大哲学家柏拉图,在《理想国》一书中也曾描述了当时希腊儿童的追逐游戏。游戏对婴幼儿更有着特别重要的意义和作用。它是孩子童年的欢乐、自由和权利的象征。幼儿是在游戏活动中生活和成长的。我国幼儿教育家陈鹤琴先生说:"儿童是以游戏为生活的。儿童生来好玩。""游戏实是儿童的良师。"前苏联文学家高尔基也说:"游戏是儿童认识世界的途径。"

一、游戏的意义和作用

游戏是幼儿快乐而自主的活动。它的重要意义和作用,主要可以从以下两个方面来理解。

(一)游戏能满足幼儿身心发展的需要。幼儿身心的发展,是要通过各种实践活动来实现的。而游戏是最符合这个年龄阶段儿童身心的发展需要和发展水平的,是幼儿最适宜、最有效的活动形式。首先,从生理方面来看,幼儿身体各组织各器官的生长发育,不仅需要营养,而且需要活动。游戏的内容多样,形式生动,符合幼儿活泼好动的天性。3岁左右的幼儿,开始能独立地走、跑、跳和操作一些物体,他们有强烈的活动需要。其次,从心理方面来看,幼儿在与外部环境交互作用的过程中,就会产生各种各样的心理需要:有好奇、探索和认识周围事物的需要;有自由表现自己的能力的需要;有支配、控制和作用于环境的需要;有与同伴交往的需要;有获得成功的需要;还有参加成人的社会生活的需要等。而有操作、有语言、有角色、有情节的各种游戏，可以满足幼儿多方面的需要，可以表达幼儿所熟悉的事物，有助于幼儿形成初步的概念，提高思考问题、解决问题的能力。随着儿童身心的不断发展，一种需要满足了，另一种需要又会产生。有些需要，由于幼儿的知识、能力、体力有限，在现实生活中不能得到实现，幼儿往往借助角色游戏来得到满足，从而在心理上得到平衡，使情感得到愉悦。

（二）游戏是对幼儿实施全面发展教育的手段。游戏可以促进幼儿体、智、德、美的全面发展。在家长的重视支持和正确引导下，游戏能够发挥对幼儿的最佳教育作用。

1. 游戏能促进幼儿身心的健康发展。锻炼和活动是幼儿身心健康发展不可缺少的条件。在游戏时，通过跑、跳、攀登、投掷等活动，幼儿的肌肉、骨骼等系统都得到锻炼，促进了循环、呼吸等系统的功能，加强了新陈代谢，增强了体质。游戏还能使幼儿心情愉快、态度积极，有助于心理健康发展。

2. 游戏能促进幼儿增长知识，发展智力。游戏是幼儿认识自然、认识社会最有趣和最有效的一种学习方式。在游戏中，幼儿运用多种感官，接触不同性质的物体，进行多方面的感知活动，可以发现木、石、铁、棉等不同物质的特性、功能和联系，能够推动幼儿积极地运用语言来表达感受，从而增长见识，丰富词汇，发展智力。特别是计量、排序、比较、分类等数学游戏，可以发展幼儿的注意力、观察力和综合推理的能力。

3. 游戏能促进幼儿良好品德、个性的发展。幼儿的许多游戏是现实社会生活的反映。在游戏中，幼儿反映成人的社会生活、生产劳动、人际关系，体验着不同人们的思想感情，学习社会的行为准则，形成对事物的积极态度。幼儿在模仿和实践中按照自己所担任的角色表现出应有的品质行为，克服自我中心的倾向。例如，他们在角色游戏中，当“医生”就要关心“病人”；当“妈妈”就要照顾“孩子”；当“解放军”就要勇敢、为人民服务；当“民警”就要扶助“老人”、“儿童”、“残疾人”过街。在游戏的反复练习中，幼儿可以懂得什么行为好，值得赞扬和学习，什么行为不好，应该反对。游戏大都是集体性的，需要几个小伙伴一起共同商量，互助合作，遵守规则，克服困难，使情感得到交流，社会性得到发展，活泼开朗的性格和良好的意志品质也能逐步形成。

4. 游戏能促进幼儿感受美、创造美的能力的发展。在游戏中，幼儿反映周围生活和自然中的美好事物，运用艺术语言和艺术形式从事各种表现美、创造美的活动；有时要动手制作一些玩具，有时要表演故事和音乐、舞蹈，有时要画画，这些都有利于发展幼儿的美感、审美能力和表现美、创造美的能力。

总之，每个年龄阶段的儿童都有与其最适合的活动类型，这就是该阶段儿童的基本活动。心理学家艾里康宁认为，3 岁至 7 岁儿童的基本活动就是游戏。因为它最符合幼儿身心发展的需要，最能调动幼儿的积极性、主动性、创造性，最能充分表现幼儿的性格与能力。作为家长，就应学会运用游戏手段，充分发挥游戏的教育作用。但是，现在有不少家长都对游戏缺乏足够的认识，把游戏看成是“浪费时间”、“闹着玩的”，他们担心孩子玩得多了会变得散漫、不专心、不用功和不聪明，常常限制或禁止幼儿游戏。其实，削弱游戏就会损害幼儿的身心健康。大量事实证明，缺少游戏的幼儿，心情抑郁，生活单调、枯燥，知识面窄，头脑比较迟钝，体质也会下降。相反，在家长重视开展多样化的游戏活动并注意正确教育引导的环境中，幼儿就活泼开朗，智力和体力也都会得到较好的发展。我们应当理直气壮地宣传“多游戏多强健，多游戏多聪明，多游戏多经验，多游戏多快乐，多游戏品德好”的道理，彻底改变把幼儿的游戏与学习活动割裂开来、对立起来的看法和做法，让广大幼儿在游戏中学习、成长。

二、家庭中常见的幼儿游戏活动

家庭中幼儿的游戏是多种多样的，常见的主要有以下几种。

（一）结构游戏。结构游戏是幼儿利用各种不同的结构玩具或结构材料进行建筑和造型以反映周围生活的一种游戏。结构材料包括积木、积竹、积塑、插片、拼图、金属结构材料、油泥、砂、水、雪、各种纸盒、易拉罐、纸板材料等。结构游戏具有实践性、操作性的特点，能让幼儿充分动手，灵活多变，形象美，可以发展幼儿的艺术兴趣、创造性思维和接插、镶嵌、排列、组合、粘合、搓捏、编织、穿孔等技能，进一步理解几何形体、空间关系和物体的大小、左右、长短、轻重、厚薄、对称、平衡等特征。家长可以引导 3 岁左右的幼儿学习铺路、搭门、搭桥，捏小鸡、小鸭，粘贴花朵等简单的结构造型；对 4、5 岁的幼儿，则可要求他们表达出某个物体的鲜明特征，如楼房的窗子，长颈鹿的颈子，小鸡的尖嘴、爪子，汽车的 4 个轮子，人物的手、脚、颈等；对 5、6 岁的幼儿，可以围绕一个主题进行建构，如建造公园、长江大桥、有各种运动器械的儿童乐园、飞机场等建筑。

（二）角色游戏。角色游戏是幼儿自己确定主题、编造情节、扮演角色，自己布置游戏环境，自己选择材料，制作玩具、用品，自己设计情节，想像适当的语言、动作来进行的一种游戏，又称主题游戏。3 岁左右的幼儿特别喜欢动作的重复，常常模仿成人的日常生活，如自己充当妈妈，切菜、煮饭，照顾娃娃吃、睡，带娃娃散步、看病等；4、5 岁的幼儿开始出现自选多样的主题，如幼儿园、理发店、餐馆、动物园、电影院、公共汽车等，他们开始注意到角色的不同身份、职业特点和语言举止。在独生幼儿的家庭中，孩子常用娃娃、布动物、瓶瓶罐罐充当顾客或配角，有时也会热情地邀请家长或邻居家的孩子参加游戏。家长应通过参加游戏和观察，了解幼儿印象最深刻、体验最强烈的人、事、物，并加以正确引导。幼儿的生活经验越丰富，游戏的情节就越多样。丰富的生活经验可以帮助幼儿充分地展开想像。例如，有个幼儿在连续看了浙江沿海地区遭受台风灾害的电视报道以后，有一天故意把搭好的楼房推倒，把汽车翻转，把小木偶压在下面，说是台风来了，压死、压伤 3 人，装着哭。这时，家长灵机一动，说："大家不要哭，我们是解放军抢险队，是来救你们的，要和你们一起重建家园。"幼儿很快就背上一支枪，把房子重新搭好。他一会儿做医生，给木偶治疗和消毒水缸；一会儿打电话联系，请飞机驾驶员来空投食物和衣被；一会儿广播天气预报；一会儿修堤、筑路、造桥。这个幼儿把他所了解的看病、打电话、听天气预报、飞机救援灾区的知识经验都联系起来了，玩得很投入、很专心，思维非常活跃。房间里仅有的两把椅子，既是广播台，又是医院的病床、居民的楼房、海边的堤岸……在成人看来，角色游戏是假的，但在孩子的心目中却是真的。在现实生活中，幼儿难以做到的事，在角色游戏中都可以做到了。

（三）智力游戏。智力游戏是幼儿以完成一定的智力活动任务为目的的一种规则游戏。它可以丰富幼儿知识，发展幼儿的感知觉和计算、语言的能力。在家庭中常玩的智力游戏有：图片配对、猜谜语、接龙、编故事、搭火柴棒、拼几何图形、听声音、尝味道、摸奇妙的口袋、打数学牌，以及各种棋类游戏。这类游戏可以调动幼儿的学习兴趣，培养动脑筋的习惯，巩固知识经验。智力游戏一般都有一定的难度，需要成人的指导和孩子的努力。在玩竞赛性的智力游戏时，如"比大小"、下跳棋等，要让幼儿有一定的取得胜利的机会，这样才能使幼儿始终保持愉快积极的情绪。

（四）体育游戏。体育游戏是幼儿以完成一定的体育任务、增强体质为目的，以发展走、跑、跳、投、钻、爬、攀登、平衡等基本动作为活动方式的一种游戏，又称活动性游戏。它大都是有规则的游戏，也有一些是器械游戏，如球类、绳类、环类、牛皮筋、童车、滑板等。体育游戏的内容广泛，形式活泼有趣，符合幼儿爱好活动的需要，能培养幼儿勇敢、坚毅、遵守纪律等优良品质。幼儿十分喜爱在户外奔跑，玩拍皮球、跳绳、骑车、捉迷藏、跳房子等游戏。家长应鼓励幼儿动脑筋、想办法，一物多玩，如球可以单手拍、双手轮流拍，也可以左右前后拍、转身拍、绕物拍，还可以抛接、滚动、投掷等。

（五）表演游戏。表演游戏是幼儿用动作、表情、语调和服饰，把自己所熟悉和理解的文艺作品中的角色，创造性地进行表演的一种游戏。如表演歌曲《让座》，故事《小白兔乖乖》《阿里巴巴和四十大盗》等，幼儿不仅可以自己扮演，也可以用木偶、玩具来表演。表演游戏与角色游戏的区别在于前者以一定的作品为依据，要模仿作品中的人物形象，要按作品的情节展开游戏的内容，用作品中的人物的口吻说话；

而后者则是幼儿生活经验的反映，对话、动作、情节有更大的现实性和自由选择的余地，幼儿可以充分运用想像创造性地表演情节，施展才能。

在家庭中，还可以开展娱乐游戏、民间游戏，如钓鱼、吹泡泡、金锁银锁、点兵点将、折手帕、炒豆等。有条件的家庭，可以开展音乐游戏，通过唱歌、跳舞、打击乐器等活动方式，使幼儿受到艺术教育，也可以举行家庭演唱会，伴乐起舞，开展多种游戏，丰富家庭生活，活跃幼儿身心。

三、家庭中幼儿游戏的指导

在家庭中要成功地开展幼儿游戏活动，家长应为幼儿游戏创造必要的条件，并根据孩子的年龄特点进行具体指导。

（一）创设一个良好的游戏环境。房屋较宽敞的家庭，应当让孩子有自己的房间，至少要允许孩子有自己的游戏角，有专门的玩具柜或玩具箱，把儿童的玩具集中、有序地陈列或存放在一起。同时，要有合适的桌、椅，便于幼儿玩桌面结构游戏、智力游戏；要留出一定的空间，使幼儿可以玩表演游戏、体育游戏。家长还可收集一些清洁卫生的纸盒、瓶盖、布料、绳子等废旧材料，准备彩纸、胶水和剪刀等工具，好让幼儿根据游戏的需要自己动手制作玩具。

（二）提供游戏需要的玩具。周恩来总理生前曾经说过："对儿童来说，玩具是教育教学的工具，像教科书一样。"现实生活也告诉我们，孩子的游戏离不开玩具，年龄越小越是如此。看到枪，幼儿就玩起了解放军游戏；看到碗，幼儿就玩起了喂娃娃吃饭的游戏。可以毫不夸张地说：玩具是儿童的天使和最亲密的伴侣。

为使玩具成为促进幼儿游戏发展的保证，家长在选择、购买玩具时，要注意以下几点：（1）符合艺术要求，色彩鲜艳，形状美观，可爱有趣，能吸引人，有助于培养幼儿美感。（2）具有教育意义，适合幼儿年龄特点和能力水平，玩法多样，能够发展幼儿的社会性，有利于激发幼儿的好奇心、想像力和创造精神。（3）注意安全、卫生，能够洗晒消毒，避免可能引起的伤害。（4）讲究经济、牢固，能够经久耐玩，不易损坏，还要提倡就地取材，自制玩具。我们不能认为玩具越高档越能开发幼儿的智力。有一些声控、电控的玩具，看起来热闹有趣，而幼儿往往袖手旁观，更由于价格昂贵，结构复杂，家长常常采取限制的办法，这在一定程度上会影响幼儿积极性的发挥。相反，一些常见的积木、娃娃、球类，儿童却百玩不厌，能发挥很好的教育作用。

家中玩具的数量不宜过多。玩具太多，会分散幼儿的注意力，容易使幼儿三心二意，见新弃旧。为了使幼儿有新鲜感，有些玩具可以轮流收起来，过一段时间再拿出来玩。在不同的季节里，可以提供不同的玩具和材料，指导幼儿开展不同的游戏。例如，在夏天，提供塑料盆、小瓶、漏斗、吸管和可以漂浮的玩具，让幼儿玩水；在冬天，提供一些碗、碟、绳子、彩纸等，让幼儿玩冰锣游戏。

在游戏的过程中，家长要指导孩子认识新玩具，学会正确使用新玩具，会想出各种办法来玩玩具，学会收拾、整理、清洗各类玩具，并要教育孩子注意保护和爱惜玩具。

（三）鼓励幼儿独立自主地游戏。幼儿是游戏的主体。只有幼儿自己选择、自己设计、自己想办法开展的游戏才有真正的教育意义。家长要帮助幼儿学会自己单独玩，能够用玩具代替角色，和想像中的角色一起玩，发展想像力和独立性；要帮助幼儿物色游戏的同伴，让幼儿和邻居家的孩子一起玩，发展社会性和互助合作精神。对于幼儿的游戏，家长不要过多干涉，不能包办代替，更不可按成人的经验去贬低、取笑。在游戏中，当幼儿遇到困难而求助于成人时，家长应该从旁指导。这种指导，不是直接指出怎么做，而是提些建议，启发思考，支持幼儿自己解决难题，培养依靠自己努力克服困难的毅力和坚持到底的决心，增强自信心和责任感。当孩子较长时间停留于某种游戏时，家长应及时给孩子介绍一些书报、图片，提出一些新的问题和建议，引导联想，启发新的游戏动机。

为使幼儿能够独立自主地游戏，需要不断丰富他们的知识和生活经验。幼儿的生活内容越充实，知识和经验就越丰富，玩的兴趣就越浓厚，游戏活动就越有创造性。因此，在平时，家长要经常带孩子外出活动，让他们多看、多听、多观察、多思考，拓宽视野，增长知识经验。

（四）家长要关心和参加幼儿的游戏。对于幼儿的游戏，家长既要大胆放手，又要热情支持、积极参与、适当指导。

1. 时刻关注和适时引导幼儿的游戏。家长要经常关心幼儿在玩什么、怎么玩，有什么特殊的爱好倾向。幼儿在游戏中，有时会发生同伴间的争吵、冲突，使游戏有散伙的危险；有时会因缺乏某种物品而影响情节的展开；有时会出现模仿一些不健康的活动内容，如抽烟、赌博、抢劫、拳斗、和尚念经等，家长应适时引导。对不健康的游戏活动，不应是斥责和强迫制止，而是机智灵活，把幼儿的注意力引向健康有益的正确活动。例如，拳斗可改为武术表演，模仿赌博可改为打牌的计算游戏或下棋。对富有创造性的幼儿游戏，家长要予以肯定、表扬。

2. 积极参与幼儿的游戏。当孩子邀请成人和他们一些游戏时，家长应当持积极态度，乐意参加，甘愿充当游戏中的配角或客人，并要服从分工。

3. 针对幼儿个性特点开展游戏。游戏可以发展兴趣，调节个性。对于过分爱静的幼儿，家长应引导他们多做一些活动性游戏，如打球、跳绳、滚铁环等；对于过分爱动的幼儿，家长应引导他们多做一些棋类游戏、牌类游戏、智力游戏和结构游戏。在新的游戏的起始阶段，家长要多给孩子得到成功的体验，并可记录其成绩，借以提高积极性，增强坚持性。

4. 培养幼儿良好的游戏习惯。在各类游戏中，家长都要指导幼儿建立和遵守游戏的规则，重视培养幼儿良好的游戏习惯，如选择适宜的游戏场所；能够友好地接待同伴，分享玩具；有固定的放置玩具、游戏材料的箱柜；每次游戏以后都要把玩具收拾整理好等。在一些比赛性的游戏中，更要严格明确游戏规则，切实做到公正、诚实，胜不骄，败不馁。

本文发表于《福建幼儿教育》1994 年第 6 期

关心独生幼儿的成长

在我国,随着计划生育政策和控制人口数量增长措施的贯彻落实,独生幼儿在儿童中的比例迅速增长。独生幼儿人数的增多,不但引起了家庭结构的变化,而且也给家庭、学校和整个社会带来了教育上的一系列新情况、新问题。

独生幼儿,这是一种客观存在。古今中外,都可以见到。但作为一个社会问题,有计划有目的地来进行研究,西方国家开始于 19 世纪下半叶,而我国则起步于 20 世纪 70 年代末。在这里,我们侧重谈谈独生幼儿家庭教育方面的主要问题。

一、国外关于独生幼儿问题的研究简况

从我们接触到的资料来看,国外对独生子女问题的研究,开始于 19 世纪下半叶。当时欧美家庭中有 3 至 5 个孩子的占多数,独生子女很少见,并大都来自不完整的家庭。美国心理学家博汉农,从特殊儿童的研究中发现,独生子女容易出现一些不良的品行问题。1898 年,他发表了世界上第一篇关于独生子女的研究论文——《家庭中的独生子女》。文章认为,独生子女体弱多病,缺乏社会交际能力,存在着自私、任性、早熟、娇惯、嫉妒、固执和神经质等缺点。在德国,小儿科医生内特尔,总结自己的临床经验和博汉农等人的研究成果,于 1906 年写成了《独生子女及其教育》一书。接着,俄国的布隆斯基从个性心理学的角度,对独生子女的性格进行了专门的研究。这些早期研究的成果,比较一致地得出了独生子女是"问题儿童"的结论。博汉农的导师、儿童心理学权威斯坦莱·霍尔竟评论说:"独生子女本身就是一种病态。"有些心理学家提出警告:"独生子女具有很大的缺陷,他们是无法和在有兄弟姐妹的家庭中培养出来的孩子以同等的能力进入社会

的。”许多父母为避免自己的孩子成为独生子女而不得不选择多生。

20世纪20年代以后，美国的一些心理学家，联系独生子女的社会文化环境和家庭关系，进行了独生子女与非独生子女的一系列比较研究，其结论否定了传统的独生子女观点。基尔福特与武斯特的研究证明，独生子女在保障健康的生活习惯上确实显著优于非独生子女；独生子女平均智商为108，而非独生子女平均智商为103，有显著性差异。在社交生活方面抽出礼让、协作、信赖、守法、公正等五个因素，进行对比的结果表明，独生子女均优于非独生子女。胡克选取家庭环境与智商大体相当的独生子女与非独生子女配对比较，证明独生子女中学业成绩优秀者多于非独生子女。芬顿对自信、注意、快乐、情绪反应、情绪稳定性、真诚、创造性等性格特征的调查，发现独生子女与非独生子女没有显著性差异，否定了独生子女性格特异的说法。布泽曼的研究还发现，同是独生子女，生活在父母过于繁忙的中产阶级家庭中的孩子成绩差的多，留级率较高；而在重视子女教育的收入较低的非熟练工人家庭中的孩子成绩反较优秀，留级率低。这说明，不是生育孩子的数量决定孩子的发展，而是家长的职业、经济、文化水平，家庭教养态度，家庭结构，家族关系等诸因素综合影响着孩子的发展。

最近10多年来，独生子女问题越来越成为现代社会人们普遍关注的重要课题。欧、美各国和日本，持少生优育观点的人越来越多，更多的家庭由于经济压力、工作负担和婚姻关系不稳固等原因，只要一个孩子。据日本厚生省的调查，独生子女占日本儿童总数的三分之一，而且还在持续上升。美国和北欧、西欧的人口出生率也在逐年下降，家庭平均拥有孩子数由70年代的2.5个左右，下降到80年代的1.5个左右，形成独生子女家庭日益增多的趋势。许多科学研究证明，独生子女在智力、成就、个人关系方面略优于其他儿童。家庭中的长子，在第二个孩子未出世以前，实际上也是独生子女。因此，独生子女也可以与多子女家庭中的老大归入一类。西方国家的研究表明，独生子女和多子女家庭的老大，在高等学校、研究院、专门行业中的人数比例较高。他们工作主动，善于独立思考，肯负责任，有较强的领导能力。在美国空间计划的头两批16名宇宙航行员中，有14人为独生子女或多子女家庭中的老大。美国心理学家对40万名中学生进行长达20年时间的综合追踪调查，把独生子女同有一个兄弟姐妹的少年儿童作对比，发现独生子女更聪明、更富有创造性、更具雄心壮志。原因是他们与成年人在一起的时间多，亲子关系特别密切，有较高的期望和责任感。谢里尔·霍克与戴维·洛克斯合著的《选择一个孩子》一书指出，家庭教育是独生子女发展好坏的关键，有了明智的家庭教育，才能保证独生子女身心健康、和谐的发展。现在，有相当多的人认为，独生子女获得的教育程度要比非独生子女高，其心理健康和自私、孤独的表现与非独生子女无显著性差异。但是，不同的国家、地区，不同的调查者，往往带着各具特色的理论观点来看问题，在调查取样中所选择的对象的社会环境、民族、年龄、经历、家庭背景、父母教养方式极其悬殊，这就必然会引出不一致的结论。正因为这样，有关独生子女问题的争论，在相当长的时期内还会延续下去。

二、正确认识当代中国独生幼儿的成长条件

正确认识我国独生幼儿的成长条件，是正确教育、培养独生幼儿的一个前提。与其他儿童相比，独生幼儿的成长，具有得天独厚的有利条件。

（一）因为只有一个孩子，不但父母的感情，甚至全家人的爱都倾注于家庭中唯一的孩子身上。父母之爱是子女健康成长的最好的精神食粮和最基本的心理需要，国外早有学者提出“母爱维他命”的说法。独生幼儿没有兄弟姐妹的分享，时刻感受到父母对自己的热爱和关怀，得到爱的满足，有强烈的安全感和归属感。这是幼儿心理健康的基础。在充满爱意的环境中成长的孩子，往往是情绪愉快、性格活泼、积极向上，富有探索世界的主动性、积极性，乐于与同伴友好交往。

（二）因为只有一个孩子，父母能有较多的时间和精力，关心孩子体、智、德、美的全面发展，特别重视孩子的早期教育。工作再忙，家务再重，父母也会安排时间和孩子谈心、游戏，带孩子外出参观、游览，为孩子解答问题、讲故事、做实验，给予较多的智力激励，培养良好的品

德和广泛的兴趣爱好。据上海市对120名独生幼儿和非独生幼儿的家庭教育情况的调查对比，独生幼儿家长给孩子教知识、讲故事、一同游戏的比例，分别占72%、65%、37%；而非独生幼儿家长给孩子教知识、讲故事、一同游戏的比例，分别占23%、35%和12%。这充分说明，独生幼儿家庭比非独生幼儿家庭更重视早期智力开发，而且计划周密，内容丰富，特别注意启发思考与观察。

（三）因为只有一个孩子，家长有较宽裕的经济条件，舍得为孩子的健康成长作物质和精神方面的投资，尽量为孩子提供较多的营养、玩具、图书、服装和学习用品。大多数的独生幼儿家庭是由父母和孩子组成的核心家庭。父母双方都有固定收入，经济状况较好，能满足孩子身心发展的各种需要。南京市太平巷幼儿园的独生幼儿，一般来自工人、职员和干部家庭，他们的早餐吃牛奶、鸡蛋、糕点的占75%以上，每天有水果和荤菜，相反的是忽视蔬菜和粗粮。多数独生幼儿有30至40册图书，最多的在300册以上，还有不少毛绒玩具、建筑结构材料、乐器、画具等，居住条件也比非独生幼儿家庭宽敞。

（四）因为只有一个孩子，家长对孩子的身体健康十分关注。因为是独生，母亲从怀孕开始就重视饮食、营养，有的还注意胎教。在孩子出生以后，家长更是千方百计地让孩子吃好、睡好、玩好，尽最大努力来满足孩子生长的各种需求。正因为这样，再加上头生幼儿具有先天优越的遗传素质，相当一部分独生幼儿的体质状况优于非独生幼儿。

以上这些情感上、智力上、物质上、体质上的优势和有利条件，如果用得适度、合理，就能发挥其最佳效益，成为促进幼儿身心健康发展的积极因素。反之，如果用之不当，则会适得其反，优势可以变为劣势，有利可以变为有害。

在“独生”的家庭环境中，严重的问题源于家长教养态度、教养方式的错误和缺乏兄弟姐妹等两个方面。若不注意防止，容易产生不良影响，不利于孩子的健康成长。

（一）家长错误的教养态度和教养方式引起的不良影响。因为只有一个孩子，有些父母心理过分紧张焦虑，怕孩子学坏，怕孩子不成材，怕孩子不孝顺，怕孩子生病或发生意外。这“四怕”往往会导致家长教养态度和教养方式的偏颇，容易出现“一个中心”和“四个过分”现象。

1. 以孩子为中心。有些家长对孩子一味迁就、放任，没有正确的行为要求和指导，自觉不自觉地使独生幼儿处于“特殊优先”的地位，成为家庭中的“小太阳”、“小霸王”。在这样的家庭中，成人对孩子百依百顺，甚至受孩子的指挥、控制，尽量满足孩子不合理的愿望和要求，使儿童养成了极端“自我中心”的行为动型。

2. 过分宠爱。有些家长把握不住爱的分寸，对孩子是“捧在手上怕凉了，含在嘴里怕化了”，娇宠过度，使孩子养成了自私、骄横、粗暴、唯我独尊等不良个性品质和行为习惯，只知道自己被别人爱，而不懂得自己也应该尊重、热爱父母，关心他人。其结果，不仅害了孩子，也害了家长自己。

3. 过度保护。有些家长怕孩子发生意外，为孩子处处设防，把孩子与大自然、与社会、与周围世界之间人为地隔上一堵难以逾越的墙。“这个不行”，“那个不准”，像无形的枷锁，扼杀了孩子天真活泼、好奇爱动的天性，压抑了孩子的自然发展，剥夺了孩子的独立自主能力，使孩子缺乏意志的锻炼和广泛接触新事物的机会。这样，一旦遇事，孩子就胆怯退缩、无所适从。

4. 过多照顾。有些家长为了表现对子女的爱，常常无故干预孩子的穿衣、吃饭、洗脸、洗脚到整理玩具、上学、走路，一切儿童可以自己完成的事都包办代替。孩子成了“衣来伸手，饭来张口”的无能的人，明明年龄增长了却没有获得相应的生活经验和技能。一旦在生活上、学习上碰到困难时，孩子就只会依赖、等待、求助他人。

5. 过高期望。有些家长“望子成龙”心切，把全部希望寄托在唯一的孩子身上，有的过早为孩子设计了上大学——出国留学——当高级专门人才的成长道路，有的被孩子的“早熟”现象所迷惑，脱离孩子的实际能力，提出一些过高的智育要求，硬逼孩子学习某些知识技能，使孩子负担过重，苦不堪言，甚至产生怕学、厌学心理。殊不知，孩子是有生命、有思想的个体。每个孩子在气质、体力、智力、性格等方面是有差异的。在成长过程中，遗传素质和所接触的客观环境不同，受到的教育影响也不一样。如果拿同样的高期望来要求所有的独生幼儿，显然是不可取的，也是行不通的。

（二）缺乏兄弟姐妹的教育因素带来的不良影响。独生幼儿生活在一个被成年人包围着的、没有兄弟姐妹、缺乏同伴的家庭环境中，家长如不设法补偿，就容易给孩子带来一些负面影响。

1. 缺乏分享、合作、谦让、同情等的实践机会和生活经验。因为没有兄弟姐妹和其他同龄人，家中所有的玩具、图书，所有的糖果、糕点，为独生幼儿一个人独享，家务劳动不要求孩子分担，亲人有了病痛也不要求孩子关心、服侍。这样，孩子就失去了关心、合作、谦让、同情等行为实践机会，不懂得设身处地站在别人的角度想问题，不知道怎样为他人着想，或为他人作出牺牲会获得什么精神上的幸福、愉快。有时，即使通过成人的教育，独生幼儿也能学会一些符合礼节的语言，但由于没有实践体验的情感体验和道德行为训练，其认识是模糊肤浅的，行为也只是暂时的、不巩固的。

2. 缺乏儿童之间社会交往的锻炼。兄弟姐妹之间的相互交往，是儿童最早的社交活动。这种交往活动，既有手足情的亲密接触、互助合作，又有相互制约和矛盾、摩擦，对儿童早期社会化有着强烈的影响。在交往中，常常会使儿童经历各种不同的社会经验，如服从别人的领导和领导别人、商量妥协、不同意见的争论、吵架、比赛竞争等，有时不得不委屈让步，有时得到了愉快默契。在交往中，儿童还能获得各种挫折锻炼，能培养出许多品质，如尊重别人的权利、理解社会的规则、协作精神、正义感、责任心、关怀同情、吃亏让步等。这些社交经验和技能，是将来进入社会的重要准备。因此，为弥补独生幼儿没有兄弟姐妹的不足，家长就应创造条件，让孩子多与小伙伴交往。然而，在现实生活中，有的家长唯恐孩子受委屈、被欺侮，宁愿把孩子关在家里，也不许孩子外出和邻居家的小朋友一起玩，加上高楼群、高装修的居住模式因素，独生幼儿缺乏同伴。他们往往是孤单一人在家玩、看电视、看书、画画，养成了胆小、羞怯、孤僻、恐惧的性格。有时，为了游戏的需要，一个人自言自语，同时扮演几个角色。有的独生幼儿盼望与人交往，但又不善于与人交往，容易独占、攻击、侵犯他人。家长剥夺了儿童社会交往的机会，就会使儿童缺乏社会应变的勇气、能力和技术。

3. 容易“早熟”。独生幼儿朝夕同成人相处，受到来自成人世界的压力，容易变得“少年老成”。在家庭中，独生幼儿模仿的对象，绝大多数是成人，尤其是父母，受到过多的智力刺激，甚至超出了孩子的承受限度，致使孩子眼花缭乱，望而生厌，并会引起心理障碍。这种“早熟”，使孩子丧失了童年，剥夺了应有的天真欢乐，对孩子身心的发展是极其不利的。

以上这些不利条件和不利因素，并不是必然会产生的，而且在不同的家庭中，在儿童的发展过程中，只要家长端正教育观念，多学一点科学育儿的知识和方法，那么，不利条件和不利因素也是可以转化或得到补偿的。

三、独生幼儿家庭教育中应当注意的几个问题

要促使独生幼儿向最优方向发展，在家庭教育中，应当注意以下几点。

（一）要把热爱子女、了解子女与严格管教结合起来。爱子之心，人皆有之。对于人类生活来说，爱是必不可少的，爱孩子本身也是一种教育力量，但父母的责任却远远不止是爱。而且，并不是什么样的爱都有利于孩子成长的，那种过分的宠爱和无原则的溺爱，表面是爱，实质是害。父母的爱的表达应当有理智、有节制，要体现时代和社会的要求，而不是无要求的娇惯、迁就、放任和妨碍独立性与聪明才智发展的包办代替。要做到热爱与严格管教相结合、相统一，让孩子既体验到父母的和蔼可亲，又意识到父母所提出的原则和行为要求是合理的、不容违背的，真正是既可亲又可敬。如果家长只热爱不严格要求，孩子要什么就给什么，不合理的需要都满足，或对孩子的要求仅仅停

留在无效的催促和不断的唠叨之中，孩子就会变得放任粗暴、缺乏自制能力，毫不在乎父母的批评与教育；如果家长只是严格管教而不热爱，常常板起面孔训斥或责打孩子，孩子感受不到关怀之情，就会敬而远之，用冷淡、躲避、撒谎、欺骗等手段应付父母。只有热爱与要求的适度结合，爱与教的动机和效果才能统一。在教的过程中，一是要求要明确、具体，重点要突出，使孩子从小懂得是与非、善与恶、美与丑，什么可行、什么不可行，明确一定的行为界限与后果，在当前要特别注意培养儿童的良好的行为习惯、独立意识、在挫折环境中的应变能力和关心他人的积极态度；二是要有正确的教养方法和切实可行的步骤，不但要使孩子知道为什么要这样做，而且要教给孩子正确的行动方法和步骤，必要时还可以根据奖惩的强化原理进行训练，并注意检查孩子执行的结果。这样的爱与教，才是正确而有效的。

（二）要建立民主和谐的家庭关系，摆正独生幼儿在家庭中的地位。儿童作为正在成长的新生一代，是社会主义家庭中的平等的一员，独生幼儿也不例外，成人应当尊重儿童的正当需要和兴趣，维护其自尊、自信，不轻视儿童，不允许侮辱或随意体罚儿童。在家庭中，要发扬互敬互爱、民主平等、团结互助的家风，父母之间和长幼之间都要互相关心、爱护，使子女尊重家庭中每个成员的劳动，懂得父母对社会的贡献，乐于为长辈服务和共同分享劳动成果。孩子和成人都是既有权利又有义务的家庭成员，要让独生幼儿从小热爱劳动，爱惜劳动成果，分担力所能及的家务，使之正确地认识自己的地位和价值，意识到自己的责任和义务，为适应未来社会的需要作好准备。家长的身教重于言教，父母的思想、性格和情操每天表现在生活方式、待人处事、道德行为上，要真正作为孩子的表率。

（三）对独生幼儿的期望要适当，要符合孩子的实际。孩子是父母的希望，是家庭的未来。家长对孩子寄予期望，是一种信任，应尽力给孩子创造发展条件，及时督促，具体帮助，加强指导，不断激发孩子的上进心和自信心。这对于孩子来说，也是一种努力向上的动力。但是，期望过高，脱离孩子的实际，把家长的愿望变成强加在孩子身上的枷锁，并采取高压甚至体罚手段去强制实现，那只会事与愿违，甚至产生悲剧结果。社会主义现代化建设需要能够坚持社会主义方向的各级各类建设人才。我们既要造就具有现代科学技术和经营管理知识，具有开拓精神，能够适应新技术革命要求的高级专门人才，又要培养工业、农业、商业等各行各业大量有文化、懂技术的普通劳动者。每一个家长应深入了解自己孩子的情况，从国家的需要和孩子的爱好特长出发，实事求是地确定适度的期望。

（四）家庭成员对独生幼儿的教育要一致。父母和家庭其他成员对孩子的教育应取得一致，意味着相同教育信息的重复和教育指导形成合力，有利于促进孩子体、智、德、美的全面发展。如果他们提出的教育要求不一致，或者相互矛盾，彼此拆台，不仅会降低和损害自己的威信，使成人的教育作用互相抵消，而且会助长孩子投机取巧的心理，形成孩子两面、欺诈等不良性格特征。在相互矛盾或相互干扰的教育要求面前，孩子正确的是非观念和良好的行为习惯也难以形成和强化。因此，教育的一致性是十分重要的。教育的一致性要求家长对孩子的要求前后一致，父母与祖辈要求一致，家庭与园所、学校的要求一致。

（五）创造条件让独生幼儿与同龄人多交往。为了弥补独生幼儿没有兄弟姐妹的缺陷，家长应尽力为孩子创造群体活动的环境，让孩子在集体活动的环境中得到锻炼。在日常生活中，父母也要积极创造条件，使孩子与亲友、邻居的年龄相仿、兴趣相近的孩子多来往，一起游戏，一起分享食物、玩具、图书，让孩子在相互交往中摆脱孤独之苦，学习与人交往的本领，学会独立处理各种人际矛盾，获得各种不同的生活体验。在这方面的工作，做得越早越有益于幼儿身心的健康发展。

家庭教育是独生幼儿教育的关键性环节。只有抓好这一环节，才能有效地提高中华民族的整体素质，才能为祖国的社会主义建设事业培育更多的优秀人才。当然，每个家庭都有自己的生活特点，每个儿童又有着不同的禀赋、性格和才能，在独生幼儿教育中，既要坚持贯彻教育的一般原则，又要从实际出发，灵活机动，因人而异。家庭、学校、社会都应从民族和国家的前途、命运出发，以高度的政治责任感，共同来关心并做好独生幼儿的教育工作。这是当今时代的要求，也是每一个独生幼儿家长和老师的光荣职责。

本文发表于《福建幼儿教育》1995 年第 2 期

中华传统文化与当代中国的家庭文化

——中、日家庭文化对比调查的启示

本文以日本县立福岗大学和南京师范大学联合调查组关于中国、日本家庭文化对比调查为主要依据，在中华文化的特色、中国家庭的规模、家庭伦理、家庭期望、家庭关系、子女教育等方面，从理论和实践的结合上进行了探讨、阐释。在纵向上，回顾中华传统文化对当代中国家庭文化的影响；在横向上，对比中、日两国文化的异同，进而分析、思考如何在保持和发展民族传统文化的基础上借鉴他国经验，指导、推动我国家庭文化的健康发展。

中国是一个世界文明古国，中华文化源远流长。它对人类社会的进步和发展，曾经作出过开拓性的贡献，在世界文化发展史上占有极其辉煌的一页。在五千余年的华夏历史长河中，我们的祖国对于在家庭中如何教育子孙后代做人、成才，积累了丰富经验，形成了中华民族特有的优秀家庭文化。改革开放以来，随着市场经济大潮的涌动，竞争机制的影响，计划生育政策的实施，中国的家庭文化面临着现实社会的挑战与激励，正在发生急剧的变化。为了了解当前中国家庭文化的现状和动向，日本县立福岗大学和南京师范大学联合组团，于 1995 年 9 月到 1996 年 2 月，对中、日两国当代家庭文化的现状进行了调查。两校的调查，在纵向上，回顾中华传统文化对当代中国家庭文化的影响；在横向上，对比中、日两国文化的异同，进而分析、思考如何在保持和发展民族传统文化的基础上借鉴他国经验，指导、推动我国家庭文化的健康发展。

一、重视家庭、推崇家教是中华文化的一个鲜明特色

中国也是家教古国。千百年来，国人一贯注重家庭、家族与子女教育。在古文献中"家"与"国"总是紧密相连，几乎是具有同等重要的意义。《礼记・大学》篇里详细讲述个人、家庭与国家的关系。"古之欲明明德于天下者，先治其国。欲治其国者，先齐其家。欲齐其家者，先修其身。欲修其身者，先正其心。欲正其心者，先诚其意。欲诚其意者，先致其知。致知在格物，物格而后知致，知致而后意诚，意诚而后心正，心正而后身修，身修而后家齐，家齐而后国治，国治而后天下平。""修身、齐家、治国、平天下"，把"齐家"作为"治国"的前提与基础，把家庭作为维系社会内聚力和约束力的根本，视个人命运、家族命运与国家命运为一体，即所谓"圣人教先从家始，家正则天下化之"（三国，陆绩语）。在古代农业社会中，家庭既是社会生产、生活的基本单位，也是延续种族和教育子孙的重要场所。《老学究语》提到"不怕饥寒，怕无家教。惟有教儿，最关重要"；又说"有儿不教，不如无儿"。《三字经》则进一步强调了家庭教育的责任感，说"养不教，父之过，教不严，师之惰"。据《中国丛书综录》中的书目记载，以家训、家范、教子诗文、书信等形式世代流传的中华家庭文化著作有 117 种之多，其中南北朝 1 部，唐 2 部，宋 16 部，元 5 部，明 28 部，清 61 部，民国初年 4 部，文献之丰富是任何其他国家都不能比拟的。其内容涵盖了家庭结构、家长角色、家庭关系、家庭功能的各个侧面，虽然囿于当时的社会经济、政治、文化的历史局限性，有精华，也有糟粕，但仍有不少思想观点至今保持着积极意义和深远的影响。德国哲学家黑格尔评论说："中国纯粹建立在一种道德的结合上，国家的特性便是客观的家庭孝敬。"（黑格尔《历史哲学・东方世界・中国》）正是中华文化构成了中国的家庭制度、家庭关系和家庭教育的异常的稳定性，形成了家国同构、宗法一体的观念体系。

二、"三口之家"是当前中国家庭规模的主要形式

传统的中华文化赞颂的是世代同堂、兄弟同居的联合大家庭。作为象征团结和睦的紫荆花的故事是由此而来的。著名小说如《红楼梦》《家》等无不以大家庭为背景来展示中华的家庭文化。然而，近年

来，随着计划生育政策的深入人心，越来越多的家庭选择相对独立的核心家庭结构。联合家庭、主干家庭正逐年减少。1982 年的人口普查，我国家庭规模平均人数为 4.43 人。二代户占家庭总数的 67.44%，三代户及三代以上户占家庭总数的 18.79%；而 1990 年的人口普查表明，家庭规模平均人数降为 3.97 人，第一次降到 4 人以下，其中，二代户占 68.05%，三代户及三代以上户只占 17.8%，而且出现了隔代户增加的趋势，即由于父母前往经济发达地区、乡镇企业劳动，或出国留学而长期把子女留在祖辈身边的新家庭模式已占总户数的 0.7%。在这次中、日联合调查中，根据我国南京和苏南地区，城乡各 2 所中小学，即南京市九中、无锡市二中、锡山市华庄中学、建国中学；南京市琅琊路小学、无锡师范附小、华庄中心小学、南张小学共 796 名中小学生“与谁同居”的情况来看，3 口之家占 60.4%，4 口之家占 24.7%，5 口之家占 9.7%；与祖辈同居的占 21.2%，与兄弟姐妹同居的占26.3%。而根据日本福岗地区城乡各 1 所中小学，即福岗县中央中学、伊田中学、田川小学、伊田小学共 287 名中小学生“与谁同居”的情况来看，3 口之家只占 11.5%，4 口之家占 32.4%，5 口之家占 30.7%；与祖辈同居的占 31%，与兄弟姐妹同居的占 84%。这说明家庭规模，日本大于中国；三代及三代以上同居的大家庭比例，日本高于中国。造成这一趋向的主要原因：(1) 中国推行计划生育国策，独生有奖，独女就业优先等。(2) 中国经济的迅速发展、科学技术的突飞猛进和初中教育的基本普及，导致社会对劳动者的要求已不重数量而重质量，社会对人才的思想文化素质要求越来越高，家庭教育费用的投资越来越多，尤其在生产力发展水平较高的地区，人们的生育偏好已经由多生转向少生。(3) 中国妇女就业率高，广大母亲承担工作和家务的双重负担，也使绝大多数家庭选择独生子女道路。家庭中子女人数的多寡直接影响着家庭规模和辅助人手的需求，随着子女人数日益减少，家庭规模也自然逐渐变小。

三、家庭伦理以“忠”、“孝”为先

家庭是孕育与传递文化的摇篮。传统文化、现代文化和未来文化

之间是相互矛盾、相互渗透又相互联系的。据调查,许多中国家庭普遍坚信“对国家要忠,对父母要孝”的核心价值观念。在千古流传的家庭教育文献中,处处可以看到父母以谆谆的爱国之情、为国之心和报国之志教育子女的动人事迹。有些家书引用了汉苏武宁啮雪吞毡而不降,马援宁马革裹尸而不屈的故事;文天祥的凛然诗句“人生自古谁无死,留取丹心照汗青”等词句,这些已成为中华民族家庭伦理的典范,教育后代的有益教材。在调查中,中国中小学生对于“你将来会成为怎样的人”一题的回答,有 55.3%要成为对国家、对社会有用的人,39.1%要做事业上成功的人,10.2%要做有钱的人,8%要做有名的人。而日本中小学生在回答该题时,只有 12.9%要做对国家、对社会有用的人,20.6%要做事业上成功的人,11.1%要做有钱的人,10.8%要做有名的人。日本学生对国家、对社会的责任感不如中国学生,对名和利的追求略强于中国学生。至于被称为人伦之始的“孝”的美德,是由亲子之间相生相养中自然产生的温馨的情愫。诗经云:“父兮生我,母兮鞠我,长我育我,顾我复我,出入腹我。”描述了父母抚育的辛劳。唐孟郊的《游子吟》:“慈母手中线,游子身上衣。临行密密缝,意恐迟迟归。谁言寸草心,报得三春晖。”(见《唐诗三百首新注》,上海古籍出版社出版)表达了子女对父母的敬爱之情,已成为妇孺吟诵的绝唱。蔡元培认为:“孔子以孝统摄诸行。”孔子曾说:“弟子入则孝,出则悌。”孟子也说:“尧舜之道,孝悌而已矣。”中华文化中的“孝”,意蕴着养亲、尊亲、爱亲、悦亲等内容。北宋司马光在《温公家范》中对孝的解释,是不仅要“冬温夏清”,“昏定晨省”,以回报养育之恩,尽生活上的照顾责任,还要注意自己的操行,做到“不辱其身,不羞其亲”,他还强调“孝而不失规劝”,即“进谏而救过”,他批评了五种不孝,即懒惰,酗酒,赌博,不顾父母之养、私藏财货,纵欲好斗。在调查中,我们发现中国中小学生对赡养父母的责任心、义务感远远强于日本学生。在回答“父母年老时,你愿意照料他们吗?”一题时,中国学生有 94.7%表示愿意,日本学生仅有 39.4%表示愿意。中国家长们对子女也有很强的信任感。当问及年老后的打算时,中国家长回答“让子女赡养、照顾”和“坚持到实在不能自立为止，其后依靠子女”的占57.9%；日本家长却只占32.1%，他们更多地打算“存钱养老”或“依靠国家、社会照顾”。问到“若卧床不起，最想由谁照顾、护理”时，除配偶外，中国家长有49.3%希望由女儿、儿子或儿媳照顾；日本家长有32.1%希望由女儿、儿子或儿媳照顾。由此可见，中华传统文化中的“忠”、“孝”美德，至今仍然是当代中国家庭文化中的重要内容，并在社会生活中继续发生作用和发展着自身的内涵。

四、家庭期望重在“勤学”和“立德”

中华文化注重勤学，最早的文字记载当推《论语》，开篇的第一句话就是“学而时习之，不亦悦乎”。北宋欧阳修提出，“玉不琢，不成器；人不学，不知道”(见《欧阳文忠公集》)。颜之推在《颜氏家训》一书中更列举古人勤学苦读的事例，勉励子孙效法。他说：“故人勤学，有握锥投斧，照雪聚萤，锄则带经，牧则编简，亦为勤笃。”勤学，被中华民族视为家庭教育中的第一大事。然而，学习究竟为达到什么目标，却仁者见仁，智者见智，有很大的延展性与层次性。最常见的目标，如《三字经》所云，“幼而学，壮而行。上匡国，下利民。扬名声，显父母。光于前，裕于后”，达到兴家立业、荣祖荫子的目的。再就是诸葛亮教育子侄所要求的“夫志当存高远，慕先贤，绝情欲，弃疑滞，忍屈伸，去细碎，广谘问，除嫌吝……”即要求个人修身养性，提高道德情操，不仅要明伦理，知廉耻，习勤俭，知法度，而且要克己、内省、自我完善，努力实现人的内在价值。再进一步则升华到先人后己和忧国忧民。如北宋范仲淹提出：“先天下之忧而忧，后天下之乐而乐。”在调查中，我们发现，中国家庭处处表现出对子女的学习和做人特别重视，其强调的力度远远超过日本家庭。学生反映家长经常提醒“好好学习”的，中国家庭占75.8%，日本家庭占28.2%；对此很少提醒或从不提醒的，中国家庭占6.8%，日本家庭占44.6%；家庭中经常谈论“学习成绩、老师讲课情况”以及“升学问题”的，中国家庭占41.2%和26.5%，日本家庭占26.8%和23.3%；很少谈论或从不谈论的，中国家庭占9.2%和37.3%，日本家庭占31.7%和40.8%。经常谈论“如何做人”的，中国家庭占55%，日本家庭占22.9%；很少谈论或从不谈论的，中国家庭占5.2%和1.4%，日本家庭占24.1%和8.4%。在“防止不良行为”方面，中国家庭占27.2%，而日本家庭占8.4%。然而，在“增强个性”和“与同伴交往”方面，中国家庭只占15.9%和7.4%，日本家庭占20.9%和14.5%。由此可见，中华文化过分强调学习而忽视符合孩子年龄特点的同伴交往，重视培养德行而很少了解孩子的个性。

五、家庭关系“以和为贵”，子女教育“爱严兼施”

在人际关系方面，中华文化强调的是“仁、恕为怀”，“孝、悌为基”，“恭、默为本”（唐柳王比《戒子弟书》），这充分反映了对“以和为贵”的追求。明朝铮铮铁骨、弹劾严嵩而遭酷刑杀害的杨继盛，在就刑前写给儿子的遗书中，不仅要求儿子心正、多思、谨择友、生活俭朴等，还列举家庭关系的规范，要求兄弟间谦和、忍让，妯娌间和睦、恭敬，对贫困亲友要量力周济。还说：“与人相处之道，第一要谦下诚实”，“严于律己，宽以待人”，“同干事则勿避劳苦，同饮食则勿贪甘美，同行走则勿择好路，同睡寝则勿占床席。宁让人，勿使人让。宁容人，勿使人容”。中华文化力求营造一种《诗经》所云的“宜尔室家，乐尔妻孥”，“妻子好合，如鼓瑟琴”的家庭氛围（《小雅·常棣》），提倡夫妻间“举案齐眉”、“琴瑟和鸣”，同胞间兄谦弟恭，同气连枝。亲邻间仁慈隐恻，泽被乡里。《论语》曰：“孔于乡党，恂恂如也。”袁采在《袁氏世范》中告诫子孙，“睦邻里以防止虞”，指出在发生意外危难时，远亲不如近邻休戚相关。我国在《婚姻法》《未成年人保护法》《民事诉讼法》中又以法律条文保障了家庭成员对赡养、扶养、抚养的责任与义务，巩固了互爱互谅、平等相待、和睦团结、共同进步的家庭关系。在调查中，可以看出中国家族关系的满意度、邻里间的互助率都比日本家庭高。但在交往对象的排序上略有差异。中国家庭交往密切程度的排序是同事、亲戚、老同学、邻居、兴趣相同的朋友，而日本家庭的排序为同事、邻居、老同学、孩子同学的父母、兴趣相同的朋友，冷落了亲戚。

在家庭教育方面，中华文化强调对子女的早教、身教和爱严兼施。《论语》中关于“少成若天性，习惯如自然”，“其身正，不令而行，其身不正，虽令不从”的名言和“君子之远其子也”的过庭之训的范例，已成为众所周知的格言。《颜氏家训》更进一步阐述了早教、身教、爱严兼施的理由。他认为，教育要从婴儿开始，“当及婴稚，识人颜色，知人喜怒，便加教诲，使为则为，使止则止。比及数岁，可省笞罚”；“人生幼小，精神专利，长成已后，思虑散逸，固须早教，勿失机也”。在调查中，我们发现中国家庭有许多优越性：(1) 家庭结构稳定，父母双全的家庭多于日本。(2) 家庭关系和谐，子女有较强的安全感、幸福感。(3) 父母与子女情感相依、休戚相关，成才期望高。尽管中国家庭有这么多优势，但有些家长在教育子女方面还受落后于科学、落后于时代的陈旧观念影响，而且随着改革开放的深入，这些存在于意识形态领域的深层积淀与社会现实的差距、与儿童发展需要的矛盾也日益尖锐，因而不少家长对家庭教育缺乏成功感，对子女满意率下降。在这次调查中，从家长们对自己教育子女不满意、不成功的原因分析来看，有20.8%的中国家长对子女教育有失败感，有16.5%的日本家长有失败感。中国家长认为，失败的第一原因是自己缺乏教育经验和教育方法，占40.9%；第二原因是工作忙，很少有了解和接触子女的时间，占28%；第三原因是对子女过分溺爱和保护。日本家长认为，失败的第一原因是工作忙，很少有了解和接触子女的时间，占24.4%；第二原因是对子女过分溺爱和保护，占14.6%；第三原因是学校过分看重分数，占9.8%。这说明，除了独生子女家长缺乏经验的特殊困难外，中、日两国家长的有些问题带有时代的特征，有着共性。

总之，我们的战略目标是建设一个富强、民主、文明的社会主义现代化国家，而家庭文化直接关系着全民族整体素质的提高、社会风尚的趋向，关系着个人和家庭的幸福、社区的稳定，以及国家的繁荣。传统的中华家庭文化强调集体价值与个人价值的统一，有利于增强群体意识，协调个人与社会的关系；但在尊重个体的需要和权利，包括儿童的正当权益，以及进一步发挥人的潜能和内在动力等方面，还存在不足，需要进一步重视和加强。传统的中华家庭文化重视人际关系的和谐，提倡仁爱、信义和谦让，这已升华为当代中国社会的文明新风和助人为乐、团结奋进、无私奉献的雷锋精神，但在以竞争、进取、创新、实效等为特征的时代意识方面，尚需进一步充实和提倡，务使尚义与求利有机结合，传统美德和时代精神有机结合，让我们的民族奋起于世界舞台。传统的中华家庭文化在家教内容上突出勤学与德行，这对于广大青少年树立正确的理想、信念，正确处理科学技术与道德品格、做事与做人、改造客观世界与改造主观世界的辩证关系，把建功立业与完善自我人格统一起来，都具有积极的意义。在当前，我们尤需广泛吸收国外社会学、教育学、心理学的有益成果，发掘家庭关系、家庭教育和家庭功能的时代新内涵，创造社会主义的新型中华家庭文化，使之朝着现代化、科学化、规范化的方向迈进。这是历史赋予我们这一代人的光荣任务。

参考文献：

1. 赵忠心编著：《中国家教之道》，广西科学技术出版社，1991年版。

2. （美）邦德主编：《中国人的心理》，云南人民出版社，1987年版。

3. 杨善臣：《试论我国家庭教育的传统特色》，《教育科学》1990年第3期。

本文发表于鲁洁主编：《华人教育：民族文化传统的全球展望》，南京师范大学出版社，1999年版

浅谈21世纪的教子观

站在新世纪的门槛上，面对日益临近的知识经济时代，专家指出，一个大学本科毕业生在高校4年所学的知识仅占一生中所需知识的10%左右，想单靠一张文凭度终身的职业梦想开始动摇。

人人都要学习，终身都要学习，已是社会发展对每个成员的要求。高科技的发展，更使人类的生活方式和家庭的功能发生了新的变化，家长要和孩子一起学习，通过学习建立起新的育儿观、亲子观、人才观，才能指导21世纪的家庭教育。

一、素质教育将成为家庭教育的主旋律

多年来，素质教育已成为一个专门概念，经常见诸报章杂志，1999年6月中共中央、国务院《关于深化教育改革全面推进素质教育的决定》一下子把素质教育提到全国教育界关注的核心地位。2000年2月1日，江泽民《关于教育问题的谈话》又把素质教育从学校扩展到家庭与社区范围，引导到全党全民共同为提高下一代的综合素质而努力的根本宗旨上。素质教育以德育为核心，以全面发展为目的，以培养创新精神和实践能力为重点，将贯穿于学校教育、家庭教育和社区教育的全部工作中，家庭里的素质教育不只是针对孩子的，而是面向家庭所有成员的，尤其是父母自身的素质培养。因为影响家庭教育水平的主要因素正是家长素质问题，加强对父母的终身教育已成为家庭教育指导工作的新的"生长点"。

二、变单向的家长教育子女为家庭成员之间的互相学习，共同成长

在社会政治体制、经济结构、通讯技术的剧烈变迁中，文化传递模式已从"后喻型"文化（年轻人必须向老年人学习）向"并喻型"文化（两

代人互相学习)和"前喻型"文化(老一代需要向青年一代学习)转变。在亲子互动方式中,以父母为权威的一元化方式演变成多元化方式,孩子们除了从小沿袭已久的模仿、顺应、服从的互动方式外,开始接纳了互学、合作甚至是矛盾、冲突、协商的互动方式。父母的角色也从单纯的监护人、指导者、教育者,逐渐变化为知心朋友,咨询参谋,有共同兴趣的、可信赖的游戏伙伴等。这是因为家长作为唯一的信息源泉的权威角色受到了大众媒体的挑战和无所不在的影响。在大众传媒从印刷媒介、电子媒介、光碟媒介扩大到网络媒介时,各种各样的信息以前所未有的速度和能量进入了社区、学校和家庭。在网络前,家庭成员很可能同时成为接收外界新知识、新科技的学习者,甚至年长者在学习上还不如少年儿童那样积极、迅速、灵敏、准确。两代之间不可避免地要产生文化和思想上的碰撞。代沟摩擦的加剧呼唤着亲子互动方式的调整与磨合,也迫使父母更认真地认识子女、理解子女,要把子女看作是有能力的、积极、主动的权利主体,是和自己同样有人格尊严和自由意志的平等的社会成员。

三、从片面强调知识转向重视能力的培养

过去的家庭教育往往着眼于课本的学习和考试分数,许多家长甚至强迫幼儿死记硬背他们完全不理解的唐诗、宋词。铜山县一个宋姓农妇为5岁的女儿没有写好5、6两个数字,竟用擀面杖把女儿殴打致死。对孩子有一定的期望值反映了家长对子女的重视程度,这原是可贵的精神催化剂,然而,一旦家长的期望值偏离了社会需要和孩子身心发展的水平,将会严重影响子女的身心健康、性格发展和将来的社会适应能力,成为孩子成长中的沉重枷锁。多项调查表明,不少家长对子女公开声明"只要考试成绩超过90分,其他一切都用不着你管"。孩子"饭来张口、衣来伸手","书包不会理,出门不识路",家长干涉、包办过多已成了中、小学生最大的烦恼。伟大的爱心导致子女的劳动观念淡薄,自私、依赖思想滋生,生存自理能力弱化。家长们应该想一想,人类生存最重要的资本是什么?是能力。能力比知识更重要,因为没有能力,就不能运用知识、技能去解决实际问题。社会发展需要

新生一代尽可能具有各种各样的能力，如善于观察比较的能力、判断是非的能力、人际交往的能力、动手操作实践的能力、组织运筹和决策的能力、自我评价和自我调控的能力、自我保护和开发自己潜能的能力、利用新信息和新材料进行创造的能力。教子观的价值坐标必须从知识转向能力，从只看分数转向也看子女的多方面能力，特别是生活、生存能力。

四、由封闭式的家庭教育走向开放式的家庭教育

过去的家庭教育往往局限于家庭内部，有些家长为了避免复杂社会对孩子们的不良影响，总是千方百计把子女关在家庭大门之内，这种典型的封闭式教育意识，在今后高度开放的信息化社会中，越来越成为禁锢子女头脑，束缚子女的积极性、自觉性、创造性的锁链。实际上我们是无法脱离社会这一大环境的。家庭教育的质量、人才素质的高低最终要由社会实践来严格检验。在充满竞争的21世纪，聪明的家长必须早日打开家门，放手让子女多接触现实世界，多给子女尝试锻炼的机会，以社会生活和自然环境为“教材”，让子女用自己的眼睛观察事物，用自己的头脑思考问题，真正了解丰富多彩、复杂多变的周围世界，增长才干，获得经验，经受锻炼。开放式的家庭教育会比封闭式的家庭教育更深刻、更有效，对学会自立、学会学习、学会交往、学会做人是完全必要的。

五、要逐步建立家庭、学校、社区三结合的“协同教育”体制

“协同教育”是在实施素质教育的大背景下日益显现的新生事物。学校“减负”以后，孩子每天自由支配的时间增加了。如何利用闲暇时间合理开展体育运动和游戏娱乐活动，也是孩子们面对的新问题。这就需要在现有基础上利用家庭、学校、社区三方面的教育资源、教育经验和教育力量做到各尽其能、统筹合作、主动协调、形成合力，创造有利于孩子健康成长的良好的教育大环境。把仅仅加强学校(包括幼儿园)和家庭之间的沟通联系，仅仅发挥教师、家长、学生有限力量的做法，发展为以社区为依托，包含一切可利用的环境、设施和人力、物力、

场地的更为广阔的协调教育，让整个社会来关心不同家庭的教育子女问题，特别是关心单亲家庭、留守家庭、隔代家庭、家长有行为问题的家庭以及流动人口家庭的子女。

在当前条件下，暂时做不到整体性三结合的协同教育的地方，也可以在同一个班的范围内，借助同辈群体，划分社区家长互助小组组织孩子正确支配闲暇时间，养成文明生活方式，经常开展一些有益的文化娱乐活动，引导中、小学生学会劳动、交往、消费和游戏。

本文发表于《江苏妇运》2000 年第 6 期

隔代教育的利与弊

一位满脸皱纹的中国老农正慈爱地望着扑向他怀抱的欢呼跳跃的小孙子，而小孙子那纯真、信赖的眼神也向老人流露出热烈的亲情。这是中国的一本杂志上的摄影封面，被我的美国朋友琼·帕特森剪下来装进镜框，放在桌上，以怀念他未及谋面却在车祸中去世的小外孙。他说："我把这张照片叫做'老年的幸福'。"我告诉她："我们中国人称之为'天伦之乐'，或'含饴弄孙'，意指和孙辈一起的老年人，心里比含着糖块还甜。"琼·帕特森沉思着说："在亲情上，我感到中国老人比美国老人幸福。"可以说，全世界都公认祖辈参与孙辈教养是中华民族特有的重视家教的传统美德，是敬老爱幼的好范例。

祖辈参与孙辈教养的优势

一、有的祖辈饱经沧桑，他们经受过旧社会的苦难，目睹了新中国的成长和改革开放的变化，他们情系祖国和家乡的发展，有强烈的爱国情操和服务乡里的愿望。他们喜欢看报纸、听新闻、谈时事，以实际行动关心祖国和家乡的建设。不少孩子说，一些国家大事，以及城市的新建筑、家乡面貌的改变，都是常跟随祖辈出游，听祖辈议论，一起看电视、听广播得来的。这些都润物细无声地扩展了孙辈的视野，激励了孙辈的志向。

二、有的祖辈深受生活的艰难坎坷，他们为生存为事业经受过无数难以想像的艰辛劳苦。他们的心里有一部与祖国命运紧密相连的"社会发展史"，一个破旧的工作包，一件打补丁的旧棉袄，一双布满老茧的手掌，一些父母看过的图书、用过的工具，一张家庭照片，一些旧肉票、布票、粮票，甚至藏在阁楼上的旧石磨、油灯和风箱，等等，都有一个个动人的故事。祖辈的娓娓道来，向孙辈展现了那艰苦岁月的奋斗情景，丰富了孙辈过于平静、安乐的生活。祖辈为事业无私奉献、诚实守信、勤劳节俭、克己待人、助人为乐等良好行为品质，随着诱人的故事一起潺潺流入孙辈的心田，滋养着孙辈。

三、不同的祖辈有着不同的性格，有的乐观幽默，有的热情健谈，有的严谨固执，有的精明多谋。他们对孙辈都比较宽容、忍耐，他们有充裕的时间和孙辈同游戏、学习，倾听充满童趣的叙说，帮助孙辈解决一时难解的困难，正好弥补了核心家庭中人际交往过少、社会经验不足，年轻父母忙碌而急躁，无暇和子女多交往、多谈心的缺陷。在自然而然的生活接触中，常和祖辈共处使孙辈学会了与人交往的礼仪，提高了交往能力。祖辈与孙辈有时会变成"知心朋友"、"伙伴"，相互沟通，其乐融融。

四、祖辈各有自己的兴趣特长、智慧和才能。有的熟悉农谚、气象；有的善于饲养、种植；有的兴趣广泛，擅长琴棋书画；有的爱好体育运动、戏剧、歌舞；有的手巧，能剪纸、刺绣、自制玩具；有的会修理器械、操作电脑等等。他们会从不同的领域，丰富孙辈的生活乐趣，有意无意地引导孙辈去观察，去求知，去探索，在耳濡目染中，使孙辈愉快地参与学习、劳动，发展了智慧才能。

五、祖辈有抚育子女的丰富经验。对教养孙辈，无论是喂养、洗涤、换衣，到卫生习惯培养，他们均能应付自如。即使遇上孙辈头疼脑热、发生意外也能想法急救。许多祖辈做事周到，家规严明，切实保证了孩子的文明、安全、健康。

祖辈参与孙辈教养的不利因素

然而，祖辈是一个庞大的群体，差异很大。"隔代教育"要受多种因素的制约。同样是祖辈，由于每个人的身体健康状况不同、人生目标和价值观念不同、性格和品德素养不同、文化教育水平不同、职业经验和兴趣爱好的活动范围不同、行为方式表现不同，其教育效果和对孙辈的影响也会存在较大的悬殊。特别是"隔代教育"受到老年人心理和祖辈成长时代的影响，在以下一些方面存在不利因素。

一、在情感和理智的把握上，往往容易重感情轻理智。在抚育孙辈时，祖辈常常寄托着更强烈的感情和期望，满腔慈爱，任劳任怨，体谅耐心，但缺乏理智思考。对孙儿的一颦一笑、一哭一闹，无论合理与不合理要求，都被认为是天真可爱的童稚真趣；为孩子服务，和孩子游戏，语言、性情都变得返童式的轻快愉悦。因此，祖辈对孙辈宽容有余，约束不足；溺爱有余，严格不足；包办有余，能力训练不足。祖辈的这种过分保护、过分包办、过分迁就，慈祥无比地喂饭、陪睡、帮助做事，助长了孙辈的依赖、懒惰、自私、任性、独占、称霸。在他们头脑中，只知“自我”，不考虑别人的需要和情感；只求自己快乐，不考虑如何为家庭其他人作出回报；只顾自己尽兴，不愿接受社会、集体的任何规则纪律的约束。这些性格上的缺陷，可能会影响人的一生。

二、在物质和精神的把握上，往往容易重物质轻精神。在抚育隔代人时，祖辈常常从补偿心理出发，尽量尽力地给予孙辈较高的物质生活待遇，使孙辈的吃、穿、用、玩无不超过自己和子女辈的现实生活条件，以求弥补在困难时期对子女留下的遗憾和歉疚。他们想不到幼时物质欲望的放纵，随着年龄的增长和社会攀比思潮的影响，会使孙辈私欲膨胀，产生难以满足的“虚荣心”；而他们所较忽视的精神世界的启动，他们不懂得只有引导孙辈求知、好奇、喜爱阅读、富有爱心、关心他人、热爱自然、欣赏天籁等，才能给孙辈带来真正的快乐、幸福。在现实生活中，有些祖辈在物质条件和生活照顾上花费了过多的时间和精力，影响了同孙辈谈心沟通，与孙辈同观察、同游戏、同劳动的机会，实在是因小失大、得不偿失的。

三、在活动和安静的把握上，往往容易重静轻动。一是担心环境安全，怕孩子受风寒生病，摔跌出闪失，不好向子女辈交代；二是受旧时代成人化的“好孩子”模式的思想束缚，认为孩子应当安静、听话、整洁、有礼貌，满足于在室内玩一些安静的玩具游戏，不注意培养孩子敢为性、自主性、创造性和拼搏精神；三是老年人精力有限，对体育运动、户外锻炼较少兴趣，他们眼睛不离孙辈，不准孩子爬树、上山，不许跳跃、奔跑，更不放心孩子结伴出游，致使有些孙辈的体能、生活独立能力、动手操作能力有所减弱，竞争心、自信心下降，同伴交往和受挫应变能力不强。

四、在教育要求的把握上，祖辈和父母辈之间，往往容易产生不一致倾向。在两代成人间常常会出现你紧我松、你打我护的情况，教育要求难以实现，彼此的威信都受到一定的损害。这样就导致有的孙辈公开宣称："家里人都怕外公，但是外公怕我。我一哭闹，外公就会去骂爸爸妈妈，爸爸妈妈就没办法了。""在爷爷奶奶家我最舒服，我想干什么就可以干什么，想吃什么就吃什么，要买什么就买什么。也不用背唐诗、写字、弹琴了，可惜只有星期六星期日两天。"教育要求的不一致，增加了家庭教育的复杂性和困难度，削弱了家庭教育的权威性、有效性，影响了两代人的共同教育效果。

我们要正视"隔代教育"的利与弊，兴利除弊，让更多的下一代能够茁壮成长起来。1992 年，我曾经作过一次调查，在两种家庭家长文化水平基本相同的前提下，把在主干家庭中成长的 60 名幼儿同在核心家庭中成长的 60 名幼儿相比较。由于家庭结构、环境条件和教养要求的差别，幼儿身心发展也存在某些差异性。主干家庭(三代或四代人同居的大家庭)的幼儿，在健康水平、卫生习惯、文明礼貌、语言和交往技能，以及安全感、同情心的发展等方面，较优于核心家庭(两代人的三口之家)的幼儿。而在独立生活能力、运动能力、敢为性、想像力的发展等方面，主干家庭的幼儿较弱于核心家庭的幼儿。在认知能力和适应性方面，两种不同家庭的幼儿无差异。从年龄上看，3 岁阶段幼儿的个性品质尚处于萌芽和开始发展时期，外界因素在幼儿身上所产生的影响表现不明显。随着幼儿自我意识的发展，差异性呈上升趋势，到 5～6 岁阶段才有显著差异。

对"隔代教育"中可能产生的一些问题，也是可以预防和克服的。

首先，祖辈应当和年轻父母求得教育上的共识，要跳出家庭小圈子，放眼 21 世纪我国经济建设和社会发展对人才的需要，认清祖国和社会的发展方向，树立正确的教育观、人才观。重视孙辈的全面发展和创新精神、创造能力的培养。两代人要为共同克服教养中的问题而努力。

其次，父母辈和祖辈都要扬长避短，民主协商，加强学习，提高文化素养和教育能力，要理解和尊重孩子身心发展的规律和年龄特征。特别重要的是，父母应义不容辞地承担起教育子女的主要责任，充当家庭教育的“中流砥柱”，绝不能把教养孩子的事情全部推给祖辈。

再次，祖辈要关心国家和社会的变化动态，适当参加社会活动，和父母辈共同分析当前家庭教育的现状，研究对策，提高家庭教育的质量。我们相信，六个人的聪明才智和时间、精力，必然大于两个人，只要两代人形成合力，“隔代教育”必然会越搞越好。

本文发表于《家庭教育》2000 年 12 月号

别错过幼儿感知觉发展关键期

（一）什么是感知觉

感觉是由感觉器官的刺激作用引起的主观经验。人们通过不同感官的视、听、嗅、尝、触摸和运动作用对周围世界各种信息刺激作出反应和获得认识。它是对事物或现象的个别属性的反应。知觉则是一种主动的过程，人们在知觉行为中，本着探索和学习的动机，对具体环境中分离出的各种有效的信息（包括感觉信息）不断地加以分析、提取、组合。知觉过程就是从刺激中分析出有效信息的过程。每个人的知识、兴趣、情感、经验不同，对同样的对象感知时的目的性、完整性、准确性也就不一样。

（二）各种感知觉发展的关键期

感知觉是心理活动中最基本的认知方式。它出现早、发展快。不少感知觉从出生就开始发展，到幼儿期已能达到相当于成人的水平，但有些复杂知觉仍有待成熟、深化与发育。著名意大利幼教专家蒙台梭利认为儿童从出生到 5 岁是感觉发展的关键期（也称敏感期），在这个时期，循序渐进的感觉练习就显得特别重要。评定某个幼儿的感知能力，一般要参考两个方面：一是觉察刺激的敏感度；二是区别观察对象的物质特性达到的程度。例如，新生儿已能用眼睛追随视觉刺激物，若在其头顶上方出示一个直径 4 英寸的红环作弧形移动，刚出生的婴儿中有 26％能立即用眼光追随红环；出生 12～48 小时的婴儿中有 76％能作出同样的反应。但婴儿视觉注意的时间和距离都很短暂，4～6 个月的婴儿对感兴趣的物体也只能集中看 5～10 分钟。1 岁左右能找出距离稍远处的熟悉物体，能区别红、黄、橙等鲜亮的颜色。通过观察衣物、图书、玩具，涂画和调色游戏，4岁左右的孩子能分辨8～20种不同的颜色。不少5岁以上的孩子能分辨同一颜色中深浅不同的细微差别，并给予正确的命名，如浅黄、土黄等。

在实际生活中，感知觉的活动从来不是单独进行的。如婴儿第一次在视觉指导下拿一样感兴趣的东西就综合运用了多种感知觉：视觉——看着东西的形状、颜色；听觉——东西碰触声和移动的声音；触摸觉——皮肤感受东西的软硬粗细；运动觉——手指运动屈伸的主观体验；然后用手指抓住东西，保持注意力，最终放进嘴里用舌品尝——味觉、温觉；如果不是食物或带苦辣酸味的，还要用手把它扔出去——再度运动觉。由此可见，最简单的感知动作都可能包含一系列的活动，它是多么复杂和微妙。所以人们认为感知是智力发展的基础，它能形成神经脉冲的网络通路，激发整个大脑皮层的活动，因而也是认识世界的开端。

根据国内外的研究，2～4岁是形象视觉发展的关键期，3～5岁是音乐和听觉发展的关键期，4～5岁是记忆流畅性的关键期，5岁左右是数量知觉发展的关键期，6～7岁是运动知觉速度和灵敏度发展的关键期。但感知能力的客观性、全面性、准确性往往要随活动视野和经验积累的增长而增强，例如空间知觉、时间知觉、方向知觉等，孩子当然不如成人。

（三）发展幼儿感知觉的原则和方法

在家庭中发展幼儿感知能力应遵循适时、适度、适量的原则。适时，即感知活动内容适合儿童发展水平和年龄特点，不宜过分提前或滞后。适度，即难度要适当，使幼儿时常获得成功感，树立自信心、自豪感，更乐意学习。适量，即同类刺激不宜过分集中，防止单调、枯燥的重复，活动中注意动静搭配，运动觉、触摸觉与视觉、听觉的活动交叉进行，减少疲劳，提高兴趣。

在教育方法上，家长要灵活多变，尽量让孩子直接与实物接触。通过多种感觉（看、听、嗅、摆弄），多渠道地感知对象，并领悟物体的动态变化。这样不但有利于感知印象的具体、鲜活、牢固,而且能吸引自觉投入到活动中去。

1. 结合游戏,由易到难,循序渐进。幼儿主动感知世界的原动力是兴趣,失去兴趣,就会视而不见、听而不闻。父母不要急于求成,不要采取单调、枯燥的训练方式,以免导致厌学情绪。孙女在 2 岁左右时,我就结合拿糖果、选饼干,引导她逐个辨别圆形、方形、长方形、三角形的东西。在 2 岁半时,买了一个形体盒玩具,玩"说图形,投入空缺"的游戏,然后开展比赛,谁先找到正确图形,投入盒内,谁胜。她很积极,玩得越来越快。不到 3 岁她已认识十多种图形。

2. 联系生活,让幼儿多听、多看、多动手。家务劳动可以丰富幼儿许多感性经验。如择菜时,可以闻闻各种蔬菜的特殊气味,特别是洋葱、辣椒、大蒜等,可以比较黄瓜、萝卜、茄子的颜色、形状等等;准备吃饭时,可以摆桌椅,数人数和筷子、碟等。有一次,4 岁的孙女偶然用筷子敲击桌子,发出了"嘚嘚"声,她高兴地大喊:"我敲了一个嘚、嘚嘚、嘚嘚嘚。"我就用筷子敲瓷碟,说:"我敲了一个丁、丁丁、丁丁丁。"她愣了一下,随手拿来锅盖,用筷子敲出"当、当当、当当当"声,我又找了个搪瓷杯子,敲出了"嗒、嗒嗒、嗒嗒嗒"声。我们都大笑起来,孩子也感悟到不同物体的振动,会发出不同的声音。

3. 鼓励提问,协同努力去寻找答案。3～4 岁的儿童特别爱提问,如"脚底为什么最怕痒"、"人老了头发为什么会变白"等等,父母可以根据孩子的问题,进一步启发思考,如可以和孩子一起去询问有经验的教师、做实验或查科普图书等,帮孩子寻找答案,使求知、解疑过程成为愉快的亲子合作的活动过程。

4. 提出任务,引发思考,有针对性地发展孩子的能力。在感知活动中既要善于观察、比较、分析,又要会动手操作。为此,家长应多给孩子独立解决问题的机会,如在装配模型或修理玩具时,家长不包办代替,而要让孩子自己使用简单的工具拆拆装装,看看问题何在,怎么才能把它修好;节假日,和孩子一起利用废旧材料制作游戏用品;春天种植花草,要求孩子长期、系统地观察、记录其成长过程,并与别的植物比较其相同或不同之处。幼儿感知事物的灵活性、准确性、全面性与他们获得知识经验的广度、深度密切相关，因此必须让孩子多方面的感知事物，扩大孩子的活动领域。

每个孩子感觉器官的发展都要受先天遗传与后天环境的双重影响，不同感官在发展节律和成熟快慢上又常常各不相同。因此，敏感期是相对的。遗传天赋，家庭、社区环境，幼儿学习的自觉性、主动性、敏锐性，以及教育条件的优劣等都会导致发展过程的极大差异。家长不必过多地焦虑、担忧，应该对自己的孩子满怀信心，从现有条件出发，为之创造良好的家庭氛围和教育机会，真正促进幼儿身心的健康发展。

本文发表于《家庭教育》2004年2月号

做一个有责任感的人

一

什么是责任感？责任感是指人们自觉地做好自己分内的事情的心态，也就是一个人对自己应尽的义务、对他人的许诺和对集体委托的事认真负责、坚持实行的态度。

责任感在不同场合因为社会角色的变化和年龄的增长而可能有各种不同的内容。例如，幼儿园里四五岁的孩子开始当值日生了，就会主动去揩抹桌椅、玩具架，整理图书，或者为自然角浇花，喂小鸡、小兔，因为他知道这些任务就是他对集体承诺的责任。责任感，是做人的基础。作为一种良好的个性品质，责任感必须从小自觉培养，从身边的日常生活小事做起。若要想成为一个有责任感的人，那就必须做到：

第一，克服依赖性，学会生活、学习自理。这是培养责任感的起点，自己的事应当自己去做。责任感的形成，包含着一种自立自强的强烈意愿，所以必须依靠自身的努力。

依赖性是培养责任感的首要障碍。由于父母和祖辈过分的关爱，有些二三年级的小学生缺乏责任感已到了可笑的地步。他们完全不会照顾自己的生活和学习，起床要喊，铺床叠被甩手不管，洗脸穿衣要别人代劳，甚至吃饭要喂，衣服用品要别人帮助整理，做作业要靠大人督促、陪读，做完作业连文具、课本也得请家人代为放进书包。到了学校，当发现忘记带字典或削铅笔刨刀时，还要抱怨说："都怪我奶奶理书包时太粗心，她没有给我放好。"如果问他："这些事情究竟应该是谁的责任？"他只好瞠目结舌，茫然四顾。

第二，克服自我中心，关心周围的人。这是发展责任感的源泉和动力。在家庭中，要让儿童认识到，作为家庭一员应有责任，如清理垃圾、打扫庭院、准备饭菜、参加力所能及的劳动等。这就不仅要克服依赖性和懒惰，还要克服自我中心，增进对他人辛劳、困难和痛苦的关心，而不是冷漠。当家中遇到经济困难、有人生病或意外事故时，更要学会安慰、支持、帮助家人。应根据年龄和能力去主动分担家务，尽自己的一份力量，减少家庭的困难，要乐于帮助邻居的老幼、残疾者，社区里的公益活动应积极参与。凡此种种，都是磨练责任感成熟的阶梯。古人云："天下兴亡，匹夫有责。""老吾老以及人之老，幼吾幼以及人之幼。"这种以天下为己任的宽广胸怀和对祖国、对人民的恢弘抱负，是责任感的升华。

第三，克服懦弱，敢作敢当敢负责。对自己的言行负责，是检验责任感的试金石。责任感不仅表现在平时的诚信上，能说话算数，允诺了的事要努力做到，而且还表现在犯了错误以后，敢于对自己行为的后果负责。例如，和父母商定了每天看电视决不超过1小时，双休日也不能超过2小时，就应坚决执行；如果违反了，就应自愿受罚。损坏了别人的东西，绝不能隐瞒、抵赖、逃避责罚。这是考察责任感的又一个标志。

列宁小时候和表兄妹在姑妈家玩游戏时，无意中撞上桌子，摔碎了姑妈心爱的玻璃花瓶。当时，几个孩子在生气的成人面前，都不敢承认，说"可能是从桌上跳下的小花猫碰倒的"。当晚，回到家里，列宁久久难以入睡，心里很难过，终于流着泪对母亲承认错误。他说："花瓶是我撞上桌子才跌碎的，这个错误应当怪我，而不应当怪小花猫。"他还要求妈妈连夜去告诉姑妈，并承诺赔偿这个花瓶。这说明责任感这颗幼苗从小就在列宁的心中扎根。长大以后，他不但对自己的行为负责，对家庭负责，而且对国家、对人民负责，历尽艰险，献身革命。反之，一个没有责任感的人，他又会怎样呢？这个问题值得我们深思。

二

责任感，不是与生俱来的，它是环境与教育的合金。父母或教师如果缺乏责任感意识，只有"分数第一"这个价值标准，常常会面对少年儿童种种责任感缺失的行为而漠然处之，误以为这些仅仅是不值一提的小事。少年儿童的责任感，我们一般可以从以下三个方面来考察：

（一）在生活自理方面的责任感表现

生活自理包括吃饭、穿衣、梳头、洗脸、铺床叠被、整理衣服和用品、打扫房间、缝扣子、系鞋带、洗刷鞋袜等比较简单的日常生活技能。对于这些技能，一般儿童在5岁左右（幼儿园大班）大都已能初步掌握，学龄初期儿童不需要付出很大努力就能应付自如。但是，可叹的是现在小学二三年级学生只有半数儿童能经常做到，35％的儿童有时能做到，15％左右的儿童在许多方面经常不能做到。我们发现，还有少数四五年级的孩子从未做过铺床叠被、打扫房间、洗刷鞋子、整理自己的衣物和其他用品等劳动。他们认为，所有这些习惯上都是父母和其他家人做的，从没有考虑到这也是自己的责任。

（二）在文化学习方面的责任感表现

九年制义务教育开启了少年儿童“以学为主”的生涯，学习成为他们重要的权利和义务。父母和教师应当让所有的孩子都懂得，学习是国家赋予少年儿童的一项神圣职责，要激发他们的求知欲望和学习兴趣，不断提高他们的学习能力，增强自觉性、坚持性和责任感。

我曾在南京市某小学作过一次调查：一、三、五年级学生中，在自己整理书包，自己预习、复习，独立完成家庭作业，选择课外阅读书籍这四个项目方面，能完成的人数占班级总人数的比例。结果令人惊奇地发现，在学习任务不太复杂的情况下，儿童的学习能力发展得比较自然和充分，能循序渐进地走向自律。然而，到了高年级，家长的期望骤增，又缺乏良好的指导方法和教育机制，不注意培养子女的自学方法和学习习惯，有时生硬急躁、强迫限制，结果反而压抑了孩子的责任感。在五年级，甚至有17个孩子希望父母放手，减少干预与指导。

（三）在家务劳动方面的责任感表现

从发达国家大量的科研资料看，许多国家非常重视儿童家务能力的培养，认为承担一定的家务劳动（即涉及全体家庭成员利益所必需的劳动)如洗碗碟、做糕饼、收拾房间、买东西和自己利用工具修理、制作东西等,可以发展少年儿童多方面的独立能力,进一步了解社会现实,锻炼社会适应性和对家庭的责任感。例如,美国儿童从事家务劳动的比例就比我国的同龄儿童高得多。根据两位学者的调查,美国7至11岁(2至6年级)儿童家务劳动的能力和责任感一般是随年龄增长而发展的。但是,在南京市五年级小学生中(相当于10至11岁),相应项目的对比,可谓相距甚远。

据北京市教科所调查,北京市城区小学生平均每天参加家务劳动的时间为0.5小时,而美国小学生平均每天参加劳动1.2小时,英国小学生平均每天参加劳动0.6小时,法国小学生平均每天参加劳动0.5小时,泰国小学生平均每天参加劳动1.1小时,韩国小学生平均每天参加劳动0.7小时,日本小学生平均每天参加劳动0.4小时。由此可见,中国的孩子从小由于家长的过分宠爱,劳动时间的被剥夺,独立能力、劳动技能和社会适应的经验积累也就相对最弱,责任意识比较淡漠。

责任感并不是什么豪言壮语,它实实在在地存在于我们身边。有责任感的孩子认真而勤劳,会有计划地安排自己的作息时间,有条不紊地执行;有责任感的孩子对自己、对家庭、对邻居、对社会都会热情主动地关怀。反之,缺乏责任感的人得过且过、不思进取;对他人不讲诚信;对父母不思回报;片面强调个人利益而不顾集体;家长不陪读就不做作业;学校一有劳动任务,就谎称有病。这样的人,做士兵可能会临阵脱逃,做医生可能会草菅人命。没有责任感的民族,必然是没有希望的民族。

三

少年儿童责任感的培养,需要一个实践磨练的过程,需要心灵的碰撞和感悟,需要家庭、学校和社区的配合,要在父母、教师和相关社会人士的不断引导、鼓励和支持下逐步实现。怎样培养少年儿童的责任感?概括地说,要注意以下三点:

1. 明确目标,小步前进,激发少年儿童自强自立的内在动力,变"要我做"为"我要做"。

在这方面，各地有不少学校进行过科研和探索。有的小学对不同年级学生提出了不同的明确目标。所有这样做的学校、班级，学生对自己应承担的任务比较清楚，劳动观念、社会责任感都有不同程度的增强，劳动技能也有所提高。

18 世纪法国启蒙思想家卢梭认为，劳动是每人的社会义务和责任。他说："你们完全可以相信：一小时劳动所得来的东西，胜于一日的讲解。"在劳动实践中，可以启发思考，丰富少年儿童的社会经验，促进他们的观察力、理解力和想像力。

朱德同志在《回忆我的母亲》一文中说，他四五岁就在妈妈身边帮忙做事，到八九岁时，不但会挑，会背，还会种地。由于从小受过生活的磨练，后来在漫长的革命斗争生涯中不怕困难。他认为，母亲给他的这种知识，这种意志，是世界上最可贵的财富。这是值得广大当代中国少年儿童的父母们、教师们学习和深思的。

2. 因人制宜，提高能力，在少年儿童感兴趣的活动中启迪动手动脑，变"我不会"、"我不行"为"人人都有进步 "。

在同一个班级里，每个孩子有着不同的天赋和生长、教育环境。根据加登纳的"多元智能"理论，各人都有包括运动智能、语言智能、音乐智能、空间智能、自我内省智能、数理逻辑智能、社会交往智能、认识自然智能等某些方面的特殊潜能优势。在生活自理方面，空间智能和运动智能强的少年儿童，就会学得较快；在文化学习方面，语言智能、数理逻辑智能强的少年儿童，就会较好地完成学习任务；在家务劳动方面，社会交往智能、自我内省智能强的少年儿童，就会认真做好家务劳动，表示对父母和家人的关怀。因此，教育中的"一刀切"，强制要求全班同学同步前进、达到同样目标的做法是不合理的、不公正的，也是行不通的。实践证明，只有在多种形式的、有趣的教育活动中，让各人适度适量、由易到难、循序渐进，才能使大家兴趣盎然地积极投入，并尽量做得好一些。

3. 创设时机，个别反馈，培养少年儿童的坚持性和毅力，变"苦差使"为"尝试快乐"、"成功喜悦"。

一般来说，少年儿童对责任感体验最深刻的时机是在承担职责（当课代表、小组长、纠察员等）被同学评说时；在执行委托任务遇到困难、挫折需要坚持时；在受外界诱惑干扰忘却责任犯了过失而又用行动赢得信任时；或由中、高年级和低年级同学结成一帮一对子，在一起谈心、游戏、活动时。

教师应提倡少年儿童写双休日“我做一天小当家”的体验，写郊游中帮扶同学爬上山顶、分享成功的欢乐，写为班级布置教室和宣传栏的收获，写参观希望小学、看生活艰难同学的优秀作业展览的感受。

学校要组织城市少年儿童到农村去，交农村朋友，体验农村生活。在参加公益劳动中，要组织少年儿童慰问敬老院老人，为他们做好事；为社区公共场所打扫卫生、平整操场和打谷场；在贫困同学生病时，用收集废品、上街卖报等实际行动为同学集资捐助。这样，在严寒酷暑、人间冷遇和种种困难的考验中，广大少年儿童一定会增强自尊、自信和责任感，也会感到自豪和愉快。教师和家长，要适时引导孩子们勇于挑战自我，无私关爱他人。

培养责任感，是少年儿童在生活、学习、劳动等实践中不断积累相应社会经验、锻炼意志、提高能力的连续过程和发展轨迹。当然，这不是靠几次活动就能奏效的。但是，只要我们重视它、关心它，在科学发展观的指导下，坚持以人为本，勇于创造，善于探索，就一定能培养出符合当今时代需要的具有高度责任感的下一代。

本文发表于《关心下一代周报》2004年9月3日、10日、17日

学术年表

1956年

农业生产合作社怎样办幼儿园　江苏人民出版社1956年12月出版

1959年

怎样向幼儿进行共产主义道德教育　江苏人民出版社1959年2月出版

江苏省十年来的幼儿教育　《江苏教育》1959年第19期(署名:陆真)

1980年

和年轻家长谈谈对独生子女的教育　《中国青年报》1980年3月8日(署名:陆真)

小树修好枝　长大方成材
——和年轻家长谈谈幼儿品德教育问题　《江苏青年》1980年第4期(署名:陆真)

三岁前婴幼儿的教育　《中国妇女》1980年第4期

漫话对独生子女的教育　《人民教育》1980年第5期

警惕小儿事故　《祝您健康》1980年7月第1期

怎样给孩子吃好　《祝您健康》1980年10月第2期(署名:陆真)

1981年

家庭教育的新课题
——如何教育好独生幼儿　《南京日报》1981年1月11日

怎样教育独生幼儿　《光明日报》1981年2月23日

幼儿英语歌曲和音乐游戏(与汪爱丽合译)　教育科学出版社1981年3月出版

孩子为什么不好好吃饭　《父母必读》1981年第2期

主编《幼儿识字》1至4册(与黄人颂合著)　上海教育出版社1、2两册1981年4月出版;3、4两册1981年10月出版

幼儿的家庭音乐教育(与汪爱丽合写)　《祝您健康》1981年5月第2期(署名:汪乐和)

对幼儿要进行文明礼貌教育　《教育研究》1981年第7期

主编江苏省学前班课本《汉语拼音》上、下两册　江苏人民出版社1981年8月、12月出版

主编《汉语拼音教学参考书》　江苏人民出版社1981年10月出版

父母感情不和对子女有何影响　载中国青年出版社1981年10月出版的《家庭教育顾问》一书

要爱,不要害

——谈谈独生子女的教育　《新华日报》1981年11月23日

1982年

培养婴幼儿智力的方法　《祝您健康》1982年1月第1期

孩子说谎以后　载上海教育出版社1982年5月出版的《家庭教育的艺术》一书

小军爱劳动　载上海教育出版社1982年5月出版的《家庭教育的艺术》一书

如何对幼儿进行文明礼貌教育　《中国妇女》1982年第5期

别把评比当作紧箍咒　《为了孩子》1982年第11期

幼儿园识字教学实验研究(与黄人颂合作,卢乐珍执笔)　《南京师范学院学报》(社会科学版)1982年第4期;人民教育出版社1991年2月出版的《学前教育学参考资料》上册转载

略论独生子女的教育问题　《人口理论与实践》1982年第3期

主持《看图说话》的"念一念"专栏,发表儿歌12首　《看图说话》1982年第1期至12期

1983年

孩子和科学(汪爱丽译,卢乐珍校)　《幼儿教育》1983年第3期

三十二年来江苏幼儿教育的回顾　全国幼儿教育研究会第二届年会

《论文、经验选编》(1983 年 4 月)
希望年轻夫妇提高家教水平 《南京日报》1983 年 12 月 12 日
1984 年
幼儿道德教育的意义和任务 《幼儿教育》1984 第 2 期
孩子对学习的态度(汪爱丽、王志明译,卢乐珍校) 《幼儿教育》1984 年第 2、3、4 期
幼儿道德教育的途径和方法 《幼儿教育》1984 年第 3 期
孩子"跟路"怎么办 《幼儿教育》1984 年第 3 期(署名:陆真)
你对孩子的教养属于哪一种类型? 《幼儿教育》1984 年第 7 期
父母教养态度的形成因素 《幼儿教育》1984 年第 8 期
培养幼儿什么能力? 《为了孩子》1984 年第 11 期
培养幼儿活泼开朗的性格 《南京师范大学学报》增刊《教育论文集》1984 年 12 月出版
1985 年
语言与教育孩子
——家庭教育随笔 《福建教育》1985 年第 1 期
劳动,孩子认识世界的阶梯
——家庭教育随笔 《福建教育》1985 年第 5 期
幼儿汉英识字卡片(与黄人颂合编) 上海教育出版社 1985 年 5 月出版
怎样做个好父母 《当代妇女》创刊号 1985 年 7 月第 1 期
1986 年
重视幼儿创造能力的培养 《福建教育》1986 年第 1 期
幼儿性格的培养与教育 《幼儿教育》1986 年第 1 期
关于幼儿爱祖国教育的研究 江苏教育科学研究所《教育科研动态》(月刊),1986 年第 3 期
抓住最佳时机 培养良好行为 《中国妇女报》1986 年 3 月 24 日
怎样教育独生幼儿 《家庭教育工作骨干培训班资料汇编》,全国妇联儿童工作部编印,1986 年 3 月

常用的几种科研方法 《家庭教育工作骨干培训班资料汇编》，全国妇联儿童工作部编印，1986 年 3 月

重视独生子女的早期教育

——献给独生子女的家长们 《群众》1986 年第 6 期(以“本刊编辑部”名义发表)

幼儿园爱祖国教育的实验研究 《教育研究》1986 年第 6 期；人民教育出版社 1991 年 2 月出版的《学前教育学参考资料》下册和台湾出版的《中国大陆幼教论文选集》转载

两个独生幼儿的家庭调查说明什么 《家庭教育》1986 年第 4 期(署名：陆真)

独生子女教育的几个问题 载江苏省妇联、江苏省家教会合编的《幼儿的家庭教育》一书，江苏少年儿童出版社 1986 年 8 月出版；台湾出版的《中国大陆幼教论文选集》转载

谈谈幼儿园的晨间活动

——兼评四个市的中班晨间活动安排表 《幼儿教育》1986 年第 9 期

江苏省的幼儿教育 载中国教育年鉴编辑部编辑的《中国教育年鉴》(1949～1984)，湖南教育出版社 1986 年 12 月出版

1987 年

树立正确的儿童观 《幼儿教育》1987 年第 3 期

重视幼儿自信心的发展 《福建教育》1987 年 8 月第 7、8 期合刊

主持编写幼儿园教师培训教材《幼儿教育学》 人民教育出版社 1987 年 8 月出版

培养大班幼儿自信心的实验研究 《幼儿教育》1987 第 9 期

1988 年

大班幼儿自信心的培养与教育 《学前教育研究》1988 年 4 月第 2 期；人民教育出版社 1991 年 2 月出版的《学前教育学参考资料》下册和台湾出版的《中国大陆幼教论文选集》转载

要重视孩子的家庭品德教育 《婚育之友》1988 年 5 月创刊号

独生子女独立能力初探　载全国妇联儿童工作部、国家教委初等教育司编辑的《全国家庭教育研讨会优秀论文选》，新时代出版社1988年11月出版；又载南京师范大学《华夏教育图书馆通讯》，1988年12月创刊号

1989年

《幼儿教育百科辞典》的主要编写人，分工撰写德育部分条目　上海教育出版社1989年1月出版

农村混合幼儿班的几种上课方法　《福建教育》1989年第1、2期合刊

提高幼儿思维能力的几种方法　《福建教育》1989年第4期

《教育辞典》编委，分工撰写幼儿教育部分条目　江苏教育出版社1989年5月出版

提高独生幼儿同伴交往能力（英文）　1989年4月28日在日本大阪“亚洲各国学前教育相互理解与未来发展研讨会”上宣读的论文

教子得法　抓好三阶段教育　《扬子晚报》1989年6月22日

参与编辑我国出版的第一本高等师范院校幼教教材《学前教育学》人民教育出版社1989年8月第1版

独生幼儿教育的几个问题　1989年9月8日在“全国优生、优育、优教讨论会”上的论文

改善家庭教育，保障儿童个性发展　1989年10月21日在“全国维护和保障儿童权利研讨会”上的论文

主编《优生与优育》一书，分工撰写早期教育篇　南京大学出版社1989年9月出版

培养幼儿友好交往行为的初步研究　1989年10月24日在“中国南京幼儿教育国际研讨会”上的论文

劳动能使儿童体会到：我有力量　我能成功　《父母必读》1989年第12期

1990年

农村幼儿教育工作指南　福建教育出版社1990年1月出版

家长责打孩子的原因探究　《幼儿教育》1990年第1期，1999年被刊

入《中国幼儿教育文粹》一书

撰写《幼儿教师实用手册》的德育部分　江苏教育出版社 1990 年 1 月出版

幼儿家长赏罚心理的研究（与钱小燕合作）《学前教育研究》1990 年 2 月第 1 期，台湾出版的《中国大陆幼教论文选集》转载

不要打孩子　《父母必读》1990 年第 4 期

"隔代教育"引人关注　《扬子晚报》1990 年 5 月 29 日，6 月 10 日《人民日报》摘登

家庭教育与幼儿自信心的培养（摘要）《中国儿童发展》1990 年夏期

幼儿游戏的调查与思考　《早期教育》1990 年第 6 期

家庭教育与幼儿自信心的培养　《幼儿教育》1990 年第 7、8 期合刊

浅谈幼儿学习　《学前教育研究》1990 年 8 月第 4 期

《教育大辞典》第 2 卷幼儿教育部分的主要撰稿人，分工撰写幼儿德育条目　上海教育出版社 1990 年 9 月出版

翻译《美国幼儿教育的理论和实践》的第二部分：基本教学技能和第三部分：了解儿童　江苏教育出版社 1990 年 12 月出版

儿童独立性培养：何时最佳？　《扬子晚报》1990 年 12 月 13 日

1991 年

培养幼儿同伴交往能力的研究（上）《幼儿教育》1991 年第 1 期

培养幼儿同伴交往能力的研究（中）《幼儿教育》1991 年第 2 期

培养幼儿同伴交往能力的研究（下）《幼儿教育》1991 年第 3 期

翻译：儿童道德发展Ⅰ：道德观念（原著[美]埃里诺·麦克考比：《社会性发展》）　载《学前教育学参考资料》下册，人民教育出版社 1991 年 2 月出版

翻译：儿童道德发展Ⅱ：道德情感与道德行为（原著[美]埃里诺·麦克考比：《社会性发展》）　载《学前教育学参考资料》下册，人民教育出版社 1991 年 2 月出版

谈谈家规　《福建教育》1991 年第 9 期

1992 年

一次成功的尝试

——九十年代"好教师形象"研讨会综述 《早期教育》1992 年第 1 期
《中国大陆幼教论文选集》卢序 载《中国大陆幼教论文选集》，台湾文化事业股份有限公司 1992 年 2 月出版
培养孩子珍惜物品的美德 《扬子晚报》1992 年 2 月 27 日
陈鹤琴的家庭教育思想 《幼儿教育》1992 年第 3 期
正确教育幼儿认识社会环境 《学前教育》1992 年第 3 期
漫谈建立家规(与方观容合作，卢乐珍执笔) 《启蒙》1992 年第 5 期
家长教养态度及其对幼儿发展影响的对比研究(与陶岚清合作) 《中国儿童发展》1992 年 8 月第 7 卷第 3 期
学会了解儿童的情感 《幼儿教育》1992 年第 11 期
理解、接受儿童的情感 《幼儿教育》1992 年第 12 期
"隔代教育"刍议 《家庭教育》1992 年第 12 期

1993 年

帮助儿童表达情感 《幼儿教育》1993 年第 1 期
离异家庭对子女的影响 《幼儿教育》1993 年第 1 期
帮助儿童控制情感 《幼儿教育》1993 年第 2 期
时代的呼唤
——为《福建幼儿教育》创刊而作 《福建幼儿教育》1993 年 2 月创刊号
怎样才能成为好父母 《福建幼儿教育》1993 年 2 月创刊号
幼儿道德行为的培养 载李道佳主编《幼儿思想品德教育丛论》，辽宁民族出版社 1993 年 3 月出版
《幼儿劳动教育一体化之桥》序 教育科学出版社 1993 年 4 月出版
论角色游戏的社会性功能 《福建幼儿教育》1993 年 4 月第 2 期
创设良好的育儿环境 《福建幼儿教育》1993 年 4 月第 2 期
正确使用惩罚手段 《早期教育》1993 年第 6 期
重视新形势下的早期家庭教育 《江苏妇运》1993 年第 6 期
父母的教养态度与幼儿的发展 《福建幼儿教育》1993 年 6 月第 3 期
为幼儿创设良好的心理环境 《学前教育研究》1993 年 6 月第 3 期

对小班幼儿品德心理结构的再认识 《早期教育》1993年第7期
保证幼儿合理的营养 《福建幼儿教育》1993年8月第4期
3～6岁幼儿认识自我和认识他人的活动设计 《福建幼儿教育》1993年8月第4期(署名:陆真)
小班幼儿德育模式的对比研究 《学前教育研究》1993年10月第5期
培养幼儿良好的生活卫生习惯和体育活动兴趣 《福建幼儿教育》1993年10月第5期
3～6岁幼儿认识自我和认识他人的活动设计(续一) 《福建幼儿教育》1993年10月第5期
3～6岁幼儿认识自我和认识他人的活动设计(续二) 《福建幼儿教育》1993年12月第6期
培养幼儿的学习兴趣 《福建幼儿教育》1993年12月第6期
运用木偶戏,提高中班幼儿社会交往技能系列活动 《早期教育》1993年第12期

主编《幼儿园教育活动》 江苏少年儿童出版社1993年12月出版
《幼儿园教育活动》序 载《幼儿园教育活动》,江苏少年儿童出版社1993年12月出版
论幼儿园的教育活动 载《幼儿园教育活动》,江苏少年儿童出版社1993年12月出版
中班幼儿情感教育系列活动 载《幼儿园教育活动》,江苏少年儿童出版社1993年12月出版

1994年

家长、孩子、与孩子发脾气 《早期教育》1994年第1期
让孩子变得更聪明 《福建幼儿教育》1994年2月第1期
切实抓好幼儿的品德教育 《福建幼儿教育》1994年4月第2期
培养幼儿活泼开朗的性格 《福建幼儿教育》1994年6月第3期
重视儿童社交能力的培养 《家教周刊》第35期,1994年6月10日
培养幼儿的同伴交往能力 《福建幼儿教育》1994年8月第4期
不同经济地区家庭教育状况比较研究(与陈芬合写) 载《全国家庭教

育理论研讨会优秀论文汇编》,1994 年 9 月
给幼儿美的启蒙 《福建幼儿教育》1994 年 10 月第 5 期
家庭中的幼儿游戏 《福建幼儿教育》1994 年 12 月第 6 期

1995 年

正确制定和运用家规 《福建幼儿教育》1995 年 2 月第 1 期
我国幼儿道德行为现状的调查与启示(与刘晓东合作) 《学前教育研究》1995 年 4 月第 2 期
关心独生幼儿的成长 《福建幼儿教育》1995 年 4 月第 2 期
主编《幼儿社会画册》教育活动教师用书(共 3 册) 江苏少年儿童出版社 1995 年 5 月出版
主编《幼儿社会画册》(小、中、大班共 6 册;国家教委推荐优秀幼儿读物) 江苏少年儿童出版社 1995 年 6 月出版
帮助幼儿做好上小学的准备 《福建幼儿教育》1995 年 6 月第 3 期
当前幼儿教师的儿童观、德育观的调查分析(与刘晓东合作) 《学前教育研究》1995 年 10 月第 5 期
谈谈幼儿家庭教育 南京《幼儿教育报》1995 年第 25 期、26 期、27 期、28 期连载,11 月 10 日至 12 月 10 日

1996 年

培养健全人格比什么都重要 《家教周刊》总第 118、119 期合刊,1996 年 3 月 1 日
暑假,父母应该为孩子做些什么 《扬子晚报》1996 年 7 月 31 日
成才:从行为习惯抓起 《家教周刊》总第 144 期,1996 年 9 月 6 日

1997 年

早期教育应是完整的人的教育 《每日桥报》1997 年 4 月 11 日
早期教育要因人而宜 《每日桥报》1997 年 4 月 14 日
让娃娃入"全托"非明智之举 《服务导报》1997 年 4 月 30 日
《21 世纪小小百科》社会卷 浙江教育出版社 1997 年 4 月出版

1998 年

"失控"的贝贝 《早期教育》1998 年第 1 期

"两面派"的然然　《早期教育》1998 年第 2 期
笼中的小鸟　《早期教育》1998 年第 3 期
小百灵鸟欢欢　《早期教育》1998 年第 4 期
"多动症"的预防和矫正治疗　《关心下一代周报》1998 年 4 月 27 日
主编《走进童心
——献给 3—6 岁儿童家长》一书　江苏人民出版社 1998 年 5 月出版
小不点豆豆　《早期教育》1998 年第 5 期
"数学迷"天然　《早期教育》1998 年第 6 期
不想要小红花的亦菲　《早期教育》1998 年第 7 期
难以理解的凯凯　《早期教育》1998 年第 8、9 期合刊
关心他人要从关心身边人做起　《关心下一代周报》1998 年 9 月 14 日
"爱美"的玲玲　《早期教育》1998 年第 10 期
聪明的辰辰　《早期教育》1998 年第 11 期
并非"大脑后遗症"　《早期教育》1998 年第 12 期

1999 年

中华传统文化与当代中国的家庭文化
——中、日家庭文化对比调查的启示　载《华人教育:民族文化传统的全球展望》,南京师范大学出版社 1999 年 1 月出版
孩子对智力玩具缺乏耐心怎么办?　《早期教育》1999 年第 1 期
敏感脆弱的丽丽　《早期教育》1999 年第 1 期
良好的家庭氛围是教育的前提和基础　《家庭教育》1999 年 1 月号
用双手打自己脑袋的小晨　《早期教育》1999 年第 2 期
家长应承担的责任和义务　《家庭教育》1999 年 2 月号
缠住妈妈的小宇超　《早期教育》1999 年第 3 期
防止不良的教养方式　《家庭教育》1999 年 3 月号
关于"师幼互动"的认识　《早期教育》1999 年第 4 期
父母离异后的小宇　《早期教育》1999 年第 4 期
在生活中培养孩子的爱心　《家庭教育》1999 年 4 月号
不再笨手笨脚的晟晟　《早期教育》1999 年第 5 期

培养幼儿良好的行为习惯 《家庭教育》1999年5月号
少小若天性，习惯成自然 《早期教育》1999年第6期
开发幼儿的智慧潜能 《家庭教育》1999年6月号
中班幼儿自信心培养的实验研究 《福建幼儿教育》1999年6月第3期
让孩子有爱心 《早期教育》1999年第7、8期合刊
主编《幼儿道德启蒙的理论与实践》一书 福建教育出版社1999年7月出版
全面推进素质教育的号角 《福建幼儿教育》1999年8月第4期
和孩子谈话的艺术 《祝您健康》1999年第8期
分工编写生态教育课程的《幼儿社会画册》（大、中、小班的春、夏、秋、冬用书） 知识出版社1999年8月和2000年1月出版
孩子为什么撒谎 《祝您健康》1999年第9期
怎样做个好父母 《幼教之友》1999年9月创刊号
失败乃成功之母 《早期教育》1999年第10期
认清素质教育的内涵和特点，推进幼儿教育改革 《福建幼儿教育》1999年10月第5期
翻译《智能的阶梯
——儿童发展的新皮亚杰理论》一书（与屠美如等合译） 南京师范大学出版社1999年10月出版
创新能力要从幼儿抓起 《祝您健康》1999年第12期
努力营造有利于孩子健康成长的家庭环境（一）、（二） 《幼教之友》1999年11月第2期、2000年2月第1期

2000年

21世纪召唤高素质的人才 《福建幼儿教育》2000年第1期
孩子任性 从何而来 《祝您健康》2000年第1期
不讲卫生的“小泥猴” 《早期教育》2000年第1期
遵循科学规律 启迪幼儿智力潜能 《福建幼儿教育》2000年第2期
丁丁终于说话了 《早期教育》2000年第2期

对幼儿创造素质培养的初步思考 《福建幼儿教育》2000年第3期
怎样使你的孩子更聪明 《祝您健康》2000年第3期
不会耐心倾听的琛琛 《早期教育》2000年第3期
发散性思维训练举例 《福建幼儿教育》2000年第4期
瑞儿今后的路怎么走? 《早期教育》2000年第4期
立足改革 面对现实 扎扎实实地提高幼儿的身体素质 《福建幼儿教育》2000年第5期
排斥父爱的小园园 《早期教育》2000年第5期
集中性思维训练举例 《福建幼儿教育》2000年第6期
小胖墩蒙蒙 《早期教育》2000年第6期
浅谈21世纪的教子观 《江苏妇运》2000年第6期
品德素质不容忽视(上)、(下) 《福建幼儿教育》2000年第7期、第8期
面对身材矮小的岩岩 《早期教育》2000年第7期

喜欢恶作剧的程诚 《早期教育》2000年第8期
她不再金口难开 《早期教育》2000年第9期
幼儿园师幼互动行为研究讲授提纲 《福建幼儿教育》2000年第9期
可贵的兴趣与执著 《早期教育》2000年第11期
"隔代教育"大家谈 《家庭教育》2000年11月号
隔代教育的利与弊 《家庭教育》2000年12月号

2001年

怎样搞好隔代教育 《家庭教育》2001年1月号
自我中心的阳阳 《早期教育》2001年第1期
翔宇的哮喘病好了 《早期教育》2001年第2期
叫人欢喜叫人忧的晓雅 《早期教育》2001年第8期

2002年

担任《贝贝入学准备手册》上、下两册的顾问并撰写序言 浙江教育出版社2002年5月出版
担任鲁洁主编的九年义务教育六年制小学教科书实验本一、二年级的

《品德与生活》课本和教师用书的顾问　江苏教育出版社、中国地图出版社 2002 年 6 月、12 月出版

主编“幼儿园综合活动课程丛书”的《教师指导用书》(10 册)和《幼儿画册》(30 册)等(含小班、中班、大班、托班、学前班)　江苏少年儿童出版社、江苏美术出版社 2002 年 8 月、2003 年 1 月、2004 年 7 月、2005 年 1 月出版

2003 年

独生子女怎样当好父母　《家庭教育》2003 年 1 月半月刊(B)

幼儿教育,让我永葆童心　《早期教育》2003 年第 7 期,浙江《幼儿教育》2003 年增刊转载

提前上学的利和弊　《幼儿智力世界》2003 年第 15 期

孩子的动作慢怎么办?　《幼儿智力世界》2003 年第 19 期

幼儿园师幼互动行为研究初探(与刘晶波合作)　《中国教育科学》(2002),中国教育学会编,人民教育出版社 2003 年 10 月出版

半个世纪的幼教情缘　《学前教育研究》2003 年第 12 期;2005 年被编入《中国共产党党建思想宝库》

2004 年

发挥压岁钱的育人功能　《幼儿智力世界》2004 年第 1 期

别错过幼儿感知觉发展关键期　《家庭教育》2004 年 2 月号

一岁孩子的教育　《莫愁》2004 年 5 月号

一至三岁孩子的教育　《莫愁》2004 年 6 月号

暑期生活巧安排　《幼儿智力世界》2004 年第 13 期

培养同情心　《幼儿智力世界》2004 年第 15 期

让道德启蒙融入幼儿生活　《学前教育研究》2004 年第 9 期

做一个有责任感的人　《关心下一代周报》2004 年 9 月 3 日

当前少年儿童责任感的考察　《关心下一代周报》2004 年 9 月 10 日

怎样培养少年儿童的责任感　《关心下一代周报》2004 年 9 月 17 日

隔代教育

——一个需要关注的问题　《家庭教育》2004 年 10 月 B(下半月)

四种隔代教育类型的对比分析 《家庭教育》2004 年 10 月 B(下半月)
孩子为什么经常“损坏”东西 《幼儿智力世界》2004 年第 23 期
主编《学前教育学》(与刘晓东合作主编) 江苏教育出版社 2004 年 12 月出版
翻译《生成课程》一书(与周欣合译) 华东师范大学出版社 2004 年 12 月出版

2005 年

如何培养孩子的创造力 《幼儿智力世界》2005 年第 9 期
与少年儿童谈诚信 《关心下一代周报》2005 年 5 月 6 日
少年儿童违反诚信的心理动因分析 《关心下一代周报》2005 年 5 月 13 日
有针对性地向少年儿童进行诚信教育 《关心下一代周报》2005 年 5 月 20 日
孩子为什么撒谎 《幼儿智力世界》2005 年第 13 期

2006 年

孩子为什么会哭闹 《幼儿智力世界》2006 年第 3 期
孩子赖床怎么办 《幼儿智力世界》2006 年第 9 期

后　记

这本文集,是我为中国特色幼教事业奋斗 50 多年特别是最近 20 多年的人生旅程的写照和点滴心血的结晶。内容涉及面广,时间跨度又长,现在择要结集,可以温故知新,启迪后人。文分两卷,实为两个部分。

第一部分:学前教育卷。学前教育,是以学龄前儿童为对象的教育,包括家庭中的教育和托儿所、幼儿园的教育。如何把学前教育搞好,推进幼儿园实施素质教育,全面提高教育质量,为学校教育和终身教育奠好基础,这是我长期积极努力的目标。我有幸参加了建国以来中国幼儿教育在曲折中前进的历程,对学前教育方面的诸多问题特别是幼儿道德启蒙这个铸造民族灵魂的问题,进行过认真探索和实验研究,留下了一定的文墨,现将部分成果酌改入集;展示出来,供人参考、评说。

第二部分:家庭教育卷。家庭教育,通常是指在家庭中父母对子女、年长者对年幼者进行的教育。这是每一个人受到的最早教育,也是终身教育,又是学校教育和社会教育的基础。家庭教育与学前教育,是相辅相成、相互交叉,同时在不同场合进行的两种教育。我作为一个幼教工作者,关注和研究家庭教育,是分内之事。家庭教育,是一种社会现象,必然会带有社会烙印和时代特点。20 世纪 70 年代末 80 年代初，我在实际工作中发现，随着计划生育政策的实施，独生子女在儿童总数中的比例迅速增长，给家庭、学校和整个社会带来了一系列新情况、新问题，需要全社会认真对待。1980年3月8日，《中国青年报》发表了我撰写的《和青年家长谈谈对独生子女的教育》一文，开全国性报刊宣传独生子女教育之先河。之后，《人民教育》、《光明日报》等报刊又先后发表了我的文章，引起全社会的关注。这个问题，本可单独成卷，但受文集的字数限制，只能作为家庭教育卷的一个重点。

本文集之能结集出版，是与南京师范大学教科院学前教育专业和江苏教育出版社的有关领导和同志们的关怀、鼓励、支持分不开的。在文集付梓之时，我谨向他们致以由衷的感谢。同时，我要特别感谢南京师范大学教科院名誉院长鲁洁教授。她是我在金女大的同年级、同专业、同宿舍、同生日的知友。是她，最了解我，把我引荐进入南京师范大学；是她，真诚关心同志，全力支持我的教学和科研工作。还有，中共江苏省委《群众》杂志社编审潘维遴同志，参与策划，校阅文稿，为本书的出版做了大量工作，在此一并表示感谢。

卢乐珍

2006年4月于南京

图书在版编目(CIP)数据

卢乐珍文集/卢乐珍著.—南京:江苏教育出版社,2007.3
(学前教育家文库)
ISBN 978-7-5343-8059-4

Ⅰ.卢… Ⅱ.卢… Ⅲ.①卢乐珍—文集②学前教育—教学研究—文集 Ⅳ.G612-53

中国版本图书馆CIP数据核字(2007)第027832号

书　　名	**卢乐珍文集**
作　　者	卢乐珍
责任编辑	沈静明
出版发行	凤凰出版传媒集团 江苏教育出版社(南京市马家街31号210009)
网　　址	http://www.1088.com.cn
集团网址	凤凰出版传媒网 http://www.ppm.cn
经　　销	江苏省新华发行集团有限公司
照　　排	南京展望文化发展有限公司
印　　刷	江苏淮阴新华印刷厂
厂　　址	淮安市淮海北路44号(邮编223001)
电　　话	0517-3941427
开　　本	890×1240毫米 1/32
印　　张	11
插　　页	1
字　　数	290 000
版　　次	2007年3月第1版 2007年3月第1次印刷
书　　号	ISBN 978-7-5343-8059-4/G·7703
定　　价	26.80元
批发电话	025-83260760,83260768
邮购电话	025-85400774,8008289797
短信咨询	10602585420909
E-mail	jsep@vip.163.com
盗版举报	025-83204538